XIFANG ZHULIU ZHENGZHI
SICHAO YANJIU

西方主流政治思潮研究

张利华 ◎ 著

图书在版编目（CIP）数据

西方主流政治思潮研究/张利华著. —北京：知识产权出版社，2018.5 （2025.7重印）
ISBN 978-7-5130-5495-9

Ⅰ.①西… Ⅱ.①张… Ⅲ.①政治思想史—西方国家—现代 Ⅳ.①D091.5

中国版本图书馆 CIP 数据核字（2018）第 059630 号

责任编辑：贺小霞　　　　　　　　　　责任校对：潘凤越
封面设计：刘　伟　　　　　　　　　　责任印制：刘译文

西方主流政治思潮研究
张利华　著

出版发行：	知识产权出版社有限责任公司	网　　址：	http://www.ipph.cn
社　　址：	北京市海淀区气象路50号院	邮　　编：	100081
责编电话：	010-82000860 转 8129	责编邮箱：	2006HeXiaoXia@sina.com
发行电话：	010-82000860 转 8101/8102	发行传真：	010-82000893/82005070/82000270
印　　刷：	北京建宏印刷有限公司	经　　销：	各大网上书店、新华书店及相关专业书店
开　　本：	720mm×1000mm 1/16	印　　张：	14.5
版　　次：	2018年5月第1版	印　　次：	2025年7月第3次印刷
字　　数：	240千字	定　　价：	58.00元

ISBN 978-7-5130-5495-9

出版权专有　侵权必究
如有印装质量问题，本社负责调换。

目 录

导　言 ··· 1

第一章　自由主义 ··· 10
第一节　近代自由主义（17 世纪至 19 世纪） ·························· 11
一、近代自由主义产生的历史背景 ···································· 11
二、自由主义奠基人——霍布斯 ······································ 12
三、自由主义创始人——约翰·洛克 ·································· 23
四、自由主义经济学代表人物——亚当·斯密 ·························· 30
五、功利主义思想家——边沁和密尔 ·································· 37
第二节　现代自由主义（19 世纪末至 20 世纪 50 年代） ················· 57
一、现代自由主义形成的历史背景 ···································· 57
二、格林的新自由主义思想 ·· 59
三、杜威的新自由主义思想 ·· 64
第三节　当代自由主义（20 世纪 60 年代至今） ························ 70
一、当代自由主义兴起的历史背景 ···································· 71
二、以赛亚·伯林的自由主义思想 ···································· 73
三、哈耶克的自由主义思想 ·· 81
四、罗尔斯的自由主义思想 ·· 93

第二章　保守主义 ·· 106
第一节　早期保守主义（18 世纪末至 19 世纪初） ····················· 106
一、保守主义创立与发展 ·· 106
二、保守主义创始人——柏克 ·· 108
第二节　精英主义（19 世纪末至 20 世纪初） ························· 116

一、帕雷托《精英的兴衰》 …………………………………… 117
　　二、米歇尔斯《寡头统治铁律》 ……………………………… 123
　第三节　当代保守主义（20世纪50年代至今） ………………… 131
　　一、罗杰·斯克拉顿《保守主义的含义》 …………………… 133
　　二、丹尼尔·贝尔《资本主义文化矛盾》 …………………… 139

第三章　社会民主主义 ………………………………………………… 147
　第一节　社会民主主义的兴衰（1848—1939年） ……………… 147
　第二节　民主社会主义的兴衰（1951—1991年） ……………… 153
　第三节　民主社会主义的理论与实践 …………………………… 156
　　一、基本价值观 ………………………………………………… 157
　　二、多元化 ……………………………………………………… 162
　　三、民主 ………………………………………………………… 165
　　四、人权 ………………………………………………………… 170
　　五、福利国家 …………………………………………………… 173
　第四节　社会民主主义的复兴与"第三条道路" ……………… 177
　　一、社会民主党的政策调整 …………………………………… 177
　　二、英国新工党与"第三条道路" …………………………… 179

第四章　绿色和平主义 ………………………………………………… 183
　第一节　绿色和平主义运动的兴起与发展 ……………………… 183
　　一、生态危机的出现 …………………………………………… 183
　　二、绿色和平主义运动的兴起 ………………………………… 189
　　三、绿党及其国际组织 ………………………………………… 193
　第二节　绿色和平主义的理论与实践 …………………………… 197
　　一、生态自治主义 ……………………………………………… 198
　　二、生态社会主义 ……………………………………………… 214

后　记 …………………………………………………………………… 226

导 言

本书是在我多年从事《当代西方政治思潮》教学研究基础上撰写完成的，既是一部研究性的学术著作，又可以作为高等学校《西方政治思潮》和《西方政治思想史》等课程的教学用书。

政治思潮"political ideology"是政治领域里的观念形态，是指在特定历史条件下形成的、具有共同政治倾向的、有广泛影响的政治思想的潮流。[1]"政治思潮是反映社会中某一阶级、阶层、集团或某一部分人的利益和要求的政治思想，基于对社会政治现象的认识，由一批思想家来表达，并为社会中一些人所认同的政治理论、信念、观点和主张；它常常和某个政党、政治组织或政治运动相联系，是指导和解释它们政治行动的意识形态。"[2] 所以，政治思潮是一种社会层面的、宏观的、动态的政治思想倾向，它蕴含着某种世界观、方法论和价值观，对某一时代的人们的政治观念或政治学说的发展方向具有引导和带动作用。

政治思潮流派所基于的政治思想是研究如何治理国家和治理社会的理论，所以，研究西方国家的政治思潮流派及其政治思想，是了解和解剖现代西方国家如何治理国家与社会的一条捷径。

本书主要研究当今西方发达国家影响很大、流行很广的四种主流政治思潮，即自由主义、保守主义、社会民主主义和绿色和平主义。之所以选择这四种政治思潮进行研究，是因为以这四种政治思想为指导的自由党、保守党、社会民主党和绿党曾经在20世纪和21世纪成为许多西方国家的执政党、联合执政党或参政党。在实行多党竞选议会制的西方国家，能够上台执政、联合执政或参政的政党在议会选举中拥有比较多的选票，有较

---

[1] 徐大同主编. 当代西方政治思潮 [M]. 天津：天津人民出版社，2001：2.
[2] 徐大同主编. 现代西方政治思潮 [M]. 北京：高等教育出版社，2006：2.

大的影响力和较为广泛的社会基础。这些执政或联合执政的政党常常把自己信奉的政治理念贯彻到执政过程之中。所以，在西方国家，这些经常执政或联合执政的政党被称为主流政党，他们所奉行的政治思想在民众中有比较广泛的影响。

本书旨在纵向梳理自由主义、保守主义、社会民主主义、绿色和平主义的起源和发展，研究这四种政治思潮的主要代表作及其思想理论观点和它们在西方国家政治与社会变迁中的指导作用。

自由主义是西方国家产生最早、影响最广泛的一种政治思潮。早在17世纪，自由主义的奠基人霍布斯和创始人约翰·洛克就在反对封建专制主义的资产阶级革命和文艺复兴运动中阐述了自由主义的基本思想。霍布斯论述了自然状态的"自然法"和国家理论，约翰·洛克总结了英国议会制形成时期的经验，论述了代议制民主政治制度的基本原则。这些政治思想和政治架构旨在保护个人自由。18世纪英国思想家亚当·斯密将个人自由扩展到经济领域，在《国富论》一书中，他提出了"经济人"假设和"看不见的手"，主张国家采取经济领域的自由放任政策，使个人自由在经济领域里充分扩展，从而增加社会财富。也许是为了弥补《国富论》中经济人假设的不足，亚当·斯密写了《道德情操论》一书，提出并论证了个人自由的道德基础。

18世纪末杰里米·边沁（Jeremy Bentham）创立了功利主义学说。他用"人都是趋利避害"的功利原则论证自由主义的合理性。19世纪初，约翰·斯图亚特·密尔发展了边沁的功利主义学说，把个人自由与社会自由相结合，将功利主义发展到一个新阶段。19世纪至20世纪初，现代自由主义代表人格林、杜威看到了"原子论"式的个人主义在社会生活中的种种缺陷，竭力把道德因素加入到自由主义理论之中，论证了个人自由与群体自由和社会自由的关系，力求在保障个人自由和个人权利的基础上协调个人与社会的关系。

第二次世界大战后，随着经济全球化的加速进行，欧美发达国家实现了现代化，并且进入到后工业信息社会，自由主义也有了新的发展。

1960年哈耶克出版了《自由秩序原理》一书，主张捍卫和发展"原子论"式的古典自由主义，反对国家全面干预经济和社会，被人称为自由保守主义（Liberal Conservatism）或自由至上主义（Libertarianism）。此书被称为自由保守主义的经典之作。

1969年，以赛亚·伯林出版了《自由四论》一书，对政治自由的含义和表现形式做了细致入微的分析，提出了积极自由和消极自由的概念。《自由四论》成为"二战"后西方自由主义理论的重要代表作之一。

20世纪70年代，罗尔斯出版的《正义论》一书提出了"正义分配二原则"，主张用国家的力量实现公平分配社会财富，实现社会正义。罗尔斯的思想推动了新自由主义思潮的发展。

纵观自由主义思潮兴起发展的历史，可以看出，自由主义是随着资本主义社会的形成发展而成长的。早期自由主义具有反对封建专制制度，反对宗教神学思想束缚，倡导个人自由、个人权利、个人价值的积极意义。随着自由资本主义发展到垄断资本主义阶段，国家在经济和社会生活领域中的作用越来越重要，自由主义也开始重视国家、社会、群体与个人的关系，现代自由主义的代表人物格林、杜威力求在个人自由与社会自由的关系中找到一种平衡，功利主义代表人物约翰·斯图亚特·密尔也试图在这两者中找到平衡点。"二战"后，当代自由主义代表人物伯林试图运用积极自由和消极自由的概念帮助政府和人们解决现实中的困境，力图使国家成为保障个人自由的组织，协调国家与社会，国家与个人关系。罗尔斯提出的"正义分配二原则"力求运用自由主义的公正原则协调国家对社会财富的分配，既保障有才能的人的自由发展，又保障社会弱势群体的公平分配。而哈耶克针对过于强调国家干预经济和社会生活的理论与实践，提出捍卫自由主义的基本原则，保持"原子论"式的个人自由，他的理论得到当时的英国首相撒切尔夫人和美国总统里根的青睐，成为他们减少国有企业、开展大规模"私有化"的理论依据。

可见，自由主义不是凭空产生，也不是空穴来风，而是资本主义社会和市场经济发展的必然产物。自由的价值观反映了人的本质需求，而由个人自由观念所捍卫的个人利益最大化以及企业利润最大化的理念适应了商人和资本家的需求，同时也适应了工人、农民摆脱封建压迫，获得个人权利的需求。所以，自由主义随着资本主义和市场经济的发展在近代欧美国家孕育产生，并广泛地发展起来。20世纪至今，欧美国家的自由主义政党常常通过议会大选上台执政，他们在执政过程中贯彻自由主义的理念和政策，使自由主义成为当代欧美国家的主流政治思潮之一。

保守主义产生于18世纪末，其创始人是英国思想家埃德蒙·柏克（Edmond Burke）。1789年7月14日法国爆发资产阶级革命，柏克对起义者的暴力行为极其不满,他奋笔疾书,给友人写了一封信,声讨法国革命,后来他听从朋友的建议,以此信为基础写了一部《法国革命论》,书中以激愤的文字猛烈抨击法国大革命的暴行,阐述了保守主义的基本思想观点,此书被视为保守主义的开山之作,埃德蒙·柏克被西方思想界公认为保守主义的鼻祖。

19世纪英国出现了一批保守主义思想家,1834年英国人皮尔发表了《塔姆沃斯宣言》,1844年本杰明·狄斯雷利出版了《康宁斯比》。19世纪末至20世纪初,保守主义阵营出现了"精英主义"派别,代表人物是莫斯卡、帕雷托和米歇尔斯。他们除了赞成保守主义的基本观点之外,特别强调领袖和精英阶层的作用,反对直接民主政治。

20世纪初,欧洲出现了一批保守主义思想家,代表人物有法国人德·迈斯特尔、博纳尔、拉梅内、夏勃多里昂;德国人默泽尔、亚当·米勒、萨维尼;瑞士人约翰·弥勒、卡尔·冯·哈勒;西班牙人科提斯、巴尔梅斯。❶ 这些保守主义思想家出版和发表了许多著述,形成了关于人类理想和社会构建的观念和基本原则,提出了一整套改良社会的保守主义观点。

第二次世界大战期间,欧洲各国的保守主义政党因支持或参加法西斯主义运动而声名狼藉。1949年,近40名欧美保守主义者在瑞士成立了一个国际协会。保守主义作为一种运动兴起。20世纪60—70年代,西方世界出现诸多社会问题,如利己主义泛滥、性泛滥、人情冷漠、色情电影、色情网站等。一些青年人沉迷于网络游戏,喜爱暴力凶杀色情电影,过着纸醉金迷的生活,一些国家犯罪率增长。在这样的形势下,保守主义人士站出来,同宗教人士一起奔走疾呼,倡导尊重传统,保护秩序,维护国家权威,批判绝对的个人自由、平等和民主,批判"原子论"式的自由主义,主张国家在维护社会秩序方面发挥积极的作用。

20世纪70年代至今,欧美国家出现了一大批新保守主义思想家。代表人物有英国的罗杰·斯克拉顿、卡尔·曼海姆,德国的李普曼、卡普兰,美国的丹尼尔·贝尔、亨廷顿、利普塞特、福山等。保守主义势力日益壮大。不少保守主义政党在欧美国家议会大选中胜选上台,他们执政期间贯彻保守主义理念,调整经济与社会政策,其突出代表人物是英国前首

---

❶ [英]罗杰·斯克拉顿. 保守主义的含义 [M]. 王皖强,译. 北京:中央编译出版社,2005:5.

相及保守党领袖撒切尔夫人和美国前总统共和党领袖里根。1979年6月，保守派国际组织——国际民主同盟建立，保守主义政治思潮在欧美社会逐渐占据主导地位。

社会民主主义是欧美主流政治思潮之一。社会民主主义产生于19世纪中期。当时欧洲各国的无产阶级政党大都取名为"社会民主党""社会民主工党"或"社会党"，其成员自称为"社会民主主义者"。马克思、恩格斯出于对当时工人运动发展水平的考虑，也接受了这个名称，并赋予它革命的含义。1864年9月第一国际成立，西欧各国工人阶级政党和社会民主党纷纷加入。在第一国际内部，马克思主义同蒲鲁东主义、巴枯宁主义、拉萨尔主义、工联主义开展了斗争。

1889年7月14日第二国际成立，起初，恩格斯在其中起着主导作用，各国社会民主党主要以马克思的科学社会主义学说作为党的指导思想，当时的"社会民主主义"和"科学社会主义"基本上是同义语。1895年恩格斯逝世后，德国社会民主党内部发生了关于党的纲领的激烈争论。伯恩施坦在德国社会民主党理论刊物《新时代》发表了一系列有关"社会主义问题"的文章，对马克思主义提出了全面修正。1899年1月，伯恩施坦在《社会主义的前提和社会民主党的任务》一书中提出："在100年前需要进行流血革命才能实现的改革，我们今天只要通过投票、示威游行和类似的威逼手段就可以实现了。"资本主义可以和平长入社会主义，社会主义可以在资本主义制度内部实现。伯恩施坦的思想奠定了社会民主主义理论基石，学术界把伯恩施坦称为社会民主主义的开山鼻祖，把伯恩施坦《社会主义的前提和社会民主党的任务》一书的出版作为社会民主主义形成的标志。

19世纪末，第二国际发生分化，分为左、中、右三派。右派包括以伯恩施坦主义为指导的德国社会民主党、以费边主义为宗旨的英国工党和以饶勒斯主义为代表的法国社会党，这一派别被称为社会民主主义。中派是以考茨基为首的调和派。左派是列宁领导的俄国布尔什维克党及欧洲各国左派社会主义政党，其中包括德国社会民主工党爱森纳赫派，其领导人是罗莎·卢森堡、克拉拉·蔡特金、卡尔·李卜克内西。第二国际解体后，右派和中派相融合，"二战"以后的欧洲社会民主党就是由第二国际的右派演化而来的。

"二战"后，1951年欧洲各国社会民主党联合起来重建了一个新的国际组织——社会党国际。社会党国际成立大会通过了一个纲领性文件《法兰克福宣言》,该宣言第一次正式把"民主社会主义"作为社会民主党的纲领性目标提出来,社会民主主义改名为民主社会主义。其纲领、路线与社会民主主义基本雷同,但改良色彩更加突出,民主社会主义认为自己是"资本主义社会病榻前的医生"。"二战"以后,西欧、北欧、中欧国家的社会民主党纷纷通过议会大选上台执政,英国工党和法国社会党执政期间大力开展国有化运动,把不少企业收归国有,德国社会民主党在开展国有化运动的同时,实施"新东方政策"缓和了与苏联东欧国家的关系。

1991年苏联解体、东欧剧变,欧洲的社会民主党受到了很大的冲击。社会民主党对"民主社会主义"这个概念开始产生怀疑和分歧,一部分社会民主党人认为,苏联解体、东欧剧变已经使社会主义名誉扫地,社会民主党如果继续使用这个概念来概括自己的思想体系,将难以摆脱误解。他们主张回到原先的思想体系——社会民主主义。德国思想家托玛斯·迈尔提出,社会主义不再意味着是一种替代资本主义制度的方案,社会民主主义只是改良资本主义社会,主张"建立一个由团结互助共同工作和生活的,自由和平等的人们组成的社会"❶。20世纪80年代,英国工党理论家吉登斯提出了社会民主党的"第三条道路",一时间,新"第三条道路"成为欧洲社会民主党的一面旗帜。20世纪90年代末,欧盟15个国家中曾有14个国家社会民主党执政或参与联合执政,这时的西欧,被人们形容为"一片粉红色"。

绿色和平主义在欧美四大政治思潮中产生最晚,却发展最快。20世纪50年代欧洲出现了注重生态、保护环境的思想萌芽,60—70年代,欧美发达国家出现了绿色和平主义思想。他们强调保护环境,尊重动植物的生存价值,建立生态社区,经济可持续发展,节能减耗,开发再生资源和无污染的新能源,发展循环经济,减少消费和浪费,用绿色GDP的指标发展绿色经济,反对建立核电站。在社会生活领域,他们主张尊重人的多样性,保护弱者,发展劳动密集型产业,控制人口增长;在国际关系领域,主张非暴力,建设一种和平与合作的文化,将其作为全球安全的基础。反对核武器和大规模杀伤性武器的制造。

绿色和平主义在西方世界独树一帜,对自由主义、保守主义、社会民

---

❶ [德]托马斯·迈尔. 社会民主主义的转型[M]. 殷叙彝,译. 北京:北京大学出版社,2001:7.

主主义提出了尖锐的挑战。它在思维方法、价值观念、关注对象以及政治、经济和社会改革等方面与其他三种主义有诸多不同。

以绿色和平主义为指导思想的绿党在诞生后短短30多年的时间里就在欧洲发达国家上升为全国性的参政党。在欧洲议会，绿党党团的整体实力已经超过共产党，成为仅次于欧洲社会党党团和欧洲人民党党团的第三大政治力量。如今，绿色和平主义已流行于全世界，2001年，在澳大利亚堪培拉召开了"环球绿党联盟"成立大会，成立了全球性的绿党国际组织，通过了"环球绿党联盟"宪章。

绿色和平主义的理论基础是生态主义。生态主义分为不同的派别，包括生态自治主义、生态现实主义、生态社会主义、生态马克思主义等。其中主张在现存资本主义社会制度下实现生态环境保护的生态自治主义属于温和的绿色和平主义，主张推翻资本主义制度，实现社会主义的生态社会主义属于激进的绿色和平主义。

生态自治主义的代表性著作是多布森（A. Dobson）1990年出版的《绿色政治思想》等。生态自治主义建立在对自然价值的重新理解即生态中心主义的观点之上，主张以生态中心主义取代人类中心主义，运用宇宙系统论来论证天人合一。主张善待动物，生态优先，维护人权和社会公正，参与式民主，建立可持续发展经济，发展循环经济，减少人口，发展劳动密集型产业，实行新的充分就业。

生态社会主义的代表作包括德国绿党领导人伯曼和特兰伯的《绿党的前途》（1984）、美国学者莱易斯的《自然的统治》（1972）、《满足的极限》（1976）、加拿大学者阿格尔的《论幸福和被毁的生活》（1975）、《西方马克思主义概论》、高兹的《作为政治学的生态学》《经济理性批判》（1988）、英国学者佩珀的《生态社会主义：从深生态学到社会正义》。生态社会主义认为，生态危机的根源在于资本主义社会制度，解决生态危机的根本出路是实现社会主义，实行"稳态"社会主义经济模式。

笔者希望通过研究西方国家的这四种主流政治思潮，深入了解西方发达国家的文化价值观、主流政治思想和政治制度，进而深入了解其社会生活，从中汲取合理成分和精华思想，为中国社会主义政治现代化和民主法治建设提供启示和借鉴。

归纳起来，学习西方政治思潮的意义有以下几点：

第一，通过了解西方自由主义、保守主义、社会民主主义、绿色和平主义思潮的主要思想理论观点及其实践运用，帮助我们深入了解西方的自由、民主、法治、人权等价值观的来龙去脉，认识其各自的内涵，从而为我们深入认识西方国家的核心价值观、政治制度和社会状况提供重要的参考。

第二，学习西方政治思想，有助于我们汲取有益的经验教训，提高我们的国家治理水平和社会治理水平。

自由主义在西方国家建立议会民主制过程中发挥了重大影响，保守主义在克服极端利己主义、极端自由化方面发挥了积极的作用，社会民主主义所提出的社会改革政策，建设福利国家，实现公平与效率的平衡，对西方国家的社会改革和福利制度的建立起着重大影响。而绿色和平主义关于保护环境、实现循环经济，可持续发展的思想对西方社会新能源的开发利用起了积极的作用。这些政治思想理论都有合理成分，但也有缺陷不足，通过"去粗取精，去伪存真"汲取其精华成分，可以为中国的政治体制改革和社会改革提供有益的借鉴。

第三，提升哲学素养。西方政治思潮既属于政治哲学领域，也属于政治思想史领域。每一种政治思潮的思想理论都有其哲学基础，有世界观、方法论和价值观，有一整套治理国家与社会的思想观念。学习西方政治思潮的思想理论，分析其合理成分和缺陷不足，有助于提高我们的哲学素养、抽象思维和理性分析的能力，从而提高分析社会政治问题的能力。

近些年来，欧洲国家的民粹主义兴起，民粹主义政党在一些国家的议会选举中选票大增。英国极右翼民粹主义政党独立党在英国脱欧公投中发挥了推波助澜的作用，法国极右翼民粹主义政党国民阵线在欧洲议会选举中胜选并进入欧洲议会。伴随着欧债危机、难民危机、英国脱欧公投、德国选择党的崛起，乃至西班牙加泰罗尼亚独立危机，不少人认为，欧洲各国民粹主义政党都反对欧盟和欧洲一体化，有的要求国家脱离欧盟，有的主张解散欧元区。民粹主义政党在各国政治舞台不断成长，连成一片，并对各国政坛产生越来越大的影响，甚至会对欧洲一体化进程产生一系列负面影响。

深入研究欧洲民粹主义，我们会发现，近些年来欧洲出现的"民粹主义现象"反映了许多国家下层民众对经济停滞、失业率高、欧债危机、移民问题、难民问题、恐怖袭击引起的社会动荡的不满情绪以及对执政党和政府不能有效快速地解决问题的不满，民粹主义政党大多是"单一议题"的党，他们的反建制是为了发泄对国内问题的不满，其"疑欧"或"反欧"也不是专门针对欧盟和欧洲一体化。民粹主义的一些反映下层民意的主张可能会被执政的主流政党所考虑，但其极端的政治主张不会得到民众的普遍认同。民粹主义政党很难上台执政，民粹主义也很难成为欧洲主流思潮。所以，本书没有将近些年欧洲兴起的民粹主义作为主流政治思潮进行研究。

第一章　自由主义

自由主义是近代欧洲产生的一种政治思潮，它是伴随着资本主义生产方式和资产阶级的成长，在文艺复兴运动中产生发展起来的。自由主义是一种以个人主义为核心，探求个人自由和自然权利的政治思想，也是探讨国家如何保障个人财产、权利和自由的政治理论。

两千多年前，古希腊就出现了自由思想的萌芽。在古希腊城邦，道德伦理与政治绑定在一起，公民个人只有融入城邦政治生活才能成为一个完善的个人。所以，古希腊思想家把自由与道德、正义、行善联系在一起加以考虑。苏格拉底在《对话录》中就指出："自由就是拥有知识，拥有德行。人拥有了知识和德行，就拥有了自主决定自己行为的能力。"柏拉图的《理想国》一书指出，"自由就是正义。自由的国家就是正义的国家，是哲学王统治的国家，正义的国家是法治的，国家管理只有依靠法治才能长治久安。自由是法治下的自由"。亚里士多德在《政治学》一书中指出，"自由同善恶相联。行善就是自由，作恶就是不自由"。在古希腊人看来，"唯有自由平等的公民构成的政体才可能获致任何值得一提的成就。城市愈自由，其公民的成就愈可能伟大"❶。

中世纪，基督教统治欧洲的精神世界。在基督教的思想中，道德是一种超越政治的范畴，是宗教神学范畴的概念，而政治领域是不存在道德伦理的。基督教神学家奥古斯丁认为，虽然国家和政治在尘世间有其存在的必要，但是，"国家对人的压迫，及其所伴随的种种邪恶与灾难如不公正、暴力与杀戮等等，本身不过是对人的原罪施行的一种惩罚"❷。所以，基督教思想体系中的自由是上帝赋予的、在上帝面前人人平等的自由。

---

❶ [英]约翰·麦克里兰. 西方政治思想史 [M]. 彭淮栋，译. 海口：海南出版社，2003：98.
❷ 唐士其. 西方政治思想史（修订本）[M]. 北京：北京大学出版社，2017：23.

近代初期，欧洲自由主义的奠基人霍布斯阐述的自由概念来源于自然状态，与自然法密切相关。在霍布斯、洛克等自由主义创始人看来，国家是自然状态下人们签订契约而产生的，国家的产生来自于人们的同意，建立国家的目的是为了保障个人的自由和权利。

自由主义在近代欧洲产生以来，在资产阶级革命和改良运动中得到了空前的发展，形成了许多派别，但共同的一点是对个人自由价值的信仰。自由主义的本体论是建立在"原子论"基础上的个人主义。个人自由、权利和财产须得到国家法律制度的保护。虽然19世纪末至20世纪上半期的新自由主义主张协调个人自由与社会自由的关系，强调国家要发挥管理社会、干预经济的作用，但终其目的，还是为了保护个人自由。

英文的"自由"单词有两个，即freedom和liberty，这两个英语词汇基本含义相同，但用法却有很大的差别。freedom是指日常用法上的自由，主要是指个人不受限制或威胁地选择和行动的空间；而liberty是指法律的和政治学的自由权利。本书所研究的"自由"是liberty，自由主义是liberalism。

第一节 近代自由主义（17世纪至19世纪）

近代自由主义也称古典自由主义，指的是17世纪至19世纪的自由主义，包括自由主义的奠基人霍布斯、自由主义的创始人洛克、经济自由主义代表人物亚当·斯密、功利主义代表人物边沁和约翰·斯图亚特·密尔等。

一、近代自由主义产生的历史背景

近代自由主义产生于17世纪欧洲资本原始积累时期。资本原始积累的途径主要有两条：一条是本国资本主义生产发展和市场的迅速发育；一条是对外侵略和掠夺。15—16世纪，葡萄牙、西班牙、荷兰、英国、法国等国通过早期殖民掠夺和对外侵略迅速暴富，黄金白银从亚洲、非洲、拉丁美洲国家大量涌入西欧国家。荷兰、英国出现了商业革命，资本主义生产关系迅速发展。16世纪中叶尼德兰爆发资产阶级革命，成立荷兰联省共和国。1640年，英国爆发资产阶级革命，成立英吉利共和国，1688年"光荣革命"后，建立了资产阶级君主立宪政体。

在17世纪英国资产阶级革命期间，霍布斯提出了自然法和国家产生的学说，在英国"光荣革命"之后，洛克论证了国家的目的是保护个人自由，为古典自由主义奠定了基础。1776年美国《独立宣言》和1789年法国《人权和公民权利宣言》以政治纲领和法律形式体现了洛克的自由主义思想。

在18世纪英国工业革命期间，亚当·斯密论证了经济自由主义原则，提出了"经济人"和"看不见的手"的假设；在19世纪欧美自由资本主义高涨时期，边沁创立了功利主义理论。

古典自由主义虽然有不同的派别和分歧，但有共同的思想内核，即以个人主义为核心。它强调个人自由，所关注的是如何实现、保护和扩大个人自由。为了彰显个人自由，它批判"君权神授"理论，批判封建王权和贵族特权，反对封建专制统治，体现了近代历史时期欧美资产阶级的生存与发展要求。

二、自由主义奠基人——霍布斯

古典自由主义的理论基础之一是自然法学说。霍布斯是近代自然法学说的代表人物，他在《利维坦》一书中阐述了自然状态、自然法、社会契约与国家学说，并阐明了国家的法律观和自由观。

（一）霍布斯生平与时代

托马斯·霍布斯（Thomas Hobbes，1588—1679年）出生于英国南部威尔特郡（Wiltshire）的马尔麦斯堡镇（Malmesburg），他的父亲是一个乡村教区牧师，母亲是一个普通农妇。因家境贫穷，霍布斯幼年在本镇读书之后，就由其伯父抚育。他生性聪颖，好学深思，14岁时就通晓希腊文和拉丁文，15岁进入了培养贵族子弟的牛津大学，攻读古典哲学和经院派逻辑，毕业后留校讲授逻辑学。霍布斯22岁时，担任了大贵族卡文迪什家的家庭教师。卡文迪希后来成了德芬郡的伯爵，是当时英国一个有权有势的家庭。霍布斯从此与这个显贵家族建立了毕生的友谊和联系，并通过这一家族结识了当时英国一批具有学术地位、社会影响和持有自由主义思想的名流。其中，同他关系最亲密的是培根，他曾一度担任培根的秘书，受到培根唯物主义思想的熏陶。

1610—1637年，霍布斯曾先后两次伴随贵族子弟周游欧洲大陆，访欧期间，他与伽利略、伽桑狄等著名科学家、哲学家交往甚密。后来他阐述的机械唯物论融合了英国唯物主义思想和欧洲大陆唯理主义哲学。

霍布斯生活在英国资本原始积累和资产阶级革命期间。他目睹了当时英国残酷的阶级关系和"羊吃人"现象，资产阶级新贵族与国王旧贵族的矛盾、资产阶级与工人阶级的矛盾以及土地贵族与农民的矛盾交织在一起。16世纪，资产阶级和新贵族曾经依靠伊丽莎白女王的保护与旧贵族和封建领主展开斗争。17世纪，当资产阶级和新贵族的经济实力壮大时，他们便提出了政治上的要求，要求由议会掌握国家的立法权和行政权，资产阶级和新贵族与坚守封建旧制的国王查理一世矛盾日益激化。1640年英国资产阶级革命爆发。

英国爆发资产阶级革命后，霍布斯流亡巴黎。1646—1648年，他担任当时流亡巴黎的英国威尔士亲王，即后来复辟的英王查理二世的数学教师。1651年，他在巴黎完成了《利维坦》一书，该书出版后遭到了法国当局和流亡巴黎的英国王党分子的强烈反对，霍布斯因恐惧而悄悄逃回英国。霍布斯在《利维坦》一书中所阐述的自然法和国家学说得到资产阶级革命领袖克伦威尔的赞赏，克伦威尔邀请霍布斯在政府里任职，被他婉言谢绝。1655年霍布斯出版《论物体》，1658年出版《论人》两部哲学著作。1666—1667年，斯图亚特王朝复辟期间，伦敦流行瘟疫，又遭大火，教会扬言这是霍布斯的渎神言论招致的灾祸，霍布斯在惊惧之中将手边的文稿付之一炬。霍布斯终身未婚，他一生的大部分时间是在卡文迪什家族中度过的。1679年霍布斯逝世，终年91岁。[1]

霍布斯是17世纪机械唯物论的著名代表。他从抽象的人性出发，从人的理性和经验的角度提出了"自然状态"说，阐述了自然法思想、国家的产生、法律的来源及其作用，驳斥了基督教神学的创世论和"君权神授"观。虽然他的国家观有维护君主制的成分，但是他所阐述的自然法思想奠定了自由主义的基础，为后来许多西方思想家和政治学家所采用。

（二）《利维坦》主要思想观点

霍布斯的《利维坦》主要回答这么几个问题：第一，在没有国家以前

---

[1] [英]霍布斯. 利维坦 [M]. 黎思复，黎廷弼，译. 北京：商务印书馆，1996：出版说明 i – iv.

人类是什么样子的?那时候人类用什么样的法则保护自己的生命?第二,国家是怎样产生的?它的作用是什么?第三,国家主权者有哪些权力和职责?第四,国家法律的来源是什么?其根据是什么?

霍布斯的《利维坦》包括四个部分:第一部分阐述了唯物主义自然观和一般哲学观点,阐明宇宙是由物质的微粒构成,物体是独立的客观存在并永恒存在,一切物质都处于运动状态中。"人的生命也不过是四肢的运动;作为一个自然的生物,人的自然本性首先在于自保、生存,从而是自私自利、恐惧、贪婪、残暴无情,人与人互相防范、敌对、争战不已,像狼和狼一样处于可怕的自然状态中。"

第二部分主要描述自然状态中人们在不幸的生活中都享有"生而平等"的自然权利,又都有渴望和平和安定生活的共同要求,于是出于人的理性,人们相互同意订立契约,放弃个人的自然权利,把它托付给某一个人或集体,大家服从他的意志和判断。这个人或集体就是主权者,就是国家,就是伟大的利维坦的诞生。主权者的权力至高无上,国家制度的最佳形式是君主制,人民的义务是对君主的绝对服从,并论述了主权者的职责。

第三部分批判了自成一统的教会,抨击了教皇掌有超越世俗政权的大权。列举《圣经》条文指责教义之荒谬,主张教会应臣服于世俗政权,作为政权的一种辅助机构。

第四部分揭发了罗马教会的腐败、剥削、贪婪的丑行劣迹,呼吁大学教育摆脱教会的控制和影响。❶

自然法和国家观是霍布斯在《利维坦》一书中浓墨重笔的内容。自然法观念早在古希腊时期就已经出现,古罗马时期一些思想家如西塞罗对自然法理论进行过深入的探讨。中世纪欧洲经院哲学家托马斯·阿奎那从宗教神学角度论述自然法,使自然法思想成为一种基本的政治信念。阿奎那将永恒法、自然法、人定法与神法组合在一起,构成了一个完整的体系,把自然法归结为上帝意志的体现。"随着阿奎那的宗教学说成为基督教的正统,自然法理论也借助教会的力量迅速普及,直至普通信众。"❷

然而,霍布斯的自然法思想摆脱了宗教神学的束缚,用自然状态作为自然法的前提,从人的本能角度归纳出了十三点自然法则。在此基础上论

---

❶ [英]霍布斯. 利维坦[M]. 黎思复,黎廷弼,译. 北京:商务印书馆,1996:出版说明 v‐vi.

❷ 唐士其. 西方政治思想史(修订本)[M]. 北京:北京大学出版社,2017:12.

证了国家的成因、目的与职责。

1. 自然状态与自然法

在《利维坦》一书中，霍布斯提出，人类是从与大自然斗争、与野兽猛禽斗争、与各种灾害斗争过程中进化而来的，在国家没有出现以前人类处于一种自然状态。在没有共同权力的自然状态中，人作为一个自然的生物，其自然本性首先是自保、生存。为了自保和生存，人对人互相防范、敌对甚至发生战争。

霍布斯从人的天性的角度分析了造成人类争斗的三个主要原因："第一就是竞争，第二就是猜疑，第三就是荣誉。第一种原因是人为了求利，第二种原因是人为了求安全，第三种原因则是人为了求名誉而进行侵犯。……在没有一个共同权力使大家慑服的时候，人们便处在所谓的战争状态之下。这种战争是每一个人对每个人的战争。"在没有共同权力可以使大家全都慑服的地方，人们相处时就不会有快乐存在；相反地他们还会有很大的忧伤。因为每一个人都希望共处的人对自己的估价和自己对自己的估价相同。每当他遇到轻视或估价过低的迹象时，自然就会强使轻视者做更高的估价，并且以诛一做百的方式从其他人方面得到同样的结果。在自然状态下，"任何两个人如果想取得同一东西而又不能同时享用时，彼此就会成为仇敌。他们的目的主要是自我保全，有时则是为了自己的欢乐；在达到这一目的的过程中，彼此都力图摧毁或征服对方"。"由于人们这样互相疑惧，于是自保之道最合理的就是先发制人，也就是用武力或机诈来控制一切他所能控制的人，直到他看到没有其他力量足以危害他为止。"❶

在霍布斯看来，自然状态是一种人与人争斗的残酷状态。由于没有共同权力的约束，在自然状态下，每一个人都有平等的自由。

自然状态下的自由是什么？霍布斯认为，"自由这一语词，按照其确切的意义来说，就是外界障碍不存在的状态。这种障碍往往会使人们失去一部分做自己所要做的事情的力量。但却不能妨碍按照自己的判断和理性所指出的方式运用剩下的力量。因此，这种自由就是用他自己的判断和理性认为最适合的手段去做任何事情的自由"❷。但是，霍布斯又指出，自然状态下的人的自由并不是随心所欲，而是一种服从必然的自由。"自由与

---

❶ [英]霍布斯. 利维坦[M]. 北京：商务印书馆，1996：93-94.
❷ 同上，97.

必然是相容的。比如水顺着河道往下流，非但是有自由，而且也有必然性存在于其中。人们的自愿行为情形也是这样。这种行为由于来自人们的意志，所以便是出于自由的行为。"在服从必然性的前提下，"自由人一词根据这种公认的本义来说，指的是在其力量和智慧所能办到的事物中，可以不受阻碍地做他所愿意做的事情的人。……这种自由就是他在从事自己具有意志、欲望或意向想要做的事情上不受阻碍"❶。也就是说，自然状态下的自由是符合必然的、人的理性和意志的自由。

在自然状态下，人人都有平等的自然权利，即保全自己生命的自由权利。那么，自然权利"就是每一个人按照自己所愿意的方式运用自己的力量保全自己的天性——也就是保全自己的生命——的自由"。在每一个人对每一个人交战的状况下，"人人都受自己的理性控制。凡是他所能利用的东西，没有一种不能帮助他抵抗敌人，保全生命。在这种情况下，每一个人对每一种事物都具有权利，甚至对彼此的身体也是这样"❷。

那么，人们依靠什么来保全自己的生命安全、利益和自由呢？霍布斯的回答是：自然律即自然法。自然律是人们在自然状态争斗的过程中通过理性发现的戒条或一般法则，这种戒条或一般法则禁止人们去做损毁自己的生命或剥夺保全自己生命的手段的事情。

霍布斯在《利维坦》一书中归纳了十三条自然法的法则。

霍布斯认为，寻求和平、信守和平是第一个基本的自然律，而利用一切有利的条件和办法甚至不惜采用战争的方式来保卫自己则是每一个人的自然权利。"每一个人只要有获得和平的希望时，就应当力求和平；在不能得到和平时，他就可以寻求并利用战争的一切有利条件和助力。"

在此基础上，霍布斯引申出了第二自然法：人们为了和平与自卫可以自愿转让或放弃一部分权利而签订一个可以保护自己的契约。人们通过订立契约，将自己的自然权利交给一个公共权力，这个建立在共同契约基础上的公共权力保卫着每一个人的生命和安全。"当一个人为了和平与自卫的目的认为必要时，会自愿放弃这种对一切事物的权利。"❸ "权利的互相转让就是人们所谓的契约。" "当一个人转让他的权利或放弃他的权利时，那总是由于考虑到对方将某种权利回让给他，要不然就是因为他希望由此

---

❶ [英]霍布斯. 利维坦[M]. 北京：商务印书馆，1996：163.
❷ 同上，97-98.
❸ 同上，98.

得到某种别的好处。因为这是一种自愿行为，而任何人的自愿行为目的都是为了某种对自己的好处。"❶

第三自然法就是"所订信约必须履行"。霍布斯认为，既然人们转让出了自己的自然权利，签订了契约，那么，人们就必须遵守自己签订的契约。信守契约就是正义，不信守契约就是不正义，不正义的行为就要受到某种强制力的惩罚。所以"这一自然法中，就包含着正义的泉源。正义的性质在于遵守有效的信约，而信约的有效性则要在足以强制人们守约的社会权力建立以后才会开始，所有权也就是在这个时候开始"❷。

什么是正义？霍布斯说，正义包括交换的正义和分配的正义。"交换的正义是立约者的正义，也就是在买卖、雇佣、借贷、交换、物物交易以及其他契约行为中履行契约。分配的正义则是公断人的正义，也就是确定'什么合乎正义'的行为。在这种事情中，一个人受到人们推为公断人的信托后……将各人的本分额分配给了每一个人。"❸ 这就是一种合乎正义的分配，也叫分配的正义。

第四自然法是感恩。霍布斯说："正义取决于实现存在的契约，感恩则取决于实现存在的恩惠，也就是取决于实现存在的自由赠与。"❹ 人们在接受他人的恩惠或根据恩惠施与的利益时，应当有感恩的回报，使施惠者不后悔自己的施惠。违反这条自然法就是忘恩负义。

第五自然法阐述了顺应社会与群体的法则。霍布斯指出："每一个人都应当力图使自己适应其余的人。人们的社会倾向由于感情不同而有本质上的差异存在，情形有些像砌在一起建筑大厦的石头。如果有一块石头凸凹不平，形状不规则，安下去时要多占其他石块的地方，同时又坚硬难平，有碍建筑，这种石头便会被建筑者认为不好用而又麻烦，因而把它扔掉。同样的道理，一个人如果性格乖张，同时他又性情顽固，无法使之改正，这种人就会被认为妨碍社会而被抛弃或驱除。他所做的事情也就违反了规定人们寻求和平的基本自然法。遵守这条自然法就可以称为合群，相反的情形就称为顽固、不合群、刚愎自用和桀骜不驯，等等。"❺ 霍布斯在

---

❶ [英]霍布斯. 利维坦 [M]. 北京：商务印书馆，1996：100.
❷ 同上，108-109.
❸ 同上，115.
❹ 同上.
❺ 同上，115-116.

这里阐述了自然状态下人的社会性，每一个人都会受到社会的约束，所以，人要合群，要适应其他的人，不要性情顽固、刚愎自用、桀骜不驯。

第六自然法阐述了宽恕的思想。霍布斯强调，对犯了错误而承认错误并表示将来不再重犯的人应当予以宽恕，允许他们改过自新，这样才能获取和解与和平。"当悔过的人保证将来不再重犯，并要求恕宥时，就应当恕宥他们过去的罪过。因为恕宥就是允许取和。"❶

第七自然法阐述了以怨报怨的惩罚目的是警戒世人，使触犯自然法的人改过自新。霍布斯说，在以怨报怨的过程中，人们所应当看到的不是过去的恶大，而是将来的益处多。这一自然法除了使触犯自然法的人改过自新并对其他人昭示警戒之外，还禁止以任何其他目的施加惩罚。人们没有理由地互相进行伤害就会造成战争，这就是违反自然法，一般都称之为残忍。人与人之间"一切仇恨与轻视的表示都足以引起争斗，因为大部分人都宁愿冒生命的危险而不愿忍辱含垢"❷。

第八自然法强调互相尊重，平等待人。"在单纯的自然状态下，所有的人都是平等的，根本没有谁比较好的问题存在。""如果人生而平等，那么这种平等就应当予以承认。"❸ 所以，"任何人都不得以行为、言语、表情、姿态表现仇恨或蔑视他人。违犯这一自然法的人一般称之为侮辱"❹。在自然状态中，一个蔑视别人、不尊重别人的人会与他人起冲突或战争，所以，平等待人是十分重要的。

第九自然法强调谦谨，反对自傲。"每一个人都应当承认他人与自己生而平等，违犯这一准则的就是自傲。"❺ 在霍布斯看来，谦谨是建立在自然状态下人人生而平等基础上的。所以，每一个人都应该谦虚地对待他人，否则，就会受到自然法的惩罚。

第十自然法主张人们在制定契约时，要保留某些生命必需的权利。"所有寻求和平的人都必须放弃某些自然权利，也就是不具有为所欲为的自由；人们也必须为了自己的生命而保留某些权利，如支配自己的身体的权利、享受空气、水的权利、运动的权利、通过从一个地方到另一个地方

---

❶ [英]霍布斯. 利维坦[M]. 北京：商务印书馆，1996：116.
❷ 同上，116.
❸ 同上，117.
❹ 同上，116.
❺ 同上，117.

的道路的权利,以及一切其他缺了就不能生活或生活不好的东西的权利等等。"❶ 霍布斯强调,人们在制定契约时所放弃的不是自己的全部自然权利,而是一部分自然权利,人们还要保留某些关乎生命的自然权利。这一条自然法使得人们在制定契约的时候知道哪些权利是可以转让出去的,哪些权利是绝对不能放弃的。这一思想为后来的个人基本权利的保障提供了自然法的基础。

第十一自然法阐述了公道的品行。霍布斯认为,公道就是秉公处理问题,公道地裁决问题。他说:"一个人如果受人信托在人与人之间进行裁断时,那么自然法就有一条戒条要求他秉公处理。因为没有这一点人们的争端就只有凭战争决定。……这一自然法是根据将按理应属于各人的东西平等地分配给每一个人的法则而来的。遵守这一自然法就谓之公道。这也称为分配的正义。违犯这一自然法就称为偏袒。"❷

第十二自然法阐述了如何分配不能分割的共同之物的方法。霍布斯认为:"不能分割之物如能共享,就应当共享,数量允许时,应不加限制;否则就应当根据有权分享的人数按比例分享。因为不像这样分配就会不平均,与公道相违。但有些东西既不能分割,又不能共享。那么规定公道之理的自然法便要求全部权利以抽签方式决定。要不然就轮流使用,让第一次占有权以抽签方式决定。"❸ 在霍布斯看来,在自然状态下,如果某些共同之物不能分割但可以共享而又数量无限,如空气、森林、海洋等,大家就可以不加限制地共享。如果共同之物可以分割但数量有限,如土地等,就应当按照公道正义的原则根据人数比例进行分配。如果有些东西既不能分割,又不能共享,如矿产资源等,就可以抽签方式决定,或者轮流使用。

第十三自然法强调保障斡旋和平的人的安全。霍布斯说:"凡斡旋和平的人都应当给予安全通行的保证。因为规定人们应以和平为目的的自然法,也规定人们应以调解为手段,而安全通行则是达到调解的手段。争议各方应将其权利交付公断人裁断。"❹ 在处理争议纠纷时,争议各方应将其权利交付公断人裁断。

什么样的人不能做公断人?霍布斯指出,接受贿赂的人不能做公断

---

❶ [英]霍布斯. 利维坦 [M]. 北京:商务印书馆,1996:117.
❷ 同上,118.
❸ 同上.
❹ 同上,119.

人。"在有关事实的争执中,裁断者由于对一方的信任不能比另一方大,如果他没有其他证据时,就必须信任第三方面,或第三与第四方面,或者是更多的人,否则问题就会悬而不决,并将听任武力解决。"❶

霍布斯认为"以上各条都是规定人们以和平为手段在社群中保全自己的自然法,它只是与文明社会有关的原理。……这些法则已被精简为一条简易的总则,这就是'己所不欲,勿施于人'"。在这一点上,霍布斯的观点恰好与中国的孔子思想相一致。

霍布斯阐述自然法是为了给国家法提供来源和基础。在阐述自然法的基础上,霍布斯论证了国家产生的原因、目的及其职责。

2. 国家的成因、目的与职责

国家是怎样产生的呢？霍布斯认为,国家产生于自然状态下的人们对建立一种能抵御外来侵略和制止相互侵害的共同权力的需求。国家"就是一大群人相互订立信约、每人都对它的行为授权,以便使它能按其认为有利于大家的和平与共同防卫的方式运用全体的力量和手段的一个人格。承当这一人格的人就称为主权者,并被说成是具有主权,其余的每一个人都是他的臣民。取得这种主权的方式有两种：一种方式是通过自然之力获得的……另一种方式则是人们相互达成协议,自愿地服从一个人或一个集体,相信他可以保护自己来抵抗所有其他的人。后者可以称为政治的感觉,或按约建立的国家；前者则称为以力取得的国家"。"这一点办到之后,像这样统一在一个人格之中的一群人就称为国家。……这就是伟大的利维坦（Leviathan）的诞生。"❷ 霍布斯的国家起源论被称为"社会契约论",这一观点为后来许多西方政治思想家所认同,并将此运用于政治学理论。

国家产生以后靠什么生存和维持？霍布斯回答,国家要有武力做后盾。"没有武力,信约便只是一纸空文,完全没有力量使人们得到安全保障。"❸

国家的目的是什么？霍布斯指出,国家的目的是为了保护人们的生命、财产安全和自由。所以,每一个交付给它权利的人都必须服从国家权力,国家有绝对的统治权和管理权。霍布斯把国家权力称之为"绝对的君

---

❶ [英]霍布斯. 利维坦[M]. 北京：商务印书馆,1996：119-120.
❷ 同上,131-132.
❸ 同上,128.

权",他认为,"已经按约建立一个国家的人,由于因此而受信约束缚必须承认某一个人的行为与裁断,按照法律说来,不得到这人的允许便不能在自己之间订立新信约,在任何事物方面服从任何另一个人。因此,一个君主的臣民,不得到君主的允许,便不能抛弃君主政体、返回乌合之众的混乱状态"❶。但是,霍布斯也强调"主权者所做的任何事情对任何臣民都不可能构成侵害,每一个人都是主权者一切行为的授权人"❷。

作为主权者的国家有哪些权力?霍布斯概括了以下几点:

立法权,即订立规章法律的权力;司法权,即裁判一切争端的司法权力;外交权,即对外宣战或媾和的权力;军权,即掌握国家军队的权力;用人权,即选拔一切参议人员、大臣、地方长官和官吏的权力;赏罚权,即根据他事先制定的法律对每一臣民颁赐荣衔爵禄之权以及施行体罚、罚金与名誉刑之权;保卫公众的和平的权力,等等。❸ 霍布斯认为,国家的这些权力都是不可转让和不可分割的权利。

国家的职责是什么?霍布斯归纳了以下几条:为人民求得安全;让臣民学习到正义之德;对各等级的人平等施法;公平征税;制定良法;正确地执行赏罚职责;甄选良好的参议人员。❹

在霍布斯看来,国家法律主要是限制个人之间互相伤害,使人们互相协调,联合起来防御共同的敌人。❺ 国家的法律制定之后,人们就要遵守法律。但是"在法律未加规定的一切行为中,人们有自由去做自己的理性认为最有利于自己的事情"❻。

国家法与自然法的关系是怎样的?霍布斯认为,自然法是国家法的基础和来源。自然法的根本原则和目的是"寻求和平",而和平是人们满足自己的欲望所必需的,是不可改变的,从这个意义上说,自然法是永恒不变的。自然法实质上是一种道德规范,它只对内心范畴的东西具有约束力。"自然法就是公道、正义、感恩以及根据它们所产生的其他道德,这一切在单纯的自然状况下都不是正式的法律,而只是使人们倾向于和平与

---

❶ [英]霍布斯. 利维坦[M]. 北京:商务印书馆,1996:133.
❷ 同上,136.
❸ 同上,138-139.
❹ 同上,260-273.
❺ 同上,208.
❻ 同上,164.

服从的品质。国家一旦成立之后，它们就成了实际的法律……于是也就成了民约法，强制人们服从它们的乃是主权者。"❶ 在霍布斯眼里，自然法是一种道德法则和规范，不是正式的法律，国家法才是真正的法律。然而，国家法律来源于自然法的信条，自然法为国家法提供了基础。

（三）霍布斯自然法与国家观思想评价

霍布斯的自然法与国家观思想有一定的合理成分。

第一，霍布斯自然法思想的哲学基础是机械唯物主义，他用唯物主义世界观否定了基督教的神创世界的国家起源说，他所阐释的自然法思想与基督教神学是根本不同的。他归纳的十三条自然法完全没有上帝的身影和宗教的外衣，反映了近代西方人本主义思想和新兴资产阶级的要求，在当时具有反封建、反神权的进步意义。

第二，霍布斯阐明了国家主权来源于社会契约，源自于社会成员的权利转让，从根本上否定了"君权神授"的思想。他论证了国家法来源于自然法，国家法应当遵循自然法，肯定了国家和法律保障个人权利的作用。主张依靠法律维护国家的政治稳定，保障个人权利和自由，这种思想对近现代西方国家政治制度和法律体系的建构有积极的意义。

第三，霍布斯的自然法思想从人的自我保全的本性出发，论证了每个人都有保全自己生命的权利，在不能得到和平时，每个人可以利用一切可能的办法保卫自己。后来的一些西方思想家汲取了这一观点，把人的权利分为两种：第一种是自然权利，即人的天然权利；第二种是社会权利，即人们在社会生产和生活中所得到的权利。国家的职能是保障人的自然权利和社会权利。

第四，霍布斯的自然法阐述了一些道义原则，如和平、安全、正义、感恩、平等、尊严、人权、以暴制暴、"各国交战不杀斡旋者"等。这些道义原则为后来西方国家的法律制定和政治制度的创立提供了思想来源。

霍布斯的自然法和国家观思想也有一些不足与缺陷。

第一，霍布斯的自然状态说是一种假设，其归纳的十三条自然法则是在人的本性是自保的这样一个假设出发而推演出来的。他的自然状态和自然法学说是理性思维和逻辑推演的结果，缺乏考古学、历史学和人类学的

---

❶ [英]霍布斯. 利维坦[M]. 北京：商务印书馆，1996：207.

实证。他将没有国家的时期称为自然状态,并把自然状态视为人与人战争的残酷状态,仅考虑了人与人斗争的方面,没有考虑到在国家出现以前人与人之间还有合作的一面。

考古学和历史学研究发现,在国家出现以前,人类处于原始社会,原始部落的人们为了生存,在获取猎物和食物时大多采取合作的方式,获取猎物和食物时,也大多采取平均分配的方法。而霍布斯的自然状态说没有看到人类早期活动的这一方面。

第二,霍布斯对自然状态下人性中的利己的一面进行了深刻的揭露,但对人性中利他的一面却缺乏认识。实际上,人类血缘亲情和繁衍后代的本能决定了利己与利他两种本能的存在,人性中的这种利己与利他的双重性决定了人的自然属性和社会性。摩尔根的著作《古代社会》用田野调查的实证方法证明了氏族社会、部落社会既存在着利己行为,也存在着利他行为。而霍布斯的人性论用机械唯物主义观点研究人的生理和心理活动,解释人的情感、欲望,把自我保存、趋利避害视为人的永恒不变的本性,把人与人的战争视为自然状态的基本状况,否定人类有合作的、爱与善的方面,具有很大的片面性。

第三,霍布斯认为国家权力来源于人们签订的社会契约和被统治者的同意,强调主权者具有绝对的、不受限制的权力,绝对的、单一主权可以防止国家的解体。君主制是国家制度的最佳形式,每一个订立契约的臣民对主权者应当绝对服从。他在极力肯定君主专制优越性的同时,没有看到君主专制的残酷压迫人民群众的一面。

第三,霍布斯从社会契约的角度论证了国家的起源,论证了人们必须遵守契约,遵从君主的必要性。却没有考虑到人民群众如何监督、制约和制裁违背人民利益的专制暴君或昏君,表现了其思想的局限性和缺陷。

三、自由主义创始人——约翰·洛克

霍布斯以其自然法和国家学说被称为自由主义的奠基人,而西方自由主义的创始人则是约翰·洛克。

（一）洛克的生平与时代

约翰·洛克（John Locke，1632—1704年）1632年8月29日出生于英国萨默塞特郡的威灵顿村。他的父亲是一个小土地所有者、清教徒，曾经做过律师，在英国资产阶级革命期间，洛克的父亲站在议会一边，参加了克伦威尔的革命军队。1652年洛克进了牛津大学的基督教会学院，该院的院长兼副校长约翰·欧文（John Owen）也是一个清教徒。洛克在家庭和大学受到了资产阶级思想的影响。1658年英吉利共和国执政，克伦威尔去世，克伦威尔的儿子与将军们展开了争夺权力的斗争。1660年，一些长老派国会议员暗中与前国王查理一世的儿子谈判，在查理接受了他们的条件之后，他们迎接查理回伦敦登基，称查理二世，斯图亚特王朝复辟。查理二世登基之初，表示实行宽容政策，除了追究处死其父的凶手之外将不念旧恶赦免一切，并答应保障宗教自由，保持人们在革命期间所获得的财产所有权，同议会共管国家。1666年，洛克结识了莎夫茨伯里伯爵，第二年便开始做他的秘书，后来洛克随莎夫茨伯里做了几次政府其他职位的工作。莎夫茨伯里在议会里做辉格党领袖时，他们时常交换关于政治问题的意见。❶

1670年查理二世违背议会的意愿与法国签订密约，与法国一起对荷兰发动战争，并打算适时宣布自己为罗马天主教徒，遭到议会中莎夫茨伯里伯爵领导的辉格党议员的反对。1679年辉格党提出了一项排斥查理的弟弟——天主教徒约克公爵继承王位的法案，支持国王的托利党与沙夫茨伯里领导的辉格党进行了长达两年的斗争。查理二世通过对上院施加影响，阻止了这项排斥法案的通过。1680年查理在位期间的第四次议会开会时，下院再次表决通过排斥法案，查理解散了议会，辉格党被指控策划暗杀国王而遭到压制，1683年沙夫茨伯里伯爵和洛克逃往荷兰。

1685年查理二世去世，其弟詹姆斯二世继位，实行了一系列有利于天主教徒，不利于英国国教徒的政策，并企图在英国恢复天主教，激起议会辉格党议员和一部分托利党议员的强烈不满。1688年6月，议会下院的辉格党人和一部分托利党人秘密邀请詹姆士二世的女儿玛丽和她的丈夫时任荷兰联省共和国执政的奥伦治公爵威廉，担任英国女王和国王。威廉和玛

---

❶ [英]约翰·洛克.政府论（下）[M].叶启芳，译.北京：商务印书馆，1964：i-v.

丽接受了英国议会提出的《权利法案》，到英国登基。1701年威廉国王接受了英国议会提出的《王位继承法》，该法杜绝了天主教徒继承英国王位的可能性，英国君主立宪制开始形成。

洛克生活在英国资产阶级革命、斯图亚特王朝复辟以及"光荣革命"之后君主立宪制形成时期，在动荡的岁月里，洛克参与了议会和政府的工作，亲身经历了英国君主立宪和议会制的形成过程。1689—1690年他完成了《政府论》两篇，洛克撰写该书的目的是想回答当时英国议会制形成过程中所面临的种种问题。他总结实践经验，进行理性研究，论证了议会制的合理性，阐述了议会制的一些基本原则。

（二）《政府论》主要思想观点

《政府论》两篇是洛克最重要的政治著作。上篇批判了封建王权的拥护者罗伯特·菲尔麦爵士以基督教神学为宗旨的"君权神授"论，下篇论证了国家权力的来源和资产阶级议会制的原则。洛克汲取了霍布斯的"社会契约论"，论述了自然状态、自然法、国家的产生，国家和法律的目的。与霍布斯不同的是，他批判了君主专制的弊端，提出了国家权力的分割制衡思想。

洛克《政府论》下篇的主要思想观点。

1. 自然状态

洛克认为，在国家政治权力产生之前，人类处于一种自然状态之中。在人们没有同意成为某种政治社会的成员以前，人们处于一种自然状态。自然状态是"一种完备无缺的自由状态"，人们"在自然法的范围内，按照他们认为合适的办法，决定他们的行动和处理他们的财产和人身，而毋需得到任何人的许可或听命于任何人的意志"❶。

自然法是什么？洛克没有像霍布斯那样归纳出13条，而是画龙点睛地指出，理性就是自然法，它"教导着有意遵从理性的全人类：人们既然都是平等的和独立的，任何人就不得侵害他人的生命、健康、自由或财产"❷。

洛克认为，基于每一个人所享有的一般人类的权利，即保护自己的生

---

❶ ［英］约翰·洛克. 政府论（下）［M］. 叶启芳，译. 北京：商务印书馆，1964：5.
❷ 同上，6.

命健康、自由、财产，人们就有权制止或在必要时毁灭所有对他们有害的东西，就可以给予触犯自然法的人以那种能促其悔改并使其他人不敢再犯同样毛病的惩罚。也就是说，在自然状态下，"人人都拥有执行自然法的权力"。"自然法便在那种状态下交给每一个人去执行，使每人都有权惩罚违反自然法的人，以制止违反自然法为度。""在自然状态中，人人都有处死一个杀人犯的权力，以杀一儆百来制止他人犯同样的无法补偿的损害行为，'谁使人流血的，人亦必使他流血'。"❶

"在这种状态中，一切权力和管辖权都是相互的，没有一个人享有多于别人的权力。同种和同等的人们既然毫无差别地生来就享有自然的一切同样的有利条件，能够运用相同的身心能力，就应该人人平等，不存在从属关系或受制关系。"❷ 所以，洛克认为，在自然状态下，人是平等、自由的，人与人之间没有从属关系，也没有受制于人的关系。自然法就是人人平等、独立、自由的法则，就是任何人不得侵害他人的生命、健康、自由和财产的法则。

洛克强调，自然状态下的自由不是为所欲为的，而是受自然法约束的。也就是说，只有当一个人的生命、健康、财产、自由遭受侵害时，为了保卫自己，他才可以毁灭向他宣战或危害他的生命的人。"他可以这样做的理由就像他可以杀死危害自己生命的豺狼或狮子一样。"❸

2. 国家的产生

洛克认为，虽然在自然状态下人人有平等的自然权利，但是，自然状态有许多缺陷。"第一，在自然状态中，缺少一种确定的、规定了的、众所周知的法律，为共同的同意接受和承认为是非的标准和裁判他们之间一切纠纷的共同尺度。第二，在自然状态中，缺少一个有权依照既定法律来裁判一切争执的指明的和公正的裁判者。因为，既然在自然状态中的每一个人都是自然法的裁判者和执行者，而人们有时偏袒自己的，因此情感和报复之心很容易使他们超越范围，对于自己的事件过分热心，同时，疏忽和漠不关心的态度又会使他们对于别人的情况过分冷淡。第三，在自然状

---

❶ [英] 约翰·洛克. 政府论（下）[M]. 叶启芳，译. 北京：商务印书馆，1964：7-10.
❷ 同上，5.
❸ 同上，11-12.

态中，往往缺少权力来支持正确的判决，使它得到应有的执行。"❶

由于自然状态有诸如此类的缺陷，"由于人人有惩罚别人的侵权行为的权力，而这种权力的行使既不正常又不可靠，会使他们遭受不利，这就促使他们托庇于政府的既定的法律之下，希望他们的财产由此得到保障"。这就促使人们希望有一个国家，有一个共同权力和法律来保障自己的生命和财产。人们"愿意放弃一种尽管自由却是充满着恐惧和经常危险的状况；甘愿同已经或有意联合起来的其他人们一起加入社会，以互相保护他们的生命、特权和地产"❷。这样，通过人们让渡自己的权利而共同订立社会契约，就产生了国家。所以，国家产生的重要原因是为了脱离每个人均有惩罚权的自然状态，为了避免人们之间的战争状态，"因为如果人间有一种权威、一种权力，可以向其诉请救济，那么战争状态就不再继续存在，纠纷就可以由那个权力来裁决"❸。

由此，洛克得出结论，国家的政治权力是每个人交出他在自然状态中所有的权力，由社会交给统治者，附以明确的或默许的委托，即规定这种权力应当用来为他们谋福利和保护他们的财产。所以，国家权力起源于人们相互同意而签订的契约和协议。

3. 法律下的自由

洛克指出，国家产生以后，每一个人的自由是法律下的自由，这种个人自由既受法律的约束，同时又受法律的保护。在国家中生活的自由，"并非人人爱怎样就可怎样的那种自由，而是在他所受约束的法律许可范围内，随其所欲地处置或安排他的人身、行动、财富和他的全部财产的那种自由，在这个范围内他不受另一个人的任意意志的支配，而是可以自由地遵循他自己的意志"❹。"处在政府之下的人们的自由，应有长期有效的规则作为生活的准绳，这种规则为社会一切成员所共同遵守，并为社会所建立的立法机关所制定。"❺ "自由的要义便在于有限制，有规范，有秩序。那种不受人间权力约束的自由，与自由的精神是相违背的。"❻

---

❶ [英] 约翰·洛克. 政府论（下）[M]. 叶启芳，译. 北京：商务印书馆，1964：78.
❷ 同上，77-78.
❸ 同上，15.
❹ 同上，36.
❺ 同上，16
❻ 启良. 西方自由主义传统 [M]. 广州：广东人民出版社，2003：178.

洛克特别强调，统治者要同人民一样遵守法律，统治者要以法律为准则，而不能以自己的意志为准则。"法律一经制定，任何人也不能凭借他自己的权威逃避法律的制裁；也不能以优越地位为借口，放任自己或任何下属胡作非为，而要求免受法律的制裁。"❶

4. 对主权者的限制

统治者违反法律怎么办？这个问题在霍布斯的《利维坦》里没有多加考虑，但是，洛克却深思熟虑地回答了这个问题。他说，违反法律而不能保护人民的财产，只是满足自己的野心的统治者就是暴君，他的施政就是暴政，人民有权反抗和阻止统治者的暴行。"如果掌握权威的人超越了法律所授予他的权力，利用他所能支配的强力强迫臣民接受违法行为，他就不再是一个官长；未经授权的行为可以像以强力侵犯另一个人的权利的人那样遭受反抗。"❷"臣民有权向法律和法官们申诉，来裁判臣民之间可能发生的任何争执，并阻止任何暴行。凡是想要剥夺这种权利的人，应当被认为是社会和人类的公敌。"❸

统治者滥用权力怎么办？洛克回答说，如果统治者滥用权力，"人民就有权行使最高权力，并由他们自己继续行使立法权，或建立一个新的政府形式，或在旧的政府形式下把立法权交给他们认为适当的新人"❹。

为了防止统治者滥用权力，洛克提出了国家权力的分权制衡理论。他指出，国家的权力是可以分割的，不能集中于一个权力机构，更不能集中于一个人身上。国家权力分为三种，即立法权、行政权和联盟权。立法权是最高的权力。"社会的任何成员或社会的任何部分所有的其他一切权力，都是从它获得和隶属于它的。"执行权"是受立法机关的统属并对立法机关负责的，而且立法机关可以随意加以调动和更换"。也就是说，"当立法机关把执行他们所制定的法律的权力交给别人之后，他们认为有必要时仍有权加以收回和处罚任何违法的不良行政。对外权的情况也是这样，它和执行权同是辅助和隶属于立法权的"❺。

立法机关怎样产生？洛克指出，国家的最高的权力既然来自于人民的

---

❶ [英] 约翰·洛克. 政府论（下）[M]. 叶启芳，译. 北京：商务印书馆，1964：59.
❷ 同上，123.
❸ 同上，57.
❹ 同上，151.
❺ 同上，92-94.

授予，立法议会就应当由人民的代表来组成，人民的代表就应由人民定期选举产生。"如果立法机关或它的任何部分是由人民选出的代表组成，他们在一定期间充当代表，那么，这种选举权也必须由人民在指定的时间或当他们被召集参加选举立法机关时行使。"❶

立法者违反法律怎么办？洛克提出了制约立法议会议员的办法，他说："当立法者们图谋夺取和破坏人民的财产或贬低他们的地位使其处于专断权力下的奴役状态时，立法者们就使自己与人民处于战争状态，人民因此就无需再予服从"❷。

所以，无论是统治者还是立法者还是政府，谁滥用权力就应当"用强力对付强力"。"如果政府被解体，人民就可以自由地自己建立一个新的立法机关……而社会的自保只有依靠一个确定的立法机关，并公平无私地执行它所制定的法律，才能做到。"❸

洛克的《政府论》论述了国家的产生、法律的目的及作用、国家权力的制衡等，提出了一系列自由主义的基本原则。

（三）洛克自由主义思想评价

洛克的自由主义思想有一定的合理成分。

第一，洛克运用"自然状态"学说论证了人人生而平等和人人具有自然权利思想，论证了国家权力来源于人民让渡的一部分自然权利，进而提出国家法律和政府的目的是保障和扩大个人权利和个人自由。这种观点为近代西方国家代议制民主的建立提供了理论基础，在当时具有划时代的积极意义。美国独立战争期间颁布的《独立宣言》和法国资产阶级革命时期颁布的《人权宣言》均体现了洛克的自然权利思想和自由平等思想。

第二，洛克首次比较系统地提出了国家政治权力的分割和制衡的思想。把政治权力分为立法权、执行权和外交权，立法机关高于行政机关，行政机关对立法机关负责，为英国议会内阁制的确立以及西方国家议会民主制的形成提供了思想原则。

第三，洛克首次提出统治者和立法者如果违法和违背人民利益，就可以被废黜或撤换，这种思想对欧洲资产阶级启蒙运动、资产阶级革命及资

---

❶ [英]约翰·洛克. 政府论（下）[M]. 叶启芳，译. 北京：商务印书馆，1964：94.
❷ 同上，134.
❸ 同上，95，132.

本主义议会制的创建提供原则，产生了深远的影响。

洛克的政治思想也有一些不足与缺陷。

第一，洛克所阐述的自然状态是一种假设，自然权利是抽象的人权，缺乏科学实证的基础。虽然16—17世纪美洲大陆印第安人氏族社会已经被发现，一些考古发现也证实人类进化史上的确有过没有国家的社会历史阶段。洛克在论述自然状态时也多处引用美洲印第安人氏族社会的事实，但是，洛克并没有详细考证国家产生之前人类社会的实况，也没有用详尽的事实案例为自己的理论提供实证依据。所以，他的自然状态、自然法、自然权利是一种假说。这种假说所论述的自然权利、自由平等是抽象空洞的，缺乏对国家产生之后社会阶级关系的认识，无法解释当时所涉及各国下层劳动人民既没有人权也没有自由平等的客观事实。

第二，洛克自由主义思想的核心是个人权利和个人自由，他所阐述的"自然状态"下的人是一个个孤立的"原子"，这种"原子论"的个人自由忽视了人类社会的群体性和社会性，忽视了集体权利和集体自由。洛克没有客观、合理地认识个人与集体的关系以及个人与社会的关系。

四、自由主义经济学代表人物——亚当·斯密

16—17世纪，霍布斯与洛克用"自然状态"和"社会契约"论证了自然权利和国家起源，为西方自由主义的形成奠定了思想基础。18世纪，英国思想家亚当·斯密创立的自由主义经济学丰富发展了古典自由主义思想体系。

（一）亚当·斯密生平与时代

亚当·斯密（Adam Smith，1723—1790年）出生于苏格兰基尔科加特（Kirkcaldy），其父是律师，做过苏格兰的军法官和海关监督，在亚当·斯密出生前几个月去世。其母玛格丽特（Margaret）是一个大地主的女儿，亚当·斯密一生与母亲相依为命，终身未娶。

亚当·斯密早年在苏格兰格拉斯哥大学和牛津巴里奥学院求学。他在学生时代就喜欢读数学、自然哲学、政治史类的书。1751年，亚当·斯密在格拉斯哥大学担任伦理学助理教授，1752年升任道德哲学教授。1757年亚当·斯密出版了《道德情操论》，此时，他结识了英国哲学家休谟，两

人成为终身朋友。1763年,亚当·斯密到欧洲大陆去游历,在法国结识了一批启蒙主义学者,并受到了重农学派的影响。1776年,亚当·斯密出版了《国民财富的性质和原因的研究》(以下简称《国富论》)一书。1778年他曾被任为苏格兰海关税务司长。1790年7月17日逝世。❶

亚当·斯密生活在英国工业革命兴起的时代,在这个时代,资本主义工厂制度迅速发展,英国政府采取了自由贸易政策,鼓励资本家、商人向海外扩张,英国的海外殖民地不断扩大,资本家、商人的财富急剧积累,城市居民却生活贫穷,少数生产商和所有者的财富与大部分雇员和工人悲惨状况之间形成了鲜明的对比。

亚当·斯密生活在当时制造业很发达的格拉斯哥,曾任格拉斯哥大学的教授。他深入研究了资本原始积累和资本主义经济发展的历史,提出了资本主义市场经济条件下的经济自由原则和道德伦理原则。亚当·斯密的著名代表作是《道德情操论》和《国富论》,他接受了霍布斯的关于人的自保和自利欲望驱动的观点,但在这种动力中看到了人类进步特别是经济增长的根源。同时,他还研究了由人的怜悯同情心产生的爱的情感和利他因素,论证了在自由市场经济的背景下如何能够成功地追求自身利益,同时又有助于其他人的利益,也就是追求个人利益同时又促进社会利益,追求利润最大化同时又促进社会进步的关系,提出了一系列自由主义道德情操原则。因此,亚当·斯密不仅创立了自由主义经济学,也开创了自由主义道德伦理学。

(二)《国富论》主要思想观点

亚当·斯密的《国富论》以劳动为起点进行研究,第一篇从考察劳动分工的作用开始,研究了市场经济条件下劳动生产力、生产物、货币起源、商品价格构成、劳动工资、资本利润、土地地租等诸要素的内涵。分析了劳动生产力改良的原因,劳动生产物依照什么样的自然秩序分配给各个阶级;第二篇讨论了资本财富的性质、积累以及使用。分析了资本财富的分类即可以提供收入的部分和目前消费的部分,资本财富的使用方法,即投资而获取利润,成为流动资本;改良土壤购买设备,成为固定资本。

---

❶ [英]亚当·斯密. 国富论[M]. 郭大力,王亚南,译. 上海:上海三联书店,2009:译序1-2.

在此基础上，分析了国家的总资财的内容及其使用。讨论了社会资本积蓄增加的原因，即勤劳、节俭，生产力的增长；资本借贷放贷的利息。阐述了资本的用途，即用以获取每年所使用和消费的生产物；用以制造生产物；用以运输生产物或制造品；用以分散生产物或制造品，以适于需要者的使用；第三篇研究了国民之富的进步问题。讨论了是什么因素导致了各国经济政策的不同和国民之富进步的不同。通过对罗马帝国崩溃后欧洲农业的衰微，都市的勃兴，都市商业对农村的改良的历史分析，论证了国民之富的原因；第四篇论证了重商主义原理，即奖励输出，限制输入，通过贸易顺差而富国。阐述了限制外国商品输入的条件，奖励商业出口和本国制造业的方法、通商条约以及殖民地贸易。批判了重农学派只重视农业而轻视工商业的弊病；第五篇研究了国家的收入问题。阐述了国家的必要经费包括国防费、行政费、司法费、公共设施费、教育设施费等。分析了国家收入的源泉，即社会赋税，哪一些应该出自全社会一般的赋税，哪一些只应该出自社会上特殊的阶级或特殊的人员，用什么方法使全社会来负担那些应该由全社会负担的费用等。

《国富论》用大量的历史事实和现实案例论证了国民财富的性质、积累、使用，论证了市场机制促进了生产力的发展。制造商和贸易商只有通过生产和销售产品才能获利，因此，制造商和贸易商必须迎合他人的需求来获利，客观上促进了生产、流通、消费和分配。

亚当·斯密论证了资本追求利润最大化的必然性，他说："投资维持产业的人，即以图取利润为唯一目的，他自然会努力使投资维持产业的结果，能够得到价值最大的生产物……能交换最大量的货币，或其他货物。"❶ 但是，亚当·斯密认为，资本对利润最大化的追求不仅获取了自身利益，同时客观上促进了经济的发展和社会的利益。"各个人都不绝努力为他自己所能支配的资本，寻觅最有利的用途。放在他心里的，诚然不是社会的利益，只是他自身的利益，但他检查自身利益的结果，自然会或不如说必然会引导他选定最有利于社会的用途。"❷

为什么资本追求利润最大化客观上会有利于社会发展呢？亚当·斯密回答说，有一只看不见的手在背后起作用，使得资本在追求自身利润最大化

---

❶ [英]亚当·斯密. 国富论（下）[M]. 郭大力，王亚南，译. 上海：上海三联书店，2009：23.

❷ 同上，22.

的同时,增进了社会利益。他说:"固然,他们通常没有促进社会利益的心思,他们亦不知道他们自己曾怎样促进社会利益。他们所以宁愿投资维持国内产业,而不愿投资维持国外产业,完全是为了他们自己的安全;……亦只是为了他们自己的利益。在这场合,像在其他许多场合一样,他们是受着一只看不见的手的指导,促进了他们全不放在心上的目的。……他们各自追求各自的利益,往往更能有效地促进社会的利益。"❶ 所以,亚当·斯密主张政府尽量少干预市场,少干预资本的运作,让资本在市场经济中完全自由地竞争。与其让政府干预经济,不如听任市场调节来得有效。政府的职能,只是保卫国家,抵御外辱,建立严明的司法机构,适当兴办公共工程和公众事业,保护公民财产和个人自由。

(三)《道德情操论》主要思想观点

亚当·斯密不仅研究了自由主义经济学,论证了资本追求利润最大化和自由市场经济的合理性,还撰写了《道德情操论》一书,分析了资本主义市场经济条件下的道德伦理问题。

亚当·斯密认为,人有利己的一面,"每个人首先和主要关心的是他自己。无论在哪一方面,每个人当然比他人更适宜和更能关心自己。每个人对自己快乐和痛苦的感受比对他人快乐和痛苦的感受更为灵敏。前者是原始的感觉;后者是对那些感觉的反射或同情的想象。前者可以说是实体;后者可以说是影子"❷。

但是,亚当·斯密认为,人也有利他的一面,他将人的利他性归因于人的本性中的怜悯与同情心。他说:"无论人们会认为某人怎样自私,这个人的天赋总是明显地存在着这样一些本性,这些本性使他关心别人的命运,把别人的幸福看成是自己的事情,虽然他除了看到别人幸福而感到高兴以外,一无所得。这种本性就是怜悯或同情,就是当我们看到或逼真地想象到他人的不幸遭遇时所产生的感情。……这种情感同人性中所有其他的原始感情一样,绝不只是品行高尚的人才具备……最大的恶棍,极其严

---

❶ [英]亚当·斯密. 国富论(下)[M]. 郭大力,王亚南,译. 上海:上海三联书店,2009:23.

❷ 同上,282–283.

重地违犯社会法律的人，也不会全然丧失同情心。"❶

亚当·斯密从人类繁育后代的本能的角度剖析人的怜悯和同情心。他说："天性把这种同情以及在这种同情的基础上产生的感情倾注在他的孩子身上，其强度超过倾注在他的父母身上的感情，并且，他对前者的温柔感情比起他对后者的尊敬和感激来，通常似乎是一种更为主动的本性。"❷ 斯密将人性中的这种怜悯同情心视为人的仁慈心的来源和爱的情感的来源，他对仁慈心和爱的情感予以了积极的评价，仁慈心会给人带来可幸福，爱的情感会抚慰心灵有益健康。他说："我们对仁慈的感情总是怀有最强烈的同情倾向。它们在各个方面似乎都使我们感到愉快。"❸ "在为人所爱的意识中存在的一种满足之情，对一个感觉细致灵敏的人来说，它对幸福比对他希望由此得到的全部好处更为重要。……爱的情感本身对于感受到它的人来说是合乎心意的，它抚慰心灵，似乎有利于维持生命的活动，并且促进人体的健康。"❹ 斯密将仁慈心和爱的情感视为人的利他性的体现。

在分析了人性中包含利己性和利他性之后，斯密又论证了人性中的这种怜悯同情心对于社会发展的益处。他说："人只能存在于社会之中，天性使人适应他由以生长的那种环境。人类社会的所有成员，都处在一种需要互相帮助的状况之中，同时也面临相互之间的伤害。在出于热爱、感激、友谊和尊敬而相互提供了这种必要帮助的地方，社会兴旺发达并令人愉快。所有不同的社会成员通过爱和感情这种令人愉快的纽带联结在一起，好像被带到一个互相行善的公共中心。"❺

亚当·斯密分析了人与人之间互相伤害给社会带来的负面影响。他说："社会不可能存在于那些老是相互损伤和伤害的人中间。每当那种伤害开始的时候，每当相互之间产生愤恨和敌意的时候，一切社会纽带就被扯断，它所维系的不同成员似乎由于他们之间的感情极不和谐甚至对立而变得疏远。"❻ 所以，斯密主张，人们之间应当倡导完美的品德，抑制互相伤害。完美的品德可以最大可能地增进社会利益和人类的普遍幸福。个人

---

❶ [英]亚当·斯密. 国富论（下）[M]. 郭大力, 王亚南, 译. 上海：上海三联书店, 2009：6.

❷ 同上，283.

❸ 同上，45.

❹ 同上，4.

❺ 同上，105.

❻ 同上，106.

的幸福和自由存在于有助于全体幸福的完美品德的基础之上。"完美的品德，存在于指导我们的全部行动以增进最大可能的利益过程中，存在于使所有较低级的感情服从于对人类普遍幸福的追求这种做法之中，存在于只把个人看成芸芸众生之一，认为个人的幸福只有在不违反或有助于全体的幸福时才能去追求的看法之中。"❶ "人不应把自己看作某一离群索居的、孤立的人，而应该把自己看作世界中的一个公民，看作自然界巨大的国民总体的一个成员。他应当时刻为了这个大团体的利益而心甘情愿地牺牲自己的微小利益。"❷

社会存在的基础是什么？斯密回答说，社会存在的基础是正义。他说："与其说仁慈是社会存在的基础，还不如说正义是这种基础。虽然没有仁慈之心，社会也可以存在于一种不很令人愉快的状态之中，但是不义行为的盛行却肯定会彻底毁掉它。……正义犹如支撑整个大厦的主要支柱。如果这根柱子松动的话，那么人类社会这个雄伟而巨大的建筑必然会在顷刻之间土崩瓦解。"❸

在斯密看来，正义就是惩恶扬善，就是对伤害人们生命、安全、财产的行为进行惩罚，用压力迫使人们遵守法律，违法者受到惩罚。正义"促使我们击退企图加害于己的伤害，回敬已经受到的伤害，使犯罪者对自己的不义行为感到悔恨，使其他的人由于害怕同样的惩罚而对犯有同样的罪行感到惊恐"❹。正义是一种消极的美德，它仅仅阻止人们去伤害周围的邻人，但是，"正义准则是唯一明确和准确的道德准则；其他一切美德都是不明确的、模糊的和不确定的"❺。

关于个人自由与国家法律的关系，斯密用棋盘和棋子的例子予以阐明。他说："在人类社会这个大棋盘上每个棋子都有它自己的行动原则，它完全不同于立法机关可能选用来指导它的那种行动原则。如果这两种原则一致、行动方向也相同，人类社会这盘棋就可以顺利和谐地走下去，并且很可能是巧妙的和结局良好的。如果这两种原则彼此抵触或不一致，这

---

❶ [英]亚当·斯密. 国富论（下）[M]. 郭大力，王亚南，译. 上海：上海三联书店，2009：399.
❷ 同上，169.
❸ 同上，106.
❹ 同上，97-98.
❺ 同上，434.

盘棋就会下得很艰苦，而人类社会必然时刻处在高度的混乱之中。"❶ 个人自由与国家法律就像棋子与棋盘的关系。在这个大棋盘上，每一个人都有自己自由行动的原则，如果个人自由的原则与国家法律原则能够协调一致，行动方向相同，人类社会就会和谐发展；如果这两种原则互相抵触或不一致，人类社会就会处于混乱之中。所以，正义原则是协调个人与他人关系的道德原则，是个人自由与国家法律相一致的原则。

斯密主张用国家法律和制度等强制手段迫使人们尊奉正义，违反正义就要受到惩罚。他说："人们时常赞成严格执行正义法则，甚至赞成用死刑来惩罚那些违反这种法则的人。由此，要把破坏社会安定的人从世界上驱逐出去，而其他的人看到他的下场也不敢步其后尘。""为了强迫人们尊奉正义，造物主在人们心中培植起那种恶有恶报的意识以及害怕违反正义就会受到惩罚的心理，它们就像人类联合的伟大卫士一样，保护弱者，抑制强暴和惩罚罪犯。""只有较好地遵守正义法则，社会才能存在；所以对这一正义法则必要性的考虑，就被认为是我们赞成通过惩罚违反正义法律的那些人来严格执行它的根据。"❷

（四）亚当·斯密的自由经济思想和伦理思想评价

亚当·斯密的《道德情操论》先于《国富论》出版，受到欧洲学术界的重视，成为道德哲学和伦理学宝库里的一个瑰宝。亚当·斯密的《国富论》问世后，震动了全世界的学术界，被后人誉为影响人类历史进程的伟大著作。这两本书构成了亚当·斯密的自由主义经济学和道德伦理学的主体。

亚当·斯密的自由主义思想有一些合理成分。

第一，亚当·斯密从人性的角度论证了利己与利他之间的关系，推演出了资本追求利润最大化和社会正义的合理性。一方面，他认为人有利己的一面，即人有自保、自利、追求自身利益最大化的一面。资本追求利润最大化体现了人的自保和自利的一面，它既增进了资本本身的利益，又促进了经济发展和社会财富的增长；另一方面，他论证了人有利他的一面，利他使人类崇尚仁慈和正义，通过惩恶扬善，维持社会秩序的正常运转。斯密能够从两个方面透视人的本性，是难能可贵的。

---

❶ [英] 亚当·斯密. 国富论（下）[M]. 郭大力，王亚南，译. 上海：上海三联书店，2009：302.

❷ 同上，106-109.

第二，亚当·斯密既肯定了个人自由的正当性，又强调了社会自由的必要性，探讨了协调个人与社会关系的路径。他在倡导个人自由和经济自由的同时，强调个人的幸福要有助于全体人的幸福。他所阐述的个人自由已经不完全是洛克所说的单个的、抽象的"原子论"式的自由，而是把个人自由与社会自由相结合，把自由主义的思想向前推进了一步。

第三，亚当·斯密认为市场经济主要靠一支"看不见的手"来调节，反对国家过多地干预经济，在当时具有冲破封建专制束缚，促进自由市场经济发展的作用。亚当·斯密的《国富论》为18世纪英国政府"自由放任"和自由贸易政策提供了理论依据，18—19世纪末，英国内阁主要由辉格党人组成，他们奉行亚当·斯密的自由主义经济学理论，采取了自由放任的市场经济政策。英国商品畅销世界各地，不列颠岛成为"世界工厂"。19世纪中叶，英国经济达到鼎盛，当时，英国的工业生产能力比全世界的总和还要大，其外贸额超过世界上其他任何一个国家。英国利用其工业革命的优势，建立了"日不落"的不列颠帝国，史称"维多利亚黄金时代"[1]。

亚当·斯密自由主义思想也有一些不足与缺陷。

第一，亚当·斯密强调经济增长的原动力是利己心，肯定了人的自利和资本追求利润最大化的积极作用，但没有认识到资本家在追求利润最大化的过程中竭力获取剩余利润和剩余价值，残酷剥削工人劳动的一面，没有认识到资本主义生产方式的弊病和缺陷。

第二，亚当·斯密过分强调市场经济的自由放任和"看不见的手"的作用，忽视国家干预经济和宏观调控经济的重要作用，具有一定的片面性。随着自由资本主义过渡到垄断资本主义，20世纪以后，斯密所主张的自由放任经济政策受到了质疑和批评。

第三，亚当·斯密翔实地论证了分工、商业、贸易、资本积累和资本使用在社会经济发展中的作用，却忽视了下层劳动人民对社会经济发展的作用与贡献。他的学说为资本主义市场经济的发展提供了理论依据。

五、功利主义思想家——边沁和密尔

功利主义是自由主义的一个流派，其主要内容是从功利的角度论证如

---

[1] 钱乘旦，许洁明. 英国通史 [M]. 上海：上海社会科学院出版社，2002：270.

何实现个人自由。功利主义产生于18世纪末,它伴随着英国资本主义经济发展而出现。功利主义的创始人是杰里米·边沁,约翰·斯图亚特·密尔修正发展了功利主义,西季威克是19世纪英国功利主义学派的最后一位代表人物。

(一) 边沁的功利主义思想

1. 边沁的生平与时代

杰里米·边沁(Jeremy Bentham,1748—1832年)出生在伦敦的一个地道的托利党家庭,他的父亲和祖父都是律师,他母亲是商人的女儿。边沁幼年时身材短小羸弱,秉性沉静勤勉,他3岁多就开始学拉丁文,7岁时被送入威斯敏斯特学校,12岁时进入牛津女王学院学习,1763年,边沁15岁时进入林肯法学院,并在高等法庭中做见习生。1766年,18岁的边沁取得了文学硕士学位,结束他的大学生活后,边沁做了律师。

18世纪下半期,欧洲处于政治和经济大变革的时代,当时最活跃的时代精神是反抗宗教神学的专制和社会的不公平。人文主义主张人的自由和个性解放,人有现世享乐的权利和机会。随着荷兰、英国、法国资本主义国家政治体制的建立,研究立法,制定新政体的宪法和法律成为启蒙思想家和理论工作者的首要任务。边沁做了几年律师后,便潜心研究法律理论。他认为英国法律是就事论事,主观武断,试图寻找一个通用的标准来衡量每一条特定的法律的价值。读了休谟的《论文集》之后,边沁找到了这个衡量标准,即功利主义原理,"休谟提出,道德行为的特征就是产生幸福的倾向;但是人类作为社会动物,是从别人的幸福中自己感到快乐的,所以,他们应当不仅以自己的快乐、而且以别人的快乐作为他们的行为的目的。边沁把这种理论发展成功利主义的道德体系。"❶

1776年边沁发表《政府片论》;1789年出版《道德与立法原理导论》。1808年,边沁结识了詹姆斯·密尔,两人很快成了密友。1823年,边沁与詹姆士·密尔创立了《威斯敏特评论报》,这个刊物成为传播功利主义思想的阵地,詹姆斯·密尔和他的儿子约翰·斯图亚特·密尔经常为此刊撰稿。

在19世纪上半期英国议会改革的大潮中,边沁全力鼓吹改革,他赞成激进派的议会改革方案,积极促进法律改革。时任首相皮尔汲取了一些边沁的功利主义思想,在刑法方面进行了改革。

---

❶ [英]边沁. 政府片论[M]. 沈叔平等,译. 北京:商务印书馆,1997:编者导言3-8.

《道德与立法原理导论》和《政府片论》是边沁功利主义的代表作，在这两本书中，他提出了"最大多数人的最大幸福"（Maximum Happiness）的"功利主义"原则。1832年6月6日，边沁逝世，时年84岁，临死前还在履行他的"功利主义"原则。他对守候在身边的一位友人说："我感到我快要死了，我们要注意的是必须减少痛苦到最小限度。不要让任何仆人到房间里来，要让所有的青年人都走开。他们看到这种情景是很难受的；他们在这里也无济于事。我当然不能单独地留在这里，你得留下来看着我，而且只要你一个人看着我。这样就可以使我们的痛苦尽可能减少到最小限度。"❶

2.《道德与立法原理导论》主要思想观点

边沁在《道德与立法原理导论》一书中阐述了功利主义（Utilitarianism）原理。他把"趋乐避苦"视为人类的本性和人类行为的唯一动机，从这一基点出发，提出一个简洁的公式来衡量国家的优劣，即"最大多数人的最大幸福"。边沁对个人自由有一种本能的爱好，他力图把个人的"最大幸福"予以量化，用量化分析的方法界定和计算某一种快乐高于另一种快乐，但是，直到临终之前，他也没有得到准确的结果。

1）功利主义论证逻辑

边沁认为，社会是由个人组成的，个人是有欲望和欲求的，欲望本身是真实合理的，每一个人都会自然地寻求实现自己的欲望，获取自身的快乐幸福，这是人行动的动力之源。"社会利益是个人利益的总和，所以个人利益是唯一真实的利益。只有每个人增加了快乐的总和，减少了痛苦的总和，实现了他的最大利益，整个社会才能实现利益的最大化。"❷

人类行为的主宰是什么？边沁回答说，人类受两种感官功能即快乐和痛苦的主宰，这两种功能指示着人们的方向，决定着人们的行动，提供人们判断是非的标准。人们的思想、言行都受着它们的支配，人们活着就是为了追求快乐，实现快乐。功利主义原理就是承认快乐和痛苦对人的支配地位，把实现人们的最大快乐作为国家制度和法律的基础。"自然把人类置于两位主公——快乐和痛苦——主宰之下。只有它们才指示我们应当干什么，决定我们将要干什么。是非标准，因果联系，俱由其定夺。凡我们

---

❶ [英]边沁. 政府片论[M]. 沈叔平等，译. 北京：商务印书馆，1997：16.
❷ 丛日云. 论古典自由主义的个人主义精神[J]. 文史哲，2002 (3).

所行、所言、所思，无不由其支配。功利原理承认这一被支配地位，把它当作旨在依靠理性和法律之手建造福乐大厦的制度的基础."❶

快乐和痛苦的来源是什么？边沁回答说，"痛苦和快乐是在某些原因的作用下，产生于人心之内"。"快乐和痛苦通常出自四种可辨认的来源，它们分别可称为自然的、政治的、道德的和宗教的；只要属于其中每一种来源的快乐和痛苦能够产生束缚任何法律或行为规则的力量，它们就全都可称为约束力。"❷

来自自然的、政治的、道德的和宗教的"快乐本身便是善，撇开免却痛苦不谈，甚至是唯一的善。痛苦本身便是恶，而且确实毫无例外，是唯一的恶。……每一种痛苦和每一种快乐，都是如此"❸。

人可以感觉到的快乐有哪些种类？边沁将人性可感觉到的若干种简单快乐归纳如下："（1）感官之乐；（2）财富之乐；（3）技能之乐；（4）和睦之乐；（5）名誉之乐；（6）权势之乐；（7）虔诚之乐；（8）仁慈之乐；（9）作恶之乐；（10）回忆之乐；（11）想象之乐；（12）期望之乐；（13）基于联系之乐；（14）解脱之乐。"❹ 在《道德与立法原理导论》一书中边沁对这14种感觉之快乐做了具体详细的解释。

在分析了14种快乐之后，边沁又概括了12种痛苦。"若干简单痛苦似有如下述：（1）匮乏之苦；（2）感官之苦；（3）棘手之苦；（4）敌意之苦；（5）恶名之苦；（6）虔诚之苦；（7）仁慈之苦。（8）作恶之苦；（9）回忆之苦；（10）想象之苦；（11）期望之苦；（12）基于联系之苦。"❺

影响人的快乐和痛苦的敏感性的因素有哪些？边沁列举了以下32种因素："（1）健康；（2）体力；（3）耐力；（4）身体缺陷；（5）知识质量；（6）智力；（7）坚毅；（8）稳定；（9）取向；（10）道德情感；（11）道德偏向；（12）宗教情感；（13）宗教偏向；（14）同情心；（15）同情偏向；（16）厌恶心；（17）厌恶偏向；（18）精神错乱；（19）癖好；（20）财务状况；（21）同情性联系；（22）厌恶性联系；（23）身体原质；（24）精神原质；（25）性别；（26）年龄；（27）地位；（28）教育；（29）气候

---

❶ [英]边沁. 道德与立法原理导论[M]. 时殷弘, 译. 北京：商务印书馆, 2005：57.
❷ 同上, 81-82, 99.
❸ 同上, 151-152.
❹ 同上, 90-94.
❺ 同上, 94-98.

(30) 血缘;(31) 政府状况;(32) 宗教信仰。"❶

2) 功利主义原理

在详细研究了人的快乐和痛苦的种类、动因以及影响快乐和痛苦的因素之后,边沁提出了功利主义原理。他说:"功利是指任何客体的这么一种性质:它倾向于给利益有关者带来实惠、好处、快乐、利益或幸福,或者倾向于防止利益有关者遭受损害、痛苦、祸患或不幸;如果利益有关者是一般的共同体,那就是共同体的幸福,如果是一个具体的个人,那就是这个人的幸福。"❷

什么是幸福?边沁回答道:"幸福即是享有欢乐,免受痛苦。""功利原理是指这样的原理:它按照看来势必增大或减小利益有关者之幸福的倾向,亦即促进或妨碍此种幸福的倾向,来赞成或非难任何一项行动。……不仅是私人的每项行动,而且是政府的每项措施。"❸

简言之,边沁的功利主义就是主张最大限度地增大人的快乐和最大限度地减少人的痛苦。

如何最大限度地增大一个人的快乐?边沁说:"首先,他在所有场合都持有同情或仁慈这纯粹社会性的动机。其次,他在大多数场合持有半社会性动机,即希望和睦与喜爱名望。"❹ 也就是说,一个人要有同情心和仁慈心这种社会性的动机,就能增进自己的快乐。

3) 政府的任务

边沁创立了最大快乐原则之后,便开始论述政府的任务和作用。他认为,政府的任务在于促进社会幸福。"政府的业务在于通过赏罚来促进社会幸福。由罚构成的那部分政府业务尤其是刑法的主题。一项行动越趋于破坏社会幸福,越具有有害倾向,它产生的惩罚要求就越大。"❺ 简而言之,政府的任务是促进社会成员的幸福。

那么,政府怎样做才能促进社会成员的幸福呢?边沁指出,政府要考虑社会成员的个人利益。因为国家是由社会成员组成的,国家的利益是社会成员利益的总和。增大个人的快乐或减少个人的痛苦,就是增进共同体

---

❶ [英]边沁. 道德与立法原理导论[M]. 时殷弘,译. 北京:商务印书馆,2005:100 - 101.

❷ 同上,58.

❸ 同上,58,122.

❹ 同上,351.

❺ 同上,122.

的利益。"不理解什么是个人利益,谈论共同体的利益便毫无意义。当一个事物倾向于增大一个人的快乐总和时,或同义地说倾向于减小其痛苦总和时,它就被说成了这个人的利益,或为了这个人的利益。……同样地,当一项政府措施之增大共同体幸福的倾向大于它减小这一幸福的倾向时,它就可以说是符合或服从功利原理。"❶

在边沁看来,衡量一个政府的好坏,要以它是否能增进社会成员的快乐或减少社会成员的痛苦为标准。"在体制良好的政府之下,甚或在体制不佳但执政有方的政府之下,人们的道德情感通常较强,道德偏向较符合功利要求。"❷

区别自由政府与专制政府的标志是什么?边沁列出了几条:自由的政府应当是国家最高权力由各个阶级和阶层分享,统治者与被统治者通过议会选举频繁更换,在议会体制下各阶级之间互相妥协,利益融合,人民有权选举、监督掌权者,人民有出版自由,结社自由,反抗政府压迫的自由。"在自由的国家中,全部权力的总体集合起来便是最高的权力,它在几种阶层的人们中间分配,这些人是最高权力的分享者;——取决于这种根源,他们分享最高权力的资格可以不断从中得到;——取决于统治者和被统治者之间位置的更换频繁而容易;因此,某一阶级的利益不知不觉或多或少地和另一阶级的利益融合在一起;——取决于统治者的责任,或者说一个臣民有权利根据一定的理由,公开指定掌权者和详细地检查对他施加压力的权力的每个行动;——取决于出版自由,或者说保证每一个人,不论他是这个阶级的或那个阶级的,都能够使他的不满和抗议为全社会所知道;——取决于公开结社的自由,或者说保证那些对政府现状不满的人,在行政权力能够合法地去干涉他们的行动之前,可以交换他们的感受,商议他们的计划,实行任何一种实际反抗的反对方式。"❸

4) 伦理原则

什么是伦理?边沁认为,伦理是"履行一个人对其邻人的义务的艺术"。"整个伦理可以定义为这么一种艺术:它指导人们的行为,以产生利益相关者的最大可能量的幸福。……伦理,在它是指导个人自身行动的艺术的限度内,可以称作自理艺术,或曰私人伦理。有哪些别的载体,它们

---

❶ [英]边沁. 道德与立法原理导论 [M]. 时殷弘, 译. 北京: 商务印书馆, 2005: 58–59.
❷ 同上, 116.
❸ [英]边沁. 政府片论 [M]. 沈叔平等, 译. 北京: 商务印书馆, 1997: 213–214.

处于人的支配性影响之下，同时可得幸福？被称作人的其他人。"❶

伦理的准则是什么？边沁回答："伦理展示三大准则：（1）慎重；（2）正直；（3）慈善。说到一般伦理，一个人的幸福将首先取决于他的行为当中仅他本人与之有利害关系的部分，其次取决于其中可能影响他身边人的幸福的部分。在他的幸福取决于他前一部分行为的限度内，这幸福被说成是取决于他对自己的义务。"❷

哪些动机促使一个人考虑别人的幸福？边沁认为，人首先是考虑个人利益的，但是，生活在社会中的人，不可能完全不考虑他人的利益和幸福，因为他有家庭生活，有社会生活。如果一个人能在所有场合都持有同情或仁慈的社会动机，他就会考虑他人的幸福；如果他在大多数场合持有希望和睦的同情动机，他也会考虑别人的幸福。"一个人无论何时何地都肯定会找到适当的动机来考虑的利益，唯有他自己的利益。但尽管如此，没有哪个场合他是全无动机来考虑他人幸福的。首先，他在所有场合都持有同情或仁慈这种纯粹社会性的动机。其次，他在大多数场合持有半社会性动机，即希望和睦与喜爱名望。同情动机将按照他的敏感偏向，以或大或小的效能作用于他；其他两种动机则按照各种不同状况，在不同程度上影响他，主要是按照他的智力强弱、意志坚毅和心理稳定程度、道德敏感性强弱以及他必须与之打交道的人的特性。"❸

边沁将伦理分为私人伦理和公共伦理两部分。他说，私人伦理教导每一个人依凭自发的动机，按照最有利于自身幸福的方式行事。而公共伦理即立法艺术则教导人们，组成一个共同体的人群要按照有利于整个共同体幸福的方式行事。私人伦理与公共伦理即立法艺术是相辅相成、并行不悖的，它们的目的在性质上是相同的。❹

5）法律的目的

边沁认为，所有的法律都是以恶制恶，是为了制止更大的恶。法律的目的是增长社会幸福的总和，尽可能排除减损社会幸福的障碍。

法律怎样判定罪行呢？边沁指出，根据功利原理，应以社会利益的要求判定罪过。凡是违反社会利益和公共道德的罪过都应当受到法律的惩

---

❶ ［英］边沁. 政府片论［M］. 沈叔平等，译. 北京：商务印书馆，1997：348，350.
❷ 同上，350.
❸ 同上，350-351.
❹ 同上，351，360.

处。这些罪过分为五大类：第一大类，私人罪过；第二大类，半公共罪过；第三大类，内向罪过；第四大类，公共罪过；第五大类，杂式罪过，即欺骗罪、背信罪。❶ 所以，每一个人都应当以自己的行为来争取他人及其同类的幸福，国家应当立法，用法律迫使每一个人做有益于他人和整个共同体（包括他本人在内）的事，来争取他本人及其同类的幸福。用法律限制和避免每一个人做有害于整个共同体（包括他本人在内）的事。❷

3. 边沁功利主义思想评价

边沁功利主义思想有一些合理成分。

第一，边沁的功利主义提出人的行为基本上取决于人的欲求和欲望，论证了每个人都有追求快乐幸福的愿望的客观事实，从而论证了追求个人自由、权利和幸福的合理性。他力图建立以幸福和快乐为核心的世俗价值体系，以取代当时欧洲的宗教价值体系，这在当时具有反对宗教神学束缚、解放思想的意义。

第二，边沁的功利主义思想为后来的英国福利经济学提供了理论基础，福利经济学的基本思想认为，一个人的福利是他所感到的满足的总和，社会福利则是各个人的福利的总和，各个人总是力图使自己的满足成为最大量。

第三，边沁基于功利主义原理提出国家要为个人谋幸福，要接受人民的监督和审查。这些思想对于防止政府侵害公民个人权利和自由有积极的意义。

第四，边沁的功利主义厘清了伦理和立法的异同，私人伦理与公共伦理的异同，把法律判定罪行的依据确认为公共伦理。19世纪末至20世纪初，英国的立法和法律在许多方面汲取了边沁的思想。

边沁的功利主义思想也有一些不足与缺陷。

第一，边沁用个人主义的视角认识"善"，把快乐视为唯一的善，把不快乐视为唯一的恶。片面地理解了善与恶的含义。实际上，快乐和痛苦只是人的感觉和知觉，并不能等同于善和恶。边沁将快乐痛苦原则确定为人的终极伦理原则，把增大或减小个人的幸福视为判断个人行动和政府政策的标准，把追求功利当作人生的唯一目标，将人的终极伦理标准简单化和绝对化了。实际上，追求快乐和避免痛苦是人类行为的动机之一，边沁

---

❶ [英] 边沁. 政府片论 [M]. 沈叔平等，译. 北京：商务印书馆，1997：251–252.
❷ 同上，351–352.

试图用功利主义的快乐概括人类多种多样的行为动机和奋斗目标,甚至把快乐当作道德的唯一价值,忽略了人的需求多样性、动机的多样性和奋斗目标的多样性,无法解释复杂多变的社会生活。

第二,边沁强调个人快乐和幸福是道德善,没有弄清合理合法的快乐幸福与不合理不合法的快乐幸福之间的区别。譬如,吸毒者在吸食毒品之后会有短暂的快乐,偷盗者偷到东西以后也会有一时之快,这样的快乐是违法犯罪危害社会。所以,仅以个人快乐幸福为道德标准,会为一些人追求感官刺激的快乐,追求享乐、奢侈腐化的生活提供借口。

第三,边沁没有认识到社会阶级、阶层之间的差别与矛盾。没有认识到统治阶级与被统治阶级之间的利益冲突和尖锐斗争,只是笼统地把共同体利益视为每一个社会成员利益的总和。以个人利益取代阶级利益,是违背客观事实的。马克思曾经对边沁的"功利主义"进行了批判,他说,边沁"把所有各式各样的人类的相互关系都归结为唯一的功利关系,看起来是很愚蠢的。这种看起来是形而上学的抽象之所以产生,是因为在现代资产阶级社会中,一切关系实际上仅仅服从于一种抽象的金钱盘剥关系"❶。实际上,在现实社会生活中,人们之间不仅有功利的追求,还有非功利的追求,有些人就是甘愿为祖国的解放、人类进步受苦受难,甚至不惜献出自己的生命。

(二)约翰·斯图亚特·密尔对功利主义继承与发展

约翰·斯图亚特·密尔(John Stuart Mill,1806—1873年)生活在19世纪,他继承并发展了边沁的功利主义学说,把功利主义推向了一个新的高峰。

1. 约翰·斯图亚特·密尔生平与时代

约翰·斯图亚特·密尔于1806年5月20日生于伦敦,他是著名哲学家詹姆斯·密尔(James Mill)的长子。在父亲的教育下,约翰·斯图亚特·密尔"3岁开始学习古希腊文,8岁开始学习拉丁文、欧几里得几何学和代数学,12岁时开始攻读经院逻辑学,13岁开始学习政治经济学,攻读亚当·斯密和李嘉图的著作,14至15岁学习了化学和植物学,探讨了高深的数学问题,并已把法语学得十分精通"。密尔从17岁开始担任英

---

❶ 马克思恩格斯全集(卷3)[M]. 北京:人民出版社,1957:479.

国东印度公司的高级职员，直至52岁退休，整整工作了35年。❶

约翰·斯图亚特·密尔生活的时代是英国自由资本主义迅猛发展时期。19世纪，英国政府实行自由放任经济政策，英国经济迅速发展，海外扩张迅猛，殖民地大增，商品销往世界各地，19世纪中叶，英国第一次工业革命基本完成，蒸汽时代向电力时代过渡，英国经济达到强盛的顶峰。当时，它的工业生产能力比全世界的总和还要大，外贸额超过世界上其他任何一个国家。1851年，英国举办了世界第一次博览会。博览会上的"水晶宫"震惊世界。"1851—1881年，英国经济持续增长，国民生产总值从5.23亿英镑上升到10.51亿英镑，1901年再上升到16.43亿英镑。人均产值上升一倍多，人口总数大大增加。19世纪后50年，英国国民生产总值按2.5%~3.3%的年率增长，人均增长率在1.3%~1.9%之间。"❷

然而，英国经济繁荣的背后是资本家剥削工人的加剧，巨大的贫富差距和两极分化使社会阶级矛盾日益激化。个体与国家民族、工业组织、社会或政治群体相对立的困境，成为尖锐的个人与公共问题。当时英国和欧洲大陆流行社会达尔文主义，用于为残酷的资本剥削和赤裸裸的竞争辩护。

面对当时的社会现状，密尔刻苦钻研政治经济学与法学，在《威斯敏特评论报》（Westminster Review）等刊物发表了许多文章，抨击压迫，呼吁言论自由，倡导比例代表制和社会公正。他还组织学社，扩展自己在政治经济学、逻辑学与心理学的知识。

密尔在东印度公司任职生涯使他有大量的时间从事研究工作。他没有玩伴、没有娱乐，只有书籍和研究，这种单调的生活与研究使他的精神一度出了问题。1826年，20岁的密尔得了精神衰弱，他发现自己对娱乐和快乐的刺激处于麻木状态，沮丧感日益加深。他感到没有一个可以求助的人，没有一个能真正理解他的人。他感觉自己什么都不缺，但是生活没有目标，好像失去了人生的方向。在这次不幸经历中密尔意识到了内心修养与其他能力的训练同等重要，他开始阅读诗歌，华兹华斯（Wordsworth，1770—1850年）的诗歌对于自然风景的热爱唤起了密尔对自然的情感，他发现欣赏自然美可以与经过科学训练的思想共存。在寻找新观点的过程

---

❶ [英] 约翰·穆勒. 功利主义 [M]. 徐大建，译. 上海：上海人民出版社，2008：译者序1—2.

❷ 钱乘旦，许洁明. 英国通史 [M]. 上海：上海社会科学院出版社，2002：270.

中，密尔开始对法国的圣西门学派感兴趣，尤其是奥古斯特·孔德的观点。❶ 几年后，密尔的精神衰弱慢慢过去，他在生活中有了新的展望，他开始大幅修正边沁的功利主义学说，将功利主义发展到一个新阶段，提出了"最大多数人最大幸福"原则。

1830年，25岁的密尔遇见了一位女友哈丽特·哈迪·泰勒（Harriet Hardy Taylor），这位女友不仅是密尔的生命中的最爱，也是密尔许多著作的合作者。在长达20年的精神恋爱之后，1851年密尔与哈丽特·泰勒结婚。在6年的婚姻生活中，密尔在夫人的思想激荡下，出版了多部重要著作，其中包括《论自由》（1859）、《代议制政府》（1861）、《功利主义》（1861）、《女性的屈从地位》（1869）与《论社会主义》（1876）等。密尔晚年曾经担任过一任的英国国会议员，为改革法案与劳动阶级的利益做出了很大的贡献，并且极力参与政治与社会改革工作。❷ 密尔的功利主义思想主要阐述于他的《功利主义》《论自由》《论代议制政府》等著作中。

2.《功利主义》主要思想观点

1）最大多数人最大幸福原则

密尔是边沁的门徒，从小受到功利主义的影响。密尔青年时期经历了一段精神危机之后，对功利主义追求个人快乐幸福的观点产生了疑问，他修正发展了功利主义思想，提出了他所理解的"最大多数人最大幸福"原则。

密尔认为，"所谓幸福，是指快乐和免除痛苦；所谓不幸，是指痛苦和丧失快乐"❸。功利不仅仅包括对幸福的追求，而且包括防止与缓和不幸。"幸福是一种善：即每个人的幸福对他本人来说都是一种善，因而公众幸福就是对所有的人的集体而言的善。幸福有权利成为行为目的之一，所以也有权利成为道德标准之一。"❹ 但是，密尔认为，功利主义的行为标准并不是行为者本身的最大幸福，而是全体相关人员的最大幸福。

密尔将"最大多数人的最大幸福"原则视为人生的终极目的，是全部人类行为的目的，也是道德的标准。人的一切值得欲求的事物，都与这个

---

❶ [美]苏珊·李·安德森. 密尔[M]. 崔庆杰，陈会颖，译. 北京：中华书局，2014（第2版）：23-28.

❷ 同上，30-42.

❸ [英]约翰·穆勒. 功利主义[M]. 徐大建，译. 上海：上海人民出版社，2008：译者序8.

❹ 同上，36.

终极目的有关。这个终极目标和道德标准指引人们尽可能多地免除痛苦，并且在数量和质量两个方面尽可能多地享有快乐。

那么，有什么证据让人们相信功利主义的这个论断呢？密尔说，唯一证据，是人们实际上看见了它，是人们听到了它，是人们实际上欲求它。也就是说，每一个人来到这个世上，都希望自己快乐幸福，都希望避免痛苦不幸，这样的普遍共存的现实证明了功利主义的"最大快乐"原则的合理性和客观性。与边沁所强调的每一个人的"最大快乐原则"不同，密尔强调的是"最大多数人的最大幸福原则"。

2）精神快乐与物质快乐

功利主义问世后，遭到了一些人的质疑和批判，有人攻击说，功利主义把快乐视为人生的终极目的，除快乐之外没有更好更高尚的追求对象，这是一种全然卑鄙无耻的想法，是一种仅仅配得上猪的学说，因为猪吃饱了喝足了就感到快乐了。针对这种攻击，密尔反驳道："禽兽的快乐是说明不了人类的幸福概念的。人类具有的官能要高于动物的欲望。……只要这些官能没有得到满足，人就不会感到幸福。功利主义著作家一般都将心灵的快乐置于肉体的快乐之上，主要是因为心灵的快乐更加持久、更加有保障、成本更小等。""与低等的存在物相比，具有高级官能的存在物需要较多的东西才能使自己幸福，对苦难的感受也很可能更深切，而且肯定会在更多的地方感受痛苦；但尽管有这些不利之处，他也决不会真正希望沉沦到自己感觉是一种低级的生存中去。""做一个不满足的人胜于做一只满足的猪，做不满足的苏格拉底胜于做一个满足的傻瓜。"❶

密尔认为，精神层面的快乐高于物质层面的快乐，而精神层面的快乐需要道德修养来滋润，道德修养即美德是快乐幸福的源泉。功利主义的道德标准就是为最大多数人的最大幸福而奋斗，这是人类行为的准则，是一种精神追求和快乐，也是一种人生的目标。它会支撑人生的理想信念，给人带来精神动力和积极的影响。

3）功利与道德

密尔在《功利主义》一书中用大量的篇幅阐释了功利与道德即美德的关系。他说："功利主义的行为标准并不是行为者本人的最大幸福，而是全体相关人员的最大幸福；一个高尚的人必定会使别人更加幸福，而整个

---

❶ [英] 约翰·穆勒. 功利主义 [M] 徐大建，译. 上海：上海人民出版社，2008：8-10.

世界也会因此而大大得益。功利主义要达到自己的目的，也只能靠高尚品格的普遍培养。""功利主义的道德承认，人具有一种力量，能够为了他人的福利而牺牲自己的最大福利。""美德不同于爱好钱权名利的地方在于，对钱权名利的追求可以并且确实常常使得个人对其他社会成员造成损害，与此相反，没有任何事情能够像培养对美德的无私热爱那样，为其他社会成员带来如此大的福利了。""功利主义将美德视为公众幸福的首要条件和头等重要的大事。因此，促进幸福必定是促进道德。"❶ 一个人如果是为了他人的幸福或有利于他人及人类集体利益的幸福事业做出贡献和牺牲，就是善，就是美德。

密尔分析了有些人不快乐而有些人快乐的原因。他指出，自私自利的人很少有快乐，因为他们只顾自己不顾别人，对人缺乏感情，缺少道德修养。而那些关心他人、帮助他人，关心人类集体利益的人，则乐观向上，快乐长存。"对那些既无公众感情又无私人感情的人来说，生活中令人兴奋的东西实在不多，而且其价值无论如何都会随着时间的流逝而变得越来越小，直至一切自我利益都随着死亡而终结；相反，个人感情有所寄托的人，尤其是还对人类的集体利益培养出了一种同情的人，直至临死前都会像年轻健康时一样，对生活兴致盎然。人们之所以对生活感到不满，其主要原因除了自私之外，便是缺乏心灵的陶冶。"所以，密尔认为，功利主义的功利与道德即美德有密切的关联。"除了毫无道德感的人之外，几乎没有人能够忍受自己的生活安排只受自己的私利驱动，即便考虑他人的利益也是出于私利的迫使。"❷

4）如何培养道德情操

功利主义道德约束力是什么？密尔回答说："是人类出于良心的感情。无疑，这种约束力对于那些不具有出于良心的感情的人来说，也就没有任何约束的作用；但是对于那些受过良好教养的人来说，却会发生巨大的作用。"❸

密尔坚信道德情操是可以培养提升的。他说："道德官能，即便不是我们本性的一部分，也是从我们本性中自然生长出来的，它像其他的能力

---

❶ [英]约翰·穆勒. 功利主义 [M] 徐大建，译. 上海：上海人民出版社，2008：12, 38, 39.
❷ 同上，14, 34.
❸ 同上，28-29.

一样,能够自发地萌发小芽,并通过培育而得到高度发展。""一旦公众幸福被承认为伦理标准,这种天然情感的基础便将成为功利主义道德的力量源泉。这种稳固的基础,就是人类的社会感情。"❶

密尔主张用法律和社会道德的制度安排以及教育和舆论促使人们提升道德修养,把个人的利益与社会的利益相结合,把个人幸福与他人和公众的幸福相结合。"功利主义要求,首先,法律和社会的安排,应当使每一个人的幸福或利益尽可能地与社会整体的利益和谐一致;其次,教育和舆论对人的品性塑造有很大的作用,应当加以充分利用,使每一个人在内心把他自己的幸福,与社会整体的福利牢不可破地联系在一起。尤其是要把他自己的幸福,与践行公众幸福……的行为方式牢不可破地联系在一起。"❷

密尔建议每个人从婴儿时期就开始接受道德即美德教育,从而逐步提高人们的道德修养。"人类心灵的状态在不断改进时,那些会促使每个人产生一种与其他所有的人和谐一致的感情的力量,便在不断地增长;……运用教育、制度和舆论所具有的全部力量,来使得每个人从婴儿时期开始,其周围四面八方就充满了这种感情的表白和实践,凡是能够领会这种设想的人,就不会再对'幸福道德'具有充分的最终约束力产生任何疑虑了。"❸

功利主义是一种非宗教的世俗思想体系。但是,密尔认为,"最大多数人的最大快乐原则"也能发挥类似宗教的作用,在人们心中孕育出"为人类服务"的道德情操。"即便没有宗教信仰的帮助,我们也能够使'为人类服务'具有一种宗教所具有的心理力量和社会功效;我们甚至能够使人类生活完全被'为人类服务'所控制,使一切思想、感情和行为都涂上'为人类服务'的色彩,……上述这种感情,一旦为人认识便构成了功利主义道德对他们的约束力。"❹

密尔指出,目前时代是人类发展的相对早期阶段,在这个阶段中,有些人确实不能感受到对其他一切人的完完全全的同情。但是,"个人是一种社会存在的想法现在已深入人心,它会使每个人都感到,自己在感情和

---

❶ [英]约翰·穆勒. 功利主义[M]. 徐大建,译. 上海:上海人民出版社,2008:30-31.
❷ 同上,17-18.
❸ 同上,32.
❹ 同上,33.

目标上与同胞们和谐一致是自己的自然需求之一"❶。所以，幸福道德需要社会的培养。

5）功利与正义

什么是正义？密尔认为，正义的内涵包括维护公众利益、尊重人权、遵从法律。"正义所要求做的事情，在客观上与'公众利益'的领域是部分重合的。""正义就是对每个人的法定权利的尊重，非正义就是对任何人的法定权利的侵犯。""构成正义这个概念的'原始观念'或原始要素，无疑就是遵从法律。"❷

什么是正义感？密尔认为，正义感包含着一种动物性的"以暴制暴"的因素，就是惩罚侵犯个人权利和违反法律的人和组织。"正义的情感含有两个本质要素，一是想要惩罚侵害者，二是知道或者相信存在着某个或某些确定的受害者。""正义感的构成不仅包含一种理性的要素，而且也包含了一种动物性的要素即报复欲，这种报复欲所具有的强烈程度和道德合理性，都来自一种特别重要、极其动人的相关功利。这种所涉及的利益便是安全利益，对任何一个人的感情来说，它都是所有利益中最重要的利益。唯有安全，没有一个人能够缺少，我们要免除所有的祸害，要长久地获得一切善的价值，全靠安全。""为了防止对其他人造成损害，受罚者受到惩罚那是正当的，因为这是对合法的自卫权利的运用。自卫是大家公认为正义的。"❸

密尔认为，正义是对个人权利的维护。正义是道德的主要部分，是最重要、最神圣的一部分。"基于功利之上的正义乃是一切道德的主要部分，而且绝对是最神圣最具约束力的部分。正义其实是一类道德规则的名称，这类道德规则具有更加绝对的义务性。构成正义观念之本质的概念，即个人权利的概念，则蕴含着并证明了这种更具约束力的义务。"正义的道德规则可以禁止人们之间互相伤害，保护个人权利尤其是人身安全。遵守正义原则，有助于维护人类和平。所以，正义体现了"善有善报，恶有恶报"的法则。"对人类的福利来说，禁止人类相互伤害的道德规则最为至关重要，这些道德规则的特别之处，还在于它们构成了决定人类全部社会感情的主要因素，唯有遵守这些道德规则，人与人之间才能保持和平；才

---

❶ [英] 约翰·穆勒. 功利主义 [M] 徐大建，译. 上海：上海人民出版社，2008：33.
❷ 同上，43-44，48.
❸ 同上，52，55-57.

会立即成为每个人本人最为关心的东西,而正是这些道德,构成了正义义务的首要成分。恶有恶报的报应观念便与正义的情感密切相关,而且普遍地包含在正义观念之中。善有善报也是正义的要求之一。""善有善报和恶有恶报的原则,不仅已包含在我们界定的'正义'观念之中,而且也是那种强烈的正义感的恰当对象,这种正义感是把'正义'放在单纯的'利益'之上的。"❶

正义在司法领域如何体现? 密尔指出,正义在司法领域体现为公正。司法的第一美德是公正,公正是一种正义的义务,是履行其他各种正义义务的必要条件。"社会应当平等地善待所有应得到它平等善待的人,这是社会正义和分配正义的最高抽象标准,一切社会制度以及所有有德公民的行为,都应当尽最大的可能达到这个标准。"这个伟大的道德义务直接来自第一道德原则,即"最大多数人的最大幸福"原则。它包含着正义的社会功利"更具绝对性和强制性,所以,这些社会功利应当并且自然而然地会受到一种在程度和种类上都与众不同的情感的保卫,这种正义的情感显然具有更加确定的命令性和更加严格的约束力"❷。这种包含正义的社会功利在司法领域里的体现就是公正地执行法律。

3.《论自由》主要思想观点

1)自由的内涵

密尔在《论自由》一书中指出,人类自由的领域包括:最广义的良心自由;思想和感想的自由;发表意见的自由;趣味和志趣的自由;制订自己生活计划的自由;做自己喜欢做的事情的自由;个人之间相互联合的自由。"任何人的行为,只有涉及他人的那部分才须对社会负责。在仅只涉及本人的那部分,他的独立性在权利上则是绝对的。对于本人自己,对于他自己的身和心,个人乃是最高主权者。""人类应当有自由去形成意见并且毫无保留地发表意见,这个自由若得不到承认,那么在人的智性方面并从而也在人的德性方面便有毁灭性的后果。"❸

2)自由的价值

密尔认为,自由对每一个人都有价值,它可以使人的生命充实丰富,

---

❶ [英] 约翰·穆勒. 功利主义 [M] 徐大建,译. 上海:上海人民出版社,2008:60-62.

❷ 同上,63,65.

❸ [英] 约翰·密尔. 论自由 [M]. 许宝骙,译. 北京:商务印书馆,1959 (1):11, 65.

可以促进人的个性发展,激发人的首创性,发挥天才人物的才能,促进人们探求真理,促进社会发展。"相应于每人个性的发展,每人也变得对于自己更有价值,因而对于他人也能够更有价值。他在自己的存在上有了更大程度的生命的充实。"培养个性才能产生出发展得很好的人类。"首创性乃是人类事务中一个有价值的因素。永远需要有些人不但发现新的真理,不但指出过去的真理在什么时候已不是真理,而且还在人类生活中开创一些新的做法。"天才在自由的空气里自由地呼吸,才能发挥其才华。如果社会硬是把有天分的人压在一个平常人的模子里,就会压抑他们的天分,而变成平庸之人。❶

3) 自由的界限

密尔认为,自由不是无限度的、随心所欲和为所欲为的,自由是有限度和界限的。"个人的自由必须约制在这样一个界限上,就是必须不使自己成为他人的妨碍。在并非主要涉及他人的事情上,个性应当维持自己的权利。""一个人做了祸害他人的事,要责成他为此负责,这是规则。""任何一个社会,若是上述这些自由整个说来在那里不受尊重,那就不算自由,不论其政府形式怎样;任何一个社会,若是上述这些自由在那里的存在不是绝对的和没有规限的,那就不算完全自由。唯一实称其名的自由,乃是按照我们自己的道路去追求我们自己的好处的自由,只要我们不试图剥夺他人的这种自由,不试图阻碍他们取得这种自由的努力。"❷

自由与社会的关系是什么?密尔认为,应当分清个人自由与社会利益的界限,凡是关涉个人生活的那部分属于个人自由,凡是关涉社会生活的那部分属于社会。每个人有合法的自由权利,同时也有对社会负责的义务,这种义务就是不伤害他人利益,遵守法律和公共道德。如果做不到这些,就受到国家法律的惩罚。"凡主要关涉在个人的那部分生活应当属于个性,凡主要关涉在社会的那部分生活应当属于社会。每人既然受着社会的保护,每人对于社会也就该有一种报答:每人既然事实上都生活在社会中,每人对于其余的人也就必须遵守某种行为准绳,这种行为,首先是彼此不损害利益;第二是每人都要在为了保卫社会或其他成员免于遭受损害和妨碍而付出的劳动和牺牲中担负他自己的一份,这些条件,若有人力图

---

❶ [英]约翰·密尔. 论自由[M]. 许宝骙,译. 北京:商务印书馆,1959(1):74-76.
❷ 同上,13-14,66.

规避不肯做到，社会是有理由以一切代价去实行强制的。"一个人的行为的任何部分一到有害地影响到他人的利益的时候，社会对它就有了裁判权，当一个人的行为并不影响自己以外的任何人的利益时，每人应当享有实行行动而承当其后果的法律上的和社会上的完全自由。"在人们彼此相对的行为中，一般规律必须受到注意并得到遵守，但是在每人只涉及自己的事情中，他的个人自动性就有权要求得到自由运用。"❶ 所以，密尔的功利主义所说的自由是法律和道德约束下的自由。

密尔对利己不损人和损人又利己的行为进行了区分。他说，一个人鲁莽、刚愎、自高自大、放纵自己、追求兽性的快乐，不能在适中的状态下生活，这样的人只能让人瞧不起，给人留下不良印象。但是，对他人的侵害行动，就需要有完全不同的对待了。侵蚀他人的权利，损害他人利益，以虚伪或两面的手段对付他人，不公平或不厚道地欺凌他人，不肯保护他人免受损害，所有这些都是道德谴责的对象，在严重的情况下也可成为道德惩罚的对象。"还有许多行动，其直接损害只及于本人自身，因而不应当遭到法律的禁止，但若公开做出来会破坏良好的风气，因而又可以划入犯及他人的范畴，予以禁止。"❷ 也就是说，对于利己而不损人的行为，人们只能厌恶和蔑视，但是，对于损害他人、危害社会的行为，就要用道德谴责和法律惩罚的手段来对待了。

4）国家的作用及其限制

密尔认为，就一个人来说，只要他不违法违纪，不危害他人，对于自己的事情他喜欢怎样做就怎样做。从国家方面来说，一方面应尊重每一个人在有关自己的事情上的个人自由，另一方面也有义务对干涉、侵犯他人自由的行为保持一种控制，运用法律规章进行惩罚。❸

密尔对国家过度地干涉个人自由表示反对。他说："国家的价值，从长远看来，归根结底还在组成它的全体个人的价值。""一个国家若只为使人们成为它手中较易制驭的工具而阻碍他们的发展，它终将看到，它不惜牺牲一切而求得的机器的完善，由于它为求机器较易使用而宁愿撤去了机

---

❶ [英] 约翰·密尔. 论自由 [M]. 许宝骙, 译. 北京：商务印书馆, 1959 (1)：89-91.
❷ 同上, 93, 117.
❸ 同上, 124-125.

器的基本动力,结果将使它一无所用。"❶

为此,密尔提出了限制政府过度干涉个人自由的三个理由:第一,所要办的事若由个人来办会比政府来办更好一些,这类事就应当放手让个人去办;第二,个人或自愿联合的组织能够办好的事情,就由他们去办,政府只负责监督;第三,不必要地增加政府的权力,会有很大的祸患。行政机器愈是构造得有效率和科学化,网罗最有资格的能手来操纵这个机器的办法愈是巧妙,为患就愈大。❷

在经济贸易领域,密尔与亚当·斯密的一样,都主张政府尽量少干预经济贸易,实行自由贸易政策。他说:"贸易乃是一种社会行动。要做到物美价廉,最有效的办法还是让生产者和销售者都完全自由,而以购买者可以随意到处选购的同等自由作为对他们的唯一制约。这就是所谓自由贸易的教义。"这教义和个人自由的原则是建立在各不相同但同等坚实的根据上的。❸ 国家负有一种义务,在规定征税时要考虑到什么货物是消费者最能省掉不用的货物,而对那些有害的物品征收重税。

4. 约翰·斯图亚特·密尔功利主义思想评价

约翰·斯图亚特·密尔的功利主义思想对西方自由主义思潮影响很大,其名著《论自由》,被誉为自由主义的集大成之作。美国学者安东尼评论说:"在英语世界里没有其他名字能够像密尔那样持续地与自由主义联系起来,也没有某个自由主义的文本像《论自由》那样知名。《论自由》是个人自由问题的经典表述。"❹

密尔功利主义思想有一些合理成分。

第一,密尔把个人快乐与他人快乐以及最大多数人的快乐相联系,将个人与他人、个人社会相结合,升华了幸福快乐的道德水准,把边沁创立的功利主义向前推进了一步。

第二,密尔批判了资本主义和个人主义思想,抨击了个人对自身利益的追求将自动产生普遍的善的观点。他汲取当时欧洲空想社会主义思想的成分,认为人生的目的不仅是为了谋求自己的幸福,还应关心他人的幸福

---

❶ [英]约翰·密尔. 论自由 [M]. 许宝骙,译. 北京:商务印书馆,1959 (1):137.
❷ 同上,131-132.
❸ 同上,113.
❹ [美]安东尼·阿巴拉斯特. 西方自由主义的兴衰 [M]. 曹海军等,译. 长春:吉林人民出版社,2004:369.

和人类状况的改善。"功利主义的标准不是指行为者自身的最大幸福,而是指最多数人的最大幸福。为了众人的幸福,个人幸福受到一定的削弱也是值得的。"密尔不仅提出"最大多数人最大幸福"的道德原则,而且还身体力行为这一目标而奋斗。他做议员期间,协助废除了一个旨在禁止在伦敦公园内部举行政治集会的议案,促进了政治避难者的引渡。他支持一位因拒绝宗教宣誓而被禁止出庭的议员,抨击了英国在牙买加的总督镇压人民的暴行,支持爱尔兰人的事业,为妇女争取权利,倡导性别平等。[1]密尔的这些行动为英国社会进步做出了贡献。

第三,密尔分析了精神快乐与物质快乐的区别,肯定了高层次的精神快乐的价值。他驳斥了那种把人的精神快乐与物质快乐不加区分地混为一谈的观点,分析了人与动物的区别,论述了人对精神快乐的需求以及精神快乐的重要性,把实现"最大多数人的最大幸福"视为精神快乐的内涵,这一思想对于社会道德规范的确立具有积极意义。密尔论述了自私自利、互相践踏、挤压蹂躏的危害性,提出了对损害他人和社会利益的行为予以道德谴责和法律惩罚的原则,这些思想对于维持和稳定社会秩序有积极意义。

第四,密尔论证了自由的积极意义。指出它可以发展人的潜能,为言论和思想自由提供宽松的社会环境,唤醒人的强大旺盛的生命力和自主能力,激发人的创造力,促进人类探寻真理和客观规律。尊重人的个性,尊重个人自由和权利,允许思想自由和言论自由,符合人类的多样性,有益人类社会的发展。密尔的这一思想对西方国家法律制度和议会民主制度的改良有很大的影响。

密尔功利主义思想也有一些不足与缺陷。

第一,他把增大或减小幸福作为衡量是非的唯一标准和终极目标,并将这一终极目标视为人类行为的目的、整个道德的标准和人类行为的准则,从而使功利主义走入了极端。实际上,人类的道德标准和行为准则不一定仅仅是增大幸福,减少痛苦。苦行僧一辈子流浪乞讨,痛苦修行,为的是来世的幸福。诺贝尔和平奖获得者特蕾莎是世界著名的天主教慈善工作者,其一生大部分时间生活在印度加尔各答穷人之中,为穷人服务,为

---

[1] [美]安东尼·阿巴拉斯特.西方自由主义的兴衰[M].曹海军等,译.长春:吉林人民出版社,2004:373-374.

许多穷人改善生活,她牺牲了个人的利益。中国抗日战争时期,不少民族英雄为了把日本侵略者赶出中国,赴汤蹈火,在所不辞,为中国的解放献出了青春和生命。他们追求的不是增大或减少幸福,而是民族的解放、国家的独立。著名科学家爱因斯坦、霍金把一生献给了科学研究,为的是认识宇宙,认识真理,这是他们的终极目标。所以,不同的人、不同的阶层、不同的行业,人们的终极目标是多种多样的。密尔把增大幸福或减少痛苦作为判断是非的唯一标准和终极目标,在认识论上犯了简单化和绝对化的错误,这种认识不能反映丰富多彩的人类生活目标。

第二,密尔所说的"最大多数人的最大幸福"在实践中很难清晰地加以界定。人们的宗教信仰不同、价值观不同、立场不同,对幸福和痛苦的认识也不相同。实际上,有时候最大多数人普遍认为的幸福可能导致对少数人的不公正的伤害,譬如,荷兰等欧洲国家废除了死刑,由于得不到严厉惩罚,杀人现象增多,那些被杀害的人或受到杀人者威胁的人幸福何在?功利主义的这些理论困境使其在20世纪上半期逐渐走向衰落。20世纪中期和后期,新功利主义规范伦理学创立,功利主义原则在某种程度上得到了复活。

第二节 现代自由主义
（19 世纪末至 20 世纪 50 年代）

现代自由主义也叫新自由主义（New Liberalism）,于 19 世纪末至 20 世纪上半期在英国与美国形成。这一时期,自由主义几乎成为英国和美国占统治地位的政治思想。所以,现代自由主义也被称为"英美自由主义"。

现代自由主义和古典自由主义在维护个人自由—发展个人自由方面的观点基本一致,但是,现代自由主义对自由含义的理解与近代自由主义有重大差异。现代自由主义更多地从积极自由的角度去理解自由,并强调国家在保护个人权利和自由中的重要作用。

一、现代自由主义形成的历史背景

19 世纪可以被称为自由主义时代。自由主义成为资本主义迅猛发展的精神支柱和意识形态。19世纪下半期，英美等国迎来了自由资本主义的高涨。19世纪末，英国垄断资本集团开始形成，它们在全球殖民地开办企业，大量输出英国资本。1880—1890年，英国经济年均增长率2.2%，美国4.1%。1891—1900年，英国经济年均增长3.4%，美国3.8%。但从绝对数字上看，英国的经济仍在增长，英国仍然是当时世界上最富有的国家。1880年，全世界制造品出口总额中有40%以上是英国生产的。1899年全世界制造品出口总额中有32%以上是英国生产的。

自由资本主义向垄断资本主义过渡期间，英国国内的贫富差距巨大，两极分化严重，阶级矛盾和阶级斗争尖锐。社会主义思潮在欧洲兴起，主张议会改革和经济改革，向自由主义发起了挑战；产生于19世纪末的保守主义批判自由主义的缺陷，也发起了对自由主义的攻击。19世纪末至20世纪初，自由主义运动开始衰落。

美国经济在19世纪下半期至20世纪上半期获得了空前迅猛的发展。1865年内战结束后，美国疆土迅速扩大，拥有了45个州，370多万平方公里，成为一个世界大国。20世纪初美国疆土扩大到930万平方公里。美国出现了工业巨头和垄断资本集团。

19世纪末，欧洲形势急剧变化。德意志帝国与英法抢夺非洲殖民地，德国与英法矛盾日益尖锐。德国崛起和美国经济的迅猛发展，使英国工业独霸全球的地位开始丧失。1914—1918年，欧洲爆发了第一次世界大战。

第一次世界大战对西方文明产生了严重的冲击，也对自由主义形成冲击。1929—1933年美国和欧洲资本主义国家出现了经济危机，现代自由主义即新自由主义应运而生。英国思想家格林出版了《论自由立法与契约自由》《关于政治义务原理的讲演》《伦理学导论》，提出以道德学说为基础的"积极自由"理论，主张抛弃自由放任政策，实行政府对经济活动和社会生活的全面干预。英国思想家霍布豪斯出版了《自由主义》《社会正义之要素》等著作，梳理了自由主义产生发展脉络，反思古典自由主义的问题与缺陷，论述了新自由主义关于自由的诸要素。美国哲学家杜威出版了《人的问题》《新旧个人主义》等著作，批判了古典自由主义的旧个人主义，阐述了新个人主义。凯恩斯的《就业、利息和货币通论》一书批判了亚当·斯密的自由放任的经济理论，提出要用国家干预的方法刺激消费，促进生产，达到充分就业，从而消灭贫困。

"一战"之后，随着国家之间冲突的加剧，社会内部阶级矛盾的日益尖锐，新自由主义的思想主张得到了英美等国执政党和领导人的重视。强化国家权力解决社会阶级矛盾成为西方主流政治观念。在1929年至1933年美国经济危机期间执政的罗斯福总统奉行新自由主义原则，采用凯恩斯的理论，中央政府全面干预经济和社会生活，使美国很快走出了经济危机。

"一战"末期，英国自由党领导人劳合·乔治担任内阁首相期间采取了新自由主义主张的国家干预经济和管理社会的政策。"1917年先后对煤矿工业、航运业实行国家监督。他把国家机器和国民经济纳入了国家军事化的轨道，直接为战争服务。为了解决当时面临的粮食问题，劳合·乔治政府还颁布了一项法令，保证有利于农场主的农产品价格，规定了农业工人的最低工资；实行定量供应粮食。1918年政府又实行粮食配给制，有效地防止了商人的囤积居奇，哄抬粮价，保证了民众对粮食的基本需求。"1918年英国议会又通过了选举改革，使年满21岁的男性公民和年满30岁的妇女享有了选举权，妇女有当选议员的权利。劳合·乔治政府还颁布了《国民教育改革法案》，规定14岁以下的儿童实行义务教育，免费实行初等教育，授权地方行政机构监督在工厂做工少年的劳动条件等。❶ 这些改革缓和了阶级矛盾，发挥了国家在社会经济管理中的作用。

二、格林的新自由主义思想

（一）格林生平与时代

托马斯·希尔·格林（Thomas Hill Green，1836—1882年），1836年4月7日生于英国约克郡伯尔的一个牧师家庭。格林在中学时代就已显出了独立思考和个性突出的品格，他不随波逐流，终生探求知识、道德和政治行为的最终基础。1855年19岁的格林进入牛津巴利奥尔学院学习，1862年毕业并留校任教，主讲过历史、哲学和《新约全书》等课程。1865—1866年兼任普通教育调查委员。1876年当选为牛津市参议员。1878年任牛津大学伦理哲学教授，提出了一系列影响深远的自由民主政治的基本原则。他终生关注教育、禁酒、民主和平民的生活改善，被称为社会改

---

❶ 王荣堂. 英国历届首相传略［M］. 沈阳：辽宁大学出版社，1987：318-319.

革家。

19世纪30年代至80年代,英国工业革命蓬勃开展,资产阶级集聚了巨大的财富,政治上占据了统治地位,代表资产阶级利益的辉格党演变成了自由党,并长期执政。工业革命并没有改善工人阶级的生活,英国社会贫富两极分化严重,阶级矛盾尖锐,工人阶级的反抗加剧,声势浩大的宪章运动迫使统治者进行一定的政治改革。19世纪30年代,英国议会通过了工厂法,规定劳动时间和条件,陆续进行了议会选举改革。英国的自由主义政府在立法和议会改革中不断扩张政府的职能,对经济进行干预。面对这些现实,格林对其信奉的古典自由主义和功利主义进行了重新审视和批判,并批判了当时流行的"物竞天择"的社会达尔文主义,对古典自由主义进行了修正,阐述了他的新自由主义思想。

格林反对功利主义,认为功利主义把人的快乐幸福当作唯一的善和终极目的,不能使道德进步,认为当时英国的社会状况与功利主义的观点有着直接的联系。他强调个体的道德责任,认为个人的自由并非与他人毫不相关,对个人的自由应有所限制。格林还反对古典自由主义主张的自由放任主义,主张国家干预经济,国家对个人的幸福负有直接责任,应该为个人的幸福有积极的、直接的贡献。他提出了积极的自由观和积极的国家观。

格林的主要代表作有《伦理学导论》(1883)和《关于政治义务原理的演讲》(1886)。他在1881年向雷斯特郡自由主义协会的听众发表的演讲最为著名,在这篇题为《论自由立法和契约自由》的演讲中,他一反以往自由主义的传统,对自由的意义提出新的解释,把放任主义式的自由代之以政府干涉式的自由,奠定了现代自由主义政治思想的基础。

(二)格林新自由主义主要观点

1. 积极自由

在《论自由立法与契约自由》中格林提出了积极自由的概念,即一个人主动地去做事情,做值得做的事情,做个人和他人都能受益和享受的事情的自由。他说,自由"指的是一种去做值得做或享受值得享受的事物的积极力量或能力,而且这种事物也是我们与他人共做或共享的事物"❶。

---

❶ [英]格林. 论自由立法与契约自由[M]//马德普主编. 中西政治文化论丛(4). 天津:天津人民出版社,2004:468-469.

格林认为，这样的自由就是积极自由，积极自由的增长有利于社会成员才能的发展。应当用积极自由的增长衡量社会的进步。"一个人以各种方式去做自己想做之事的自由，换言之，就是所有人有助于公共利益（common good）的力量都平等地得到释放。……这种保证是建立在一种公共利益意识基础上的。这样的自由才会有助于所有人才能的平等发展，而这种发展对所有人来说是最高的善。""当我们用自由的增长来衡量一个社会的进步时，我们大体上是用那些有助于社会利益的力量的日益增长和使用来衡量的，我们相信这种利益有利于整个社会成员。"所以，格林把自由的理想界定为"人类社会全体成员力量的最大化，即最大限度地使他们得到发展"❶。

2. 自由的基础是道德

格林是自由主义者，主张每一个人积极主动地追求自己的自由，但是，他非常重视社会道德，把道德放到一个至高的位置。"在格林看来，人是一种道德的存在物。人运用了意志和理性，因而在本质上不同于动物。人作为一种道德的存在物，可以在精神上满足自我。人最大的自我满足就是道德上的满足，即实现道德善，道德善可以满足有道德的行动者的欲望。"❷ 格林赞同边沁创立的功利主义，他主张将功利主义的"最大快乐原则"同道德善相结合。

格林批判了霍布斯、洛克阐述的国家起源于"社会契约"的观点。他认为，国家不可能靠契约形成，古典自由主义的契约理论在历史上和逻辑上都不通，人应该信守契约这种想法在一个已有法律制度的社会里才可能普及。社会契约理论家一般都倒果为因地认为国家法律制度来源于人们订立的社会契约，实际上政治社会并非以契约为基础而起，一切契约观念，包括社会契约，出自政治社会形成之后。所以，政治社会不可能起源于契约。❸

对于启蒙思想家所说的天赋权利说，格林持不同的看法，他认为，"我们的权利观念来自社会的存在。没有社会承认，权利等同无物。"权利的实现必须具备两个条件：个人投身于社会之中，投身于国家之中。个人

---

❶ [英]格林. 论自由立法与契约自由[M]//马德普主编. 中西政治文化论丛(4). 天津：天津人民出版社，2004：468-470.

❷ 刘明贤. 格林论共同善[J]. 湖北社会科学，2001(10)：45.

❸ [英]约翰·麦克里兰. 西方政治思想史[M]. 彭淮栋，译. 海口：海南出版社，2003：551.

必须具有公共福利的意识,并为公共福利做出贡献。格林相信个人与共同体有能力为自身设定道德目标。❶

3. 国家应当保护和促进积极自由

格林分析了国家的政治管理、目的和法律的作用。他认为,国家的政治管理一方面是为个人的道德发展创造条件,提供有利的环境;另一方面就是阻止某些个人背弃道德理想,抑制某些个人损害共同善的动物性冲动。国家应当积极主动地发挥作用,不仅要干预经济生活,而且要干预社会生活。国家的目的是促进人们的共同幸福而提供公共福利,使人们实现共同善,为了达到这一目的,国家就必须积极发挥作用,除恶扬善。

国家的法律应当是保护公民的个人自由,如果法律的某些条文过时而不能保护公民的自由,就应当修改。如果国家的不公正法律得不到修改或废止,公民就有责任进行反抗。如果政府的非正义决定得不到应有的变更和纠正,公民有责任拒绝服从。

"为了社会成员最大限度自我实现的那种普遍自由——这正是公民社会的目标,法律应当建立一种禁令",即禁止所有把人作为物品来买卖的契约(奴役的契约)。"对那些属于社会公害的个人自由,法律应施加更多而不是更少的限制。……为年轻公民尽量提供其真正自由所必需的健康成长和充足知识的最好保障。就仍是国家的职责。"❷

格林赞扬当时英国防止厂主和劳工、父母和儿童、房地产商和房主为所欲为的法规一个一个地被通过。认为这些法律的通过"极大地增进了社会真正的自由。自立和独立精神并没有被这些法规所削弱。相反它获得了新的发展"❸。

(三)格林新自由主义思想评价

格林是新自由主义的创始人,是英国政治思想史上一位承前启后的思想家。格林的伦理道德学说引起了人们对普遍的伦理原则和政治原则的重新重视。

---

❶ [英]约翰·麦克里兰. 西方政治思想史[M]. 彭淮栋,译. 海口:海南出版社,2003:551-552.

❷ [英]格林. 论自由立法与契约自由[M]//马德普主编. 中西政治文化论丛(4). 天津:天津人民出版社,2004:471,473.

❸ 同上,478.

格林的政治学说不仅批判了英国的传统经验主义和当时盛行的功利主义，而且也反对斯宾塞的社会达尔文主义，并对早期自由主义进行了全面批评，从而建构了新自由主义的思想基础。由于创立了新自由主义，格林在英国自由主义运动中占据突出地位。

格林的新自由主义思想有一些合理成分。

第一，格林首次提出了自由的限度。他从自由资本主义向垄断资本主义过渡时期的社会现实出发，提出个人自由是相对的、有条件的、有限度的。如果不对个人自由有所限制，就会妨碍他人的自由，从而造成对社会自由的限制。这种观点突破了古典自由主义"原子论"式的以个人主义为核心的自由观，将自由主义发展到一个新的阶段。

第二，格林提出的"积极自由"强调个人动机与善良意志相结合，个人责任与权利相统一。把自由主义的个人自由与社会责任及义务相关联，对弘扬社会道德伦理和维护社会秩序有积极的意义。格林提出的"共同善"概念为公共福利政策提供了理论支撑。

第三，格林主张国家有责任干预经济和社会生活，以消除愚昧、贫穷以及一切社会不公平现象。在必要的情况下，国家还可以动用武力，以击退反自由的力量。他的思想对当时英国自由党政府的社会政治改革有一定的指导作用，为英国议会改革和行政体制改革提供了思想武器。

1906—1922年，英国自由党领袖劳合·乔治为首相的内阁运用国家权力进行了一系列社会改革。1906年提出《商船条例》，改善海员生活条件，提高新造船只的吨位以增加英国的海运能力。1907年提出《专利和设计条例》，防止外国对英国人发明、创造的掠夺，保护英国人的发明权。1908年提出《国民保险法》，规定了国民的保险金。保险金分为两部分，一部分用于工人的疾病和残废，一部分用于工人失业"补贴"，保险金按不同比例由国家、雇主和职工分担。1909年提出一项财政预算草案，增加了1400万镑的补充税收，用来抵补增加的军费开支和社会保险。预算草案规定进一步提高所得税，对年收入在三千镑以上的有产者，税收从原来的一先令增加到一先令二便士；年收入在五千镑以上者，其超过三千镑部分，课收超额所得税。他把这个预算草案称之为"人民预算"[1]。

格林的新自由主义思想也有一些不足与缺陷。

---

[1] 王荣堂编著. 英国历届首相传略 [M]. 沈阳：辽宁大学出版社，1987：312-314.

第一，格林把人视为一种道德存在物，忽视了人类社会的物质基础和物质利益的差异，忽视了社会阶级和阶层的差异，无视当时英国社会尖锐的阶级关系和阶级斗争状况。实际上，格林所强调"共同善"不能解决复杂的阶级矛盾，也不能改变资本家剥削工人赚取利润最大化的本性。

第二，格林倡导国家干预社会生活和经济，却没有考虑国家干预是否会带来消极影响，是否会减弱公民的自主精神，是否会减弱非政府组织的作用，是否给国家财政带来负担等。这些问题在英美资本主义国家陆续出现，格林没有提出解决这些问题的方案。

三、杜威的新自由主义思想

（一）杜威生平与时代

约翰·杜威（John Dewey，1859—1952年），出生在美国佛蒙特的一个杂货商家庭。1879年在佛蒙特大学毕业，1884年获约翰·霍普金斯大学哲学博士学位后在密歇根大学、明尼苏达大学教授哲学。1894—1904年在芝加哥大学任哲学系、心理学系和教育系主任，还兼任该校教育学院院长。1904—1930年，在纽约哥伦比亚大学哲学系兼任教授教职。

1896年杜威创立了一所实验中学并任该校校长。这所中学是杜威教育理论的实验基地，他反对传统的灌输和机械训练的教育方法，主张从实践中学习。提出教育即生活、学校即社会的口号，其教育理论强调个人的发展、对外界事物的理解以及通过实验获得知识。

杜威在美国积极倡导民主政治理想，呼吁社会改革，并致力于民本主义教育思想的实践。他的思想不仅形成了实验主义（Experimentalism）哲学体系，而且也间接影响到新教育即进步主义教育。

杜威的主要著作有《哲学的改造》《确定性的寻求》《艺术及经验》《逻辑：探究的理论》《学校与社会》《民主主义与教育》《人的问题》等，其中，《新旧个人主义》一书是中国学者翻译的杜威批判旧个人主义、阐述新个人主义的观点摘编。

杜威以其卓越的学术成就被誉为美国著名哲学家、社会学家，他曾担任过美国心理学联合会、美国哲学协会、美国大学教授联合会主席，是美国实用主义哲学最重要、最有影响的代表人物。

胡适是杜威的学生，他将杜威论述的实用主义哲学传播于中国，成为20世纪上半期中国著名学者和新文化运动的倡导者。

(二) 杜威的新个人主义思想

1. 旧个人主义批判

杜威的新自由主义思想突出体现于他创立的新个人主义学说。首先，他对近代历史时期的古典自由主义进行了批判。他认为，早期自由主义源自于新兴资产阶级的要求，他们把个人看成是原子式的单个的个体，如果把这种原子式的个人自由视为绝对的真理，就会走向极端和绝对化，在实践中会堕落成为假自由主义。他说："对于自由和个人行动自由的要求最初源自于新兴的工业与商业阶层，矛头针对政府在立法、公法、司法以及其他国家政治制度等方面施加于经济企业自由之上的种种限制。"❶ "早期自由主义……缺点的表现是：把个人看成为既定的，完全自足的东西，并把自由看成为个人的现成的财富，它只需要除去外部的束缚，即可充分表现出来。早期的自由主义是牛顿式的原子，对于其他个人只有外在的时间和空间的关系，不过在每一社会的原子中，蕴藏着内在的自由。如果这些观念仅是实际运动的集合的呐喊而已，其祸害并不特别大。但是它们构成一种哲学，在这种哲学中，关于个性和自由的观念变为绝对的和最后的真理；而这些真理在一切时间和空间内部都是真的。这种绝对主义，这种忽视和否定时间的相对性之理论，是早期的自由主义容易堕落为假自由主义的主要原因。"❷

杜威认为，如果把早期自由主义思想中的绝对化和极端化的成分去除了，自由主义就会重获新生。"如果把绝对主义的遗毒肃清了，自由主义的哲学将是什么。第一，这样的自由主义知道个人不是确定的、给予的、现成的东西。它是培养出来的东西；……是通过物质的和文化的情况的协助与支援而培养出来的东西；所谓'文化的'，不仅包括科学和艺术，而且包括经济的、法律的和政治的制度。第二，自由主义有历史的相对性的观念。"❸

---

❶ [美] 杜威. 新旧个人主义 [M]. 孙有中, 译. 上海：上海社会科学院出版社, 1997：45.
❷ [美] 杜威. 人的问题 [M]. 苏州：江苏教育出版社, 2006：109.
❸ 同上, 109 - 110.

杜威对英国自由主义思想家科布登的"自由放任"学说进行了批判,他说:"自由放任的学说被堕落的自由主义学派认为是对自然秩序本身的表述。其结果是个性观念堕落下去,直到在那些本身正在追求更宽广、更丰满的个性发展的多数人的心目中,个人主义成为一个用于贬责的术语。……将整个自由问题看成是由个人与政府对立双方组成的问题,这一历史倾向已酿成恶果。"❶

在杜威看来,自由主义不是资本家和商人的专利,所有社会成员都应享有个人的自由权利。"把自由看作商业投机者的自由而忽视个人所遭受的沉重束缚,这是十分荒唐的。只有当存在分享文明的文化资源的有效机会时,人类精神与个性的充分自由才能得以实现。任何自由主义,只要它不将充分的文化自由作为最高目标,只要它看不到高度的文化资源与作为一种生活方式的真正的工业自由之间的联系,它便是一种堕落的、虚妄的自由主义。"❷

杜威把早期自由主义的原子式的个人自由称之为旧个人主义,他认为,旧个人主义"迎合金钱文化的一举一动。它已成为不平等与压迫的源泉与辩护",会将人们引入歧途。❸

2. 新个人主义内涵

在批判了早期自由主义的旧个人主义之后,杜威阐述了新个人主义。1920年1月2日,杜威访问中国,他在天津做了一场题为《真的与假的个人主义》的演讲,他说个人主义有两种:"(1)假的个人主义——就是为我主义(Egoism),它的性质是自私自利:只顾自己的利益,不管群众的利益。(2)真的个人主义——就是个性主义(Individuality),它的特性有两种:一是独立思想,不肯把别人的耳朵当耳朵,不肯把别人的眼睛当眼睛,不肯把别人的脑力当自己的脑力;二是个人对于自己思想信仰结果要负完全责任,不怕权威,不怕监禁杀身,只认得真理,不认得个人的利害。相信这样的个人主义起码'在口头上'是大家都赞同的,因为我想没有人乐意为奴。我说'在口头上'是指真正做到'不怕权威,不怕监禁杀身,只认得真理,不认得个人的利害'的人是极少数,许多人是'知行分

---

❶ [美]杜威. 新旧个人主义[M]. 孙有中,译. 上海:上海社会科学院出版社,1997:47.

❷ 同上, 51.

❸ 同上, 62-63.

离'的。如果这就是个人主义,那么,看来恰恰是个人主义者是无私无畏的人。这就是我等今天所说的'方法论个人主义',更明白地说当是'个体主义',这是一种以'个人'为中心的社会哲学思潮,正是有了它,才有人权。"❶

杜威认为,新个人主义所理解的自由是一种个人与他人、集体、阶级相联系的自由。这种自由不是抽象的原则和观念,而是争取一个人、一个集团或一个阶级的自由权利的实际力量。"对自由的要求是一种争取权力的要求,或者是掌握尚未被掌握的行动权力,或者是保持和扩张已有的权力。""如果不把一个人、一个集团或一个阶级的自由或实际力量同其他个人、集团和阶级的自由、实际力量联系起来看,就没有这一个人、这一集团或这一阶级的自由或实际力量了。"❷

在杜威看来,自由是有阶级性的,某一阶级或利益集团要求增加自己的权力,就意味着国家权力的再分配,其他阶级或集团的权力就可能会减少。"为某一特殊集团所提出的保持已有权力的要求,就意味着,其他的个人和集团将仅仅继续享有他们已具有的活动能力。在一点上要求增加权力就意味着要求改变权力分配的情况,即在别的地方就要减少一些权力。"所以,自由是相对的,不是绝对的。自由权利必须在法律和规章制度下行使,在法律和制度允许的范围内,人们有自由,在法律和制度禁止和限制的地方,就不能有自由。"自由是相对于既有的行动力量的分配情况而言的,这意味着没有绝对的自由,同时也必然意味着在某一地方有自由,在另一地方就有限制。在任何时候存在的自由系统总是在那个时候存在的限制或控制系统。"❸

所以,杜威认为,自由与现存的社会阶级、经济地位和权力密切相连。自由是一个社会问题,而不是一个个人问题。"因为任何人所实际享有的自由依赖于现存的权力或自由的分配情况,而这种分配情况就是实际上在法律上和政治上的社会安排——而且当前特别重要的是在经济上的安排。……从历史上看,争取人类自由的重大运动总是要改变制度,而不是保持制度不变的运动。这些运动乃是引起行动力量如此改变分配情况的运动……以致将会产生一个比较平衡的、一个比较平等的、均衡的和相等的

---

❶ 胡适. 非个人主义的新生活 [M] // 容忍与自由. 北京:法律出版社,2011:163.
❷ [美]杜威. 人的问题 [M]. 傅统先,邱椿,译. 苏州:江苏教育出版社,2006:97.
❸ 同上,98.

人类自由的系统。"❶

虽然杜威认识到自由是社会问题,在现存社会中与阶级地位、经济地位和政治权力相联系。但是,他仍然把所有人都享有平等的自由视为新自由主义的理想。他说,新自由主义"包含着一个理想,这就是:所有人都享有与出身和地位无关的机会与自由的平等,并将此作为有效实现这种平等的一个条件。这一理想曾经构成我们美国主义的核心;它被誉为新世界的标志"❷。

3. 国家权威与社会控制

杜威对个人自由的积极作用予以充分的肯定,他说:"个人自由运动曾伴随一个充满迅速巨变的时期,给社会带来了积极的利益。新兴的个人自由与社会变革之间的密切联系,在该运动的标语中可以透见:主动性、创造性与进取心。因为所有这些词汇都代表了个人构造中的可变性因素;它们指明了与过去的分界线;它们标志着革新的源泉。"❸

但是,杜威对于国家权威和社会控制对自由的保障也予以了肯定。他说:"社会控制,特别是对经济力量的控制,是保证个人自由(包括公民自由)所必需的。"❹不过,杜威对社会控制的理解与民主联系在一起,他反对少数人垄断社会控制和国家权力,他说:"麻烦的是,这种社会控制是在少数有经济权力的人手里,他们牺牲了多数人的自由,付出了产生不断增长的扰乱的代价,登峰造极产生了战争的混乱;而在有产阶级的自由的代表人看来,战争就是真正的纪律。"❺

(三)杜威新自由主义思想评价

杜威的新自由主义思想是冠之以新个人主义而论证的。他批判了古典自由主义的"旧个人主义",提出了一整套新个人主义的观点,其中有一些合理成分,也有一些不足与缺陷。

杜威新自由主义思想的合理成分。

第一,杜威批判了旧个人主义"原子论"的局限性,阐述了个人与集

---

❶ [美]杜威. 人的问题 [M]. 傅统先, 邱椿, 译. 苏州: 江苏教育出版社, 2006: 99.
❷ [美]杜威. 新旧个人主义 [M]. 孙有中, 译. 上海: 上海社会科学院出版社, 1997: 62.
❸ 同上, 42.
❹ 同上, 97.
❺ 同上, 99.

体、社会的密切关联，提出个人自由只有给社会带来积极利益才是真正的自由。

第二，杜威区分了假个人主义与真个人主义。把个性自由，独立思考，追求真理作为真个人主义的特征，给新自由主义注入新的生命活力。

第三，杜威认识到个人自由不是抽象的、空洞的，而是与社会存在密切相连的，是社会存在的反映。个人自由受到阶级、集团、经济政治和社会地位诸因素的影响。这与早期自由主义所论证的抽象的、原子式的个人自由相比，更加贴近客观实际，具有进步意义。

第四，杜威肯定了国家的权威和社会控制的作用。主张通过民主与法治的政治体制实现国家对社会的管理和对经济的干预。新自由主义的这一思想对美国政治有重要影响。

杜威新自由主义思想的不足与缺陷。

第一，新个人主义只是对旧个人主义的一种修补和修正，并没有跳出个人主义的窠臼。他所阐述的新自由主义的理想依然带有抽象性和虚幻性，其新自由主义理想与他所阐述的集团的自由、阶级的自由、权力的自由自相矛盾。

第二，杜威虽然认识到自由受到社会存在的约束，但他的出发点和落脚点依然是个人自由，而对集体利益和社会利益的认识不足，对集体自由和社会自由的认识不够充分，对个人自由与集体自由和社会自由关系的认识也不够充分。

格林和杜威等思想家所阐述的新自由主义对第一次世界大战后的西方社会产生了深远的影响。"一战"后，美国总统威尔逊以"新自由"为口号，采取了一系列政府干预经济和社会生活的政策。他号召把个人从各种形式的专制暴政下解放出来，从大企业过分控制下解放出来，结束少数人支配经济的特权，给每个公民以公平的机会。通过国家立法增进社会福利，降低关税、鼓励进口，制定联邦货币储备制度，征收个人所得税，重新分配财富，建立监督企业活动的机构，规定工人罢工权利。美国出现了新自由运动。

1929年10月24日，美国爆发了资本主义历史上最大的一次经济危机。一周之内，美国人在证券交易所内失去的财富达100亿美元，农场主为了销毁"过剩"的产品，把牛奶倒进密西西比河。1933年3月4日，富兰克林·德兰诺·罗斯福就任美国第三十二任总统。为了挽救国家，罗斯福实行了一系列"新政"。

罗斯福新政先从整顿金融入手。在就职后的第三天，即1933年3月6日，罗斯福宣布全国银行"休假"，这是他所采取的重建银行和经济结构的第一步。3月9日，国会通过《紧急银行法令》，对银行采取个别审查、颁发许可证制度，对有偿付能力的银行，允许尽快复业。13日至15日，全国绝大多数银行经过财政部审核，在政府监督下，分批陆续恢复营业。《1933年银行法》建立由联邦承担责任的联邦储备体系，由于采取了这些措施，银行信用很快恢复，银行存款在不到一年的时间里增加了近20亿美元。

在整顿农业方面，从1933年5月开始，新设立的农业调整管理局着手开展了一场雷厉风行的行动，在春夏两季有计划地犁掉了大约1000万英亩棉田，收购和屠宰了大约20多万头即将临产的母猪和600多万头小猪，几千万头牛和羊。物缺则贵的无情法则发生了作用，随着农业生产的下降，加上1933—1934年遭到严重旱灾，农产品价格开始回升。从1932年到1936年农业总收入增加了50%，出售农产品的现金收入（包括政府补贴）几乎翻了一番。保持平价的比例从1932年的55%上升到1936年的90%。

1933年春天，罗斯福政府制定了旨在整顿工业的《全国产业复兴法》，第一部分的宗旨是订立可免受托拉斯法案限制的公平竞争规约；第二部分提出成立"公共工程署"，拨款33亿美元。7月又提出订立"一揽子规约"，规定如愿意合作的雇主应保证遵守全国复兴总署规定的最低工资和最高工时的标准，有200万雇主接受了"一揽子规约"。

罗斯福新政实践了格林、杜威、凯恩斯主张的国家干预经济和社会的思想，新政出台的一系列政策使美国很快走出了危机，有力地保障了资本主义制度在美国的稳定发展。

第三节 当代自由主义（20世纪60年代至今）

当代自由主义是指第二次世界大战以后即20世纪60年代至今的西方国家自由主义流派。以赛亚·伯林阐述的积极自由和消极自由完善了格林的学说。保守自由主义（Liberal Conservatism）代表人物哈耶克（Hayek, Friedrich August），全面阐述了坚持和保守古典自由主义的思想；罗尔斯（John Rawls）则主张用国家的力量实现公平分配和社会正义。

一、当代自由主义兴起的历史背景

"二战"后，从20世纪50年代到70年代，西方发达资本主义国家经历了一段高速发展的"黄金时期"。"在这20年间，当代资本主义国家的年均经济增长率为5.5%，超过二次世界大战期间20年中的年均增长率（2.3%）一倍左右。在1953—1973年间，德国的年均增长率为5.9%，日本的年均增长率为9.8%，这样，以1973年与1950年的相比，日本的国民生产总值增长了28.1倍，德意志联邦共和国增长了9倍以上，美国增长4.5倍。"❶

20世纪70年代至今，世界新技术革命和信息化进程加速，形成了电子化时代和网络时代，西方思想家丹尼尔·贝尔将其称之为后工业社会。后工业社会第三产业越来越发达。在西方发达国家，第三产业的产值甚至超过第二产业和第一产业，出现了虚拟经济和信息经济。

美国是目前世界上信息经济最发达的国家。早在1996年，美国国内生产总值增幅中就有1/3来自于数字化和网络化的信息产业。目前美国与信息有关的产业部门的产值在国内生产总值中所占的比重已达到80%以上。

经济全球化加速，两极格局瓦解，世界向多极化发展，西方发达国家的生产方式也随之发生了新变化，其生产关系由私人资本主义、私人垄断资本主义、国家垄断资本主义、国际垄断资本主义、国家所有制、联合起来的个人所有制混合构成。在多元经济结构中，国家垄断资本主义和国际垄断资本主义占据主导地位。

随着生产方式的变化，西方发达国家的劳动方式也发生了变化，企业出现了大量的"自动化车间""自动化工厂"。第三产业许多企业的劳动方式从集中到分散，出现了"家庭办公室""家庭译员""园林设计""城市模型设计"的个体手工艺作坊，出现了新型的艺术创作与工业生产相结合的劳动方式。

生产方式的变化，引起社会阶级和阶层关系的变化。美国蓝领职工占全国职工的比重，从20世纪90年代中期的20%缩减到21世纪头十年的10%；非专业的白领职工占全国职工的比重，也从40%减少到20%～30%；而专业性白领职工，即知识型人员，则从40%增加到60%～70%。

---

❶ 徐崇温．当代资本主义新变化［M］．重庆：重庆出版社，2004：157-158．

这后一类人员包括研究开发人员、设计人员、信息和咨询人员、经理、教授、科学家以及其他有各种专业知识的智力劳动者、白领工人、粉领工人、金领工人、蓝领工人、职业经理人阶层。中产阶级扩大，形成中间大，两头小的"橄榄形"阶级结构。

"二战"后，欧洲发达国家社会民主党纷纷上台执政。瑞典社会民主党、丹麦社会民主党、奥地利社会党持续执政，德国社会民主党（1969—1981年），英国工党（1964年上台执政）阶段性执政。社会民主党执政期间，进行社会改革，普遍实行"高工资、高福利、高税收"的"三高"政策，实行超额累进税，建设福利国家，显著改善了本国人民的生活状况，一度取得了明显的成效。

然而，1973年10月世界石油危机爆发后，西方世界陷入了严重经济危机之中，危机的特征是滞胀。美国国民生产总值在1974年、1975年、1980年、1982年一再出现负增长，失业率在1975年、1976年、1977年、1980年、1981年多次达到7%以上，1982年攀升到9.7%。[1] 1974年英国发生全国矿工大罢工，政府宣布全国处于"紧急状态"。同年工党上台，威尔逊政府（1974—1976年），为了解决矿工大罢工问题，取消了紧急状态决定。但英国失业人数70万，1974—1975年通货膨胀率高达24.1%，工人要求增加工资压力日增，经济发展却趋于停滞。1979年，以撒切尔夫人为首的保守党执政，她三次连选连任，在位11年，成为20世纪英国在位时间最长的首相。撒切尔夫人在政治上奉行保守主义，经济上实行自由主义的自由市场经济政策，将许多国有企业私有化。英国工党首相布莱尔上台后则选择社会民主主义理论家吉登斯的"第三条道路"，即在资本主义和社会主义之外的一条道路，工党内阁的社会经济政策汲取了自由主义和保守主义的一些因素。

19世纪末至20世纪初，自由主义受到保守主义和社会主义思潮的挑战，在西方世界呈现衰落之势。"二战"后随着西方资本主义国家经济、政治和社会领域的变化，自由主义出现了复兴，主要代表人物是以赛亚·伯林、哈耶克和罗尔斯。

---

[1] 徐崇温. 当代资本主义新变化[M]. 重庆：重庆出版社，2004：158.

二、以赛亚·伯林的自由主义思想

(一) 以赛亚·伯林生平与时代

以赛亚·伯林(1909—1997年),英国哲学家和政治思想家,20世纪最著名的自由主义代表人物之一。伯林出生于俄国里加的一个犹太家庭,1920年随父母前往英国。1928年进入牛津大学攻读文学和哲学,1932年获选全灵学院研究员,并在新学院任哲学讲师,其间参与了日常语言哲学的运动。第二次世界大战期间,伯林先后在纽约、华盛顿和莫斯科担任外交职务。1946年重回牛津教授哲学课程。1957年成为牛津大学社会与政治理论教授,并获封爵士。1966年至1975年任牛津大学沃尔夫森学院院长。[1]

1969年,伯林的《自由四论》一书出版,2002年扩充为《自由五论》,以《自由论》的书名修订出版。《自由论》收录了伯林最著名的论述自由问题的五篇论文,即"二十世纪的政治观念""历史必然性""两种自由概念""穆勒与生活的目的""自由立于希望与恐惧"。这五篇论文集中概括了伯林关于政治自由的思想。伯林把西方哲学和政治理论中的自由概念进行了梳理,尤其是对政治自由的含义和表现形式做了细致的分析和比较,在此基础上提出了关于自由的新的概念和分类。他提出的著名观点包括:积极自由和消极自由的划分、多元主义自由等。

伯林生活的时代爆发了两次世界大战和"二战"后两极格局的对峙。出生于俄国的伯林对于苏维埃俄国和苏联的政治十分关注。他的著作都是在"二战"以后出版的,他批判了希特勒德国的法西斯主义,也批判了苏联的极权政体,提出了积极自由和消极自由的概念。强调国家要保护公民个人的自由权利,公民为了维护自己的人权和尊严,要敢于反抗极权政体的压迫。伯林的思想引起西方学术界的重视,伯林对于自由概念的分析引发了学术上的争论和探讨,对于西方自由主义理论的发展产生了重大的影响。《自由论》成为20世纪西方政治自由主义理论的重要代表作之一。

---

[1] [英]以赛亚·伯林. 自由论(修订版)[M]. 胡传胜,译. 南京:译林出版社,2011.

(二)《自由论》主要思想观点

伯林《自由论》的五篇论文主要讨论个人自由的各个方面。他梳理了自由主义在 20 世纪的兴衰变迁，反驳了保守主义、社会民主主义对自由主义的攻击，回复了自由主义内部一些学者对他提出的积极自由和消极自由的批评。论证了这两种自由的概念及内涵。

1. 自由及其意义

伯林认为："'自由'这个词的'积极'含义源于个体成为他自己的主人的愿望。我希望我的生活与决定取决于我自己，而不是取决于随便哪种外在的强制力。我希望成为我自己的而不是他人的意志活动的工具。我希望成为一个主体，而不是一个客体；希望被理性、有意识的目的推动，而不是被外在的、影响我的原因推动。我希望是个人物，而不希望什么也不是；希望是一个行动者，也就是说是决定的而不是被决定的，是自我导向的，而不是如一个事物、一个动物、一个无力起到人的作用的奴隶那样，只受外在自然或他人的作用，也就是说，我是能够领会我自己的目标与策略且能够实现它们的人。……我希望意识到自己是一个有思想、有意志、主动的存在，是对自己的选择负有责任并能够依据我自己的观念与意图对这些选择做出解释的。只要我相信这是真实的，我就感到我是自由的；如果我意识到这并不是真实的，我就是受奴役的。""自由选择的价值源自一个事实：没有自由选择，我们就不可能获得完美的生活。"❶

伯林认为，自由的根本意义是挣脱枷锁、囚禁和他人的奴役。"其余的意义都是这个意义的扩展或某种隐喻。为自由奋斗就是试图清除障碍；为个人自由而奋斗就是试图抑制那些人的干涉、剥削、奴役，他们的目标是他们自己的，而不是被干涉者的。自由，至少在其政治含义中，是与不存在恐吓与支配相关联的。"所以，"自由是人区别于所有非人存在物的主要特征"❷。

为什么自由主义把个人自由和保护个人权利看得如此神圣？伯林回答道，是探索真理的需要，是文明的进步的需要，也是社会发展的需要。没有个人权利和观念的自由，就没有自发性、原创性和天才展示的余地，没

---

❶ [英] 以赛亚·伯林. 自由论（修订版）[M]. 胡传胜，译. 南京：译林出版社，2011：44，180.

❷ 同上，48，277.

有心灵活力和道德坚持。"社会将被'集体平庸'的重量压垮。所有丰富与多样的东西将被习惯的重量、人的恒常的齐一化的倾向压垮,而这种齐一化倾向只培育'萎缩的'能力、'干枯与死板''残疾与侏儒式的'人类。"❶ 人应该寻求发现真理,寻求发展批判性、原创性、想象力、独立、近乎孤僻的不妥协等,而只有在自由的条件下,才会培育这些性格品质,真理才能够被发现。

在伯林看来,一个被别人剥夺了做任何他自愿做的事情的人,已经根本不是一个道德主体,甚至不能从法律或道德上称之为人,虽然他还是一个生物意义上的人。自由主义倡导的个人自由和权利"不被侵犯的要求,被允许成为自己的要求,在个体和共同体两方面都是高度文明的标志"。这种自由观念起源于文艺复兴时期。❷

伯林认为,自由主义的个人权利意识强调人要有隐私权,要有自己的私人生活领域,这个领域不受政府和公共生活的干涉。人权以及私人领域是人人需要的最低限度的自主领域。在现代世界,"存在着一个私人生活的领域,除了特殊情况外,这个领域是不希望受公共权力干涉的"。所以,"在公共生活与私人生活之间存在着界限。"❸

为什么要有隐私权和私人领域?伯林解释道,这是因为人类具有多样性的类本质。这个类本质决定了人与人之间有差异,个人生活习俗的不同,使得人们需要有自己的私人领域和隐私权,只要它们不违反法律,不伤害他人和社会利益就应当允许存在。毁灭隐私权和私人领域,将摧毁个人选择的领域,这一领域"一旦失去,生命亦不再有价值"❹。

伯林虽然大力倡导保护人权、隐私权以及私人领域,但是他也认识到自由要有一定的限制,一个人或一个民族在多大程度上有选择自己生活的自由,必须与其他多种价值的要求放在一起进行衡量,如平等、公正、幸福、安全或公共秩序,等等。因为这个原因,自由不可能是不受限制的。尤其是社会上的强者,他们占有了相当多的财富和资源,他们可以用金钱去收买权力而换取更多的财富,他们可以用金钱和权力干涉立法和执法,

---

❶ [英]以赛亚·伯林. 自由论(修订版)[M]. 胡传胜, 译. 南京: 译林出版社, 2011: 176.

❷ 同上, 177, 210.

❸ 同上, 289 - 290.

❹ 同上, 292.

他们可以肆意剥削工人的劳动,对他们的这些"自由",就必须加以限制。所以,"强者,不管他们强在生理上还是强在经济上,其自由必须受到限制。……尊重正义原则或耻于公然的不平等待遇,就像自由的要求一样,是人的基本特征"❶。

2. 积极自由与消极自由

伯林定义的积极自由是指人可以自由地选择自己要做的事情,人可以自己决定自己的行动并能以各种方式行动。积极自由是回答"我主宰或必须成为主人的这个领域究竟应该有多大"❷。

消极自由是指不存在阻碍人行动的障碍。消极自由的程度取决于各种人为障碍存在与否。"也就是说,取决于我不被人为的制度、纪律或某些特定人类活动所阻止,而自由地沿这条或那条道路前进的程度。"❸它回答"我在什么范围内是主人"的问题。就是一个人不受阻止地做自己愿意做的事情。❹

在伯林看来,"一个人的消极自由的范围,可以说是一个关于有什么门,有多少门向他敞开,它们敞开的前景是什么,它们开放程度如何等等的函数"。消极自由"就没有人或人的群体干涉我的活动而言,我是自由的。……如果别人阻止我做我本来能够做的事,那么我就是不自由的;如果我的不被干涉地行动的领域被别人挤压至某种最小的程度,我便可以说是被强制的,或者说,是处于被奴役状态的"。"在这种意义上,自由就意味着不被别人干涉。不受干涉的领域越大,我的自由也就越广。"❺

伯林指出,从消极自由的角度来说,人类生存的某些方面如私人领域必须独立于社会控制之外。不管这个保留地多么小,只要入侵它,都将是专制。"我们必须保有最低限度的个人自由的领域。我们不可能处于绝对自由状态,因此必须放弃我们的一些自由以保持另外一些。但是完全的放弃是一种自我挫败。"所以,自由观念的本质,不管是"积极的"还是"消极的"含义,都是阻止某事或某人闯入我的领地或宣称对我拥有权威,

---

❶ [英]以赛亚·伯林. 自由论(修订版) [M]. 胡传胜, 译. 南京: 译林出版社, 2011: 218 - 219.

❷ 同上, 37.

❸ 同上, 333.

❹ 同上, 31, 37.

❺ 同上, 41, 170 - 171.

"或者阻止妄想、恐惧、神经症、非理性力量之类的入侵者与暴君"❶。

3. 两种自由的滥用

伯林在定义积极自由和消极自由的同时,谈到了积极自由和消极自由的滥用问题。在他看来,两者之间有时候可能会因为滥用而产生冲突。譬如,"法国革命,至少是雅各宾党的形式,正是那种集体自我导向的'积极自由'要求的大爆发。这种自由使得大多数法国人感到作为一个民族得到解放,尽管对他们中的许多人来说,其结果是个人自由受到严厉限制。……这种'积极'意义的自由很容易摧毁太多他们视为神圣的'消极'自由。……人民主权很容易摧毁个体主权。……因为统治的人并不必然地与被统治的人是同一个'人民'"。经济个人主义与无节制的资本主义竞争,"无节制的自由放任的恶果,允许与鼓励这种恶果的社会与法律制度,导致了对'消极自由'的残酷违背,导致对包括自由表达与结社权利在内的基本人权的违背"❷。

伯林认为,"两种自由都是人类的终极目的,两者都必须受到限制,两种概念在人类历史上都可能被滥用。消极自由可能被解释成经济的自由放任,据此矿场主以自由的名义被允许在矿井下摧毁儿童的生命,或者工厂主被允许去摧毁工厂中工人的健康与人格。……积极自由的观念甚至导致了更加可怕的滥用。"无知、混乱、处处受无法控制的激情与冲动控制,会发生可怕的后果。❸

如何防止两种自由的滥用?伯林指出,人的理性以及通过理性认识客观规律,按照客观规律办事,可以防止两种自由的滥用。理性,人的"高级的本性",人的真实的、理想的和自律的自我意识,这种高级的自我与非理性的冲动、无法控制的欲望、"低级本性"、追求即时快乐形成鲜明对照。后一种汹涌的欲望与激情要受到严格的约束。所以,"获得自由的唯一真正的办法,是通过批判的理性,理解什么是必然性,什么是偶然性"❹。只有当一个人处于真正理性的时候才是真正自由和自我控制的。

4. 自由社会的原则

什么东西能使一个社会成为真正自由的社会?伯林提出了两个原则。

---

❶ [英]以赛亚·伯林. 自由论(修订版)[M]. 胡传胜,译. 南京:译林出版社,2011:175,207.

❷ 同上,38,211.

❸ 同上,334-335.

❹ 同上,181,189.

第一个原则是:"只有权利,而非权力才能被视为绝对的,从而使得所有人,不管什么样的权力统治着他们,都有绝对的权利拒绝非人性的举动。"第二个原则是:"存在着并非人为划定的疆界,在其中人必须是不可侵犯的。……当一个人未经审判就被宣布有罪或受到追溯性的法律惩治时,当孩子们被命令去诋毁其父母、朋友被命令相互背叛、士兵被命令用野蛮的方法实施屠杀时,当人们被拷打或谋杀、少数派因为激怒多数派或暴君而被屠杀时,这些原则就遭到了践踏……而造成了恐怖。"所以,在我们这个时代,父母或校长决定孩子的教育、雇主剥削或开除工人、奴隶主处置奴隶、拷问者虐待其受害人的自由都应该被禁止或压制。❶

根据这两个原则,伯林对家长制以及专制独裁制度进行了批判,他说:"家长制是可以想象的最大的专制主义。"因为家长制不把人当作自由的人来看待,而把他们看作是根据我自己的自由意图来塑造人的材料。"在这个世界上,没有一个暴君不以这种理想自我的名义,为最邪恶的高压辩护。……这正是积极自由观念常常陷入的最大的滥用;不管专制来源于领袖、国王、法西斯独裁者,还是来自极权式的教会或阶级或国家的主人,它都试图在人性中寻找被禁锢的'真实'自我,并'解放'它,以便这个自我能够达到那些发号施令者的水平。"❷

个人自由在专制主义统治下,在不受羁束的经济个人主义统治下,那些在矿井下受到摧残的工人,那些贫困的劳工受到了残酷的资本剥削和不公正的对待。"在这种情况下,国家或其他有效的机构的干涉,既保证个人的积极自由,也保证他们最低限度的消极自由,就具有压倒一切的重要性。"❸

在批判家长制和专制独裁制度的基础上,伯林论证了民主与法治、自治与权威对于保障个人自由和权利的重要性。他说:"民主的自我管理是人类的一种基本需要,是某种有其自身价值的东西。""在理想的状态下,自由与法律相一致,自治与权威相一致。法律禁止我去做我作为一个心智

---

❶ [英] 以赛亚·伯林. 自由论(修订版)[M]. 胡传胜,译. 南京:译林出版社,2011:48,214.

❷ 同上,185,335-336.

❸ 同上,39.

健全的人不应该希望去做的事情,这样的法律对于我的自由并不是一种限制。"❶

5. 教育与道德

为了增强自由意识,伯林还阐述了教育的重要性。他说,为了使人有理性,增长见识,就得受教育,而教育使强迫变得合理。对于非理性的人要进行强制,强迫也是一种教育。譬如,不得不强迫孩子注射天花疫苗,即使孩子不愿意也必须如此。"如果一个人太穷、太无知或太软弱以致无法运用他的合法权利,那么这些权利所赋予他的自由对他就等于是无。但是这种自由并不因此就被废止了。促进教育、健康、公正,提高生活水平,为艺术与科学的发展提供机会,防止反动的政治、社会、法律政策或武断的不平等,便变得非常紧迫。"❷ "自由主义相信教育的无限力量以及理性道德的力量。"❸

伯林批判了"唯我独尊""唯我正确"的自大观,他说:"没有什么东西比这种信念更有害:某些个体或群体认为,只有他、她或他们唯一拥有真理……而与他们不同的人,不仅是错误的,而且是邪恶与疯狂的,因此需要抑制或镇压。相信只有自己正确,这是一种可怕而危险的自大。"

伯林倡导多元文化并存,他说:"多元主义以及它所蕴含的'消极'自由标准,比那些在纪律严明的威权式结构中寻求阶级、人民或整个人类的'积极'自我控制的人所追求的目标,显得更真实也更人道。""与你不同情甚至根本不理解的人妥协,这是任何一个体面的社会必不可少的;没有任何一种东西比一个人或一个民族的那种永远正确的幸福感更具毁灭性。……唯一的治疗方法是理解在时空中的其他社会是如何生活的;过一种虽有所不同却完全是人性的,值得爱、尊敬或至少是好奇性的生活,是可能的。"❹

(三) 伯林两种自由观思想评价

伯林论述的积极自由和消极自由两种自由观在西方学术界引起了很大

---

❶ [英] 以赛亚·伯林. 自由论(修订版)[M]. 胡传胜,译. 南京:译林出版社,2011: 40,197.

❷ 同上,46.

❸ 同上,59,198.

❹ 同上,220,353-354.

反响,有赞同,也有批判。批评意见反而促使伯林对两种自由观进行了更加深入细致的研究,不断完善自己的理论体系。

伯林的两种自由观有一定的合理成分。

第一,伯林划分了积极自由与消极自由的界限,将积极自由定义为人自由地选择自己要做的事情,自己决定和采取自己的行动;将消极自由定义为不存在阻碍人行动的障碍。积极自由有利于个人自主意识、奋斗精神和创新意识的发挥;消极自由概念将公共领域和私人领域加以区别,划分出一个私人领域,有利于保护人的隐私权,限制政府过多地干预个人自由和权利。伯林的这一主张在西方各国的法律中得到了体现,西方国家的法律都有保护个人隐私权和私人领地的条文和规定。

第二,伯林批判了家长制和专制独裁制度,强调民主与法治,很有积极意义。伯林分析了专制独裁体制对于文明进步和社会发展的危害,论证了民主体制、法治国家、法治社会的必要性,对于我国社会主义民主法治建设有启示和借鉴意义。

第三,伯林阐述了个人自由和权利观念是探索真理、文明进步的需要,也是社会发展的需要。没有个人权利和观念的自由,就没有自发性、原创性和天才展示的天地,就没有心灵活力,这些思想对于文化的繁荣和进步有积极的意义。

第四,伯林提出通过理性认识客观规律,按照规律做事,是防止两种自由滥用的根本方法。这一点对人类全面认识自由价值观具有非常重要的积极意义,它道出了自由的本质、认识和实践自由的途径,使自由主义思想向前迈进了一大步。

伯林的两种自由观有一定的局限性和缺陷。

第一,伯林把积极自由和消极自由视为人类的终极目的,将人类对终极目的的追求单一化和简单化,否定了人类多样性终极目的需求。实际上,在现实社会,人的经济地位、阶级地位不同,世界观、人生观和价值观不同,所追求的终极目的也不相同。信仰佛教的人的终极目的是得道成佛,跳出六道轮回;信仰基督教和伊斯兰教的人的终极目的是死后进入天堂,回到上帝身边;信仰共产主义的人一生为实现共产主义终极目的而奋斗;信仰个人主义的人将个人自由视为终极目的;信仰功利主义的人将幸福最大化视为终极目的,等等。伯林无视人类终极目的追求的多样性,将两种自由视为人类终极目的,不免过于主观和武断。

第二，伯林认识到了两种自由的滥用，也列举了一些滥用的例子，但没有认识到资本的统治，资本家剥削压榨工人，既给自己套上了利润最大化和金钱至上的枷锁，也严重妨碍了工人的生活自由。所以，伯林的分析流于形式和表面，没有找到资本主义社会的根本矛盾。

三、哈耶克的自由主义思想

（一）哈耶克生平与时代

哈耶克，1899年5月8日出生在奥地利维也纳的一个知识分子家庭。他早年在维也纳大学学习法律和心理学，获得博士学位后，1923—1924年到美国纽约大学学习。在这里，他结识了一些著名的美国经济学家，并曾到哥伦比亚大学旁听了著名的制度经济学代表人物米切尔和克拉克的课。回国后哈耶克在自由主义学者米塞斯负责的奥地利的一个政府机构中工作了五年。1927年，哈耶克与米塞斯共同组建了经济周期研究所，哈耶克担任所长。

1931年哈耶克流亡到伦敦，在伦敦经济与政治科学学院做专题讲座，大受欢迎，被任命为该学院的教授。1938年加入英国籍。1950—1962年，哈耶克在美国芝加哥大学担任社会和伦理学教授，退休后受邀到弗莱堡大学担任教授。

1960年哈耶克出版了《自由秩序原理》（The Constitution of Liberty），该书获得了诺贝尔经济学奖。他还著有并出版《价格与生产》《通往奴役的道路》《纯粹资本理论》《自由的构造》《法律、立法与自由》《失业和货币政策：论政府作为商业周期的根源》等著作。

哈耶克毕生发表了许多文章和专著，其涵盖的范围从纯粹的经济学到理论心理学，从政治哲学到法律人类学，从科学哲学到思想史。他在政府干预、社会主义的经济后果及社会结构的发展三个领域做出了重大贡献。

哈耶克捍卫亚当·斯密的古典自由主义经济学，强调尊重集体行为中的"自发秩序"，相信自由竞争的市场经济是实现资源配置的最佳方式。他继承了亚当·斯密关于市场经济的"看不见的手"的观念，反对国家全面干预经济和社会，被称为自由保守主义者或自由至上主义者，在自由主义发展史上享有重要地位。哈耶克1992年3月23日去世。

(二)《自由秩序原理》主要思想观点

哈耶克在论述自由等概念之前,提出了"自发秩序"理论,他认为,在人们自发行动的时候,一些确定的社会规则或者说"秩序"仍然在发挥作用。这些规则与秩序可能存在于左右人们行动的精神法则中,也可能存在于约束人们行动的社会规范中,当然还可能同时存在于这两个方面。从这一思想出发,哈耶克既反对政府对个人行为与社会道德的控制和管理,也反对经济上的计划与干预。❶

1. 自由的含义

在《自由秩序原理》一书中,哈耶克阐述了自己所理解的自由的含义。他认为,自由是指一个人按自己的决定和计划行事,不屈从于其他人的意志,不被其他人强制,也就是他人的约束与强迫不存在,实现自己的欲求的障碍不存在。他说:"自由不仅是一特殊价值,而且还是大多数道德价值的渊源和条件。"❷ "自由意味着始终存在着一个人按其自己的决定和计划行事的可能性;此一状态与一人必须屈从于另一人的意志的状态适成对照。经常用以描述这种自由状态的古老的说法,因而亦就是'独立于他人的专断意志'。""'自由'仅指涉人与他人间的关系,对自由的侵犯亦仅来自人的强制。"❸

哈耶克进一步解释道:"为了使自由的概念更为精当,我们很可能应当将自由界定为约束与强迫的不存在。……'实现我们欲求的障碍的不存在'、甚或更为一般地定义为'外部阻碍之不存在'的概念。这种定义无异于将自由解释为做我们想做的任何事情的有效力量。""强制的不存在仅仅是'自由的消极面相'而且'也只应当被认为是达致那种作为力量的自由的手段。'""所谓自由,亦可以意指有饥饿的自由,有犯重大错误的自由,或有冒生命危险的自由。在我所采纳的自由的原始意义上,一个身无分文的流浪汉,虽凑合地讨着朝不保夕的生活,但的确要比享有各种保障且过着较舒适生活的应征士兵更自由。"❹

---

❶ 唐士其. 西方政治思想史(修订本)[M]. 北京:北京大学出版社,2017:392.
❷ [英]哈耶克. 自由秩序原理(上)[M]. 邓正来,译. 北京:生活·读书·新知三联书店,1997:8.
❸ 同上,4-5.
❹ 同上,11,13.

哈耶克列举了一些例子来说明个人自由的内涵，他把个人居所、隐私、保密权等领域都视为个人自由的范畴。他说："对一确获保护的个人领域的承认，在自由的时代，通常已包括了隐私权及保密权，这即是说，一个人的住宅乃是他的堡垒（或指不可侵扰的退避所，castle），任何人都无权察看或干涉他在此堡垒的活动。"❶ "行动的自由，即使是从事平凡而日常事务的自由，亦与思想的自由具有同等的重要意义。" "自由必然意指这样一个道理，即许多事情虽为我们所不喜欢，他人仍可以为之。……只赋予那种为所有的人都能实施的自由，实际上乃是对自由功能的根本误解。"❷

哈耶克的这种关于个人自由的思想更接近于霍布斯所说的自由就是一个人按照自己的意愿行事，外界的强制和障碍不存在。所以他坚称自己是古典自由主义的捍卫者和守护者。他的自由思想的基础是原子论式的，个体独立的。这种自由思想对"二战"以后英美人的影响很大，在家庭生活以及日常生活中均有体现，如，父母与孩子的关系，孩子生下来就作为一个独立的个体被父母放在自己的床上睡觉，有条件的家庭，小孩子有单独的房间，父母进入孩子的房间要敲门，征得同意后才能进入。孩子的隐私、信件父母不能过问查看。孩子对父母直呼其名，18岁的孩子已经成人，父母就不再承担养育他们的义务了，等等。所以，西方国家的父母与孩子的关系相对来说比较独立。

2. 强制的含义

什么是强制？哈耶克认为，强制是指把人沦为实现他人目标的工具，实现他人的目的而不是自己的目的。所谓"强制"，"意指一人的环境或情境为他人所控制，以至于为了避免所谓的更大的危害，他被迫不能按自己的一贯的计划行事，而只能服务于强制者的目的。除了选择他人强设于他的所谓的较小危害之情景以外，他既不能运用他自己的智识或知识，亦不能遵循他自己的目标及信念。强制之所以是一种恶，完全是因为它据此把人视作一无力思想和不能评估之人，实际上是把人彻底沦为了实现他人目标的工具"❸。

---

❶ [英]哈耶克. 自由秩序原理（上）[M]. 邓正来，译. 北京：生活·读书·新知三联书店，1997：175.
❷ 同上，31，36.
❸ 同上，16-17.

在哈耶克看来,虽然强制也使被强制人进行了选择,但是这种选择是被迫的,是被强制人诸多痛苦当中痛苦最少的选择。强制是那些强迫别人的人追求自己的目标的手段,它是一种恶行。它阻碍了人们的自由,阻止了人们为社会做贡献的能力和机会。"当一个人被迫采取行动以服务于另一个人的意志,亦即实现他人目的而不是自己的目的时,便构成强制。……强制意味着我仍进行了选择,只是我的心智已被迫沦为了他人的工具,因为我所面临的种种替代性选择完全是由他人操纵的,以至于强制者想让我选择的行动,对于我来讲,乃是这些选择中痛苦最少的选择。""强制即以众所周知的规则为依据,所以它就成了一种有助于个人追求其自己目标的工具,而非一种被用以实现他人目的的手段。"❶

"强制是一种恶,它阻止了一个人充分运用他的思考能力,从而也阻止了他为社会做出他所可能做出的最大的贡献。尽管被强制者在任何时候仍会为了自己的利益而竭尽努力,但是在强制的境况下,他的行动所必须符合的唯一的综合设计却出于另一个人的心智,而非他自己的意志。……真正的恶者只是强制的权力,亦即一个人通过施加损害的威胁而迫使其他人去实现其意志的权力。"❷

为了防止或减少强制,哈耶克提出了一些解决方法,即设置一些确保私人领域的法律,政府依照法律确保私人领域不受侵犯,提供个人自由的保障。也就是说,把强制的垄断权交给国家,制止私人采取强制行为,国家保护私人领域不受侵犯,使个人永不遭受私人的强制。他说:"由于强制是一个人对另一个人行动之基本依据所实行的控制,所以人们只能够通过使个人确获保障的私域中,他才能得到保护并抵御这种来自他者的强制。然而,只有某个拥有必要权力的当局机构,才能够向个人提供这种保障……只有通过威胁使用强制的方式,才能阻止一个人对另一个人施以强制。"❸

"自由社会处理此一问题的方法,是将行使强制之垄断权赋予国家,并全力把国家对这项权力的使用限制在下述场合,即它被要求制止私人采取强制行为的场合。如果要做到这一点,将完全有赖于国家对众所周知的

---

❶ [英]哈耶克. 自由秩序原理(上)[M]. 邓正来,译. 北京:生活·读书·新知三联书店,1997:18,164.

❷ 同上,165.

❸ 同上,171-172.

个人私域的保护以免遭他人的干预，亦有赖于国家并非经由具体的授权而是通过创设条件的方式来界定这些私域，在这些条件下，个人能依凭既定规则来确定他自己的行事领域，因为这些规则明确规定了政府在种种不尽相同的情形中将采取的措施。一个政府为了达致上述目的而必须使用的强制，应减至最小限度，而且应通过众所周知的一般性规则对其加以限制的方法而尽可能地减少这种强制的危害，以至于在大多数情势中，个人永不致遭受强制，除非他已然将自己置于他知道会被强制的境况之中。"❶

3. 自由是一种体系

哈耶克把自由视为一种体系。这个体系包括自由与责任、自由与法治、自由与民主、自由与平等的关系，这一系列关系构成了一个完整的体系。"在此一体系中，所有政府行动都受原则的指导；但除此之外，自由还是一种理想，此一理想如果本身不被作为一种支配所有具体立法法规的最高原则来接受，就不能得到维续。"❷

关于自由与责任的关系，哈耶克指出："自由不仅意味着个人拥有选择的机会并承受选择的重负，而且还意味着他必须承担其行动的后果，接受对其行动的赞扬或谴责。一个自由的社会要求做到下述两点：一是人的行动应当为责任感所引导，而这种责任在范围上远远大于法律所强设的义务范围；二是一般性舆论应当赞赏并弘扬责任的观念。""坚信个人自由的时代，始终亦是诚信个人责任的时代。"所以，"自由与责任的这种关联性或互补性，意味着对自由的主张只能适用于那些被认为具有责任能力的人。它不能适用于未成年人、精神病患者"。然而，哈耶克感叹到，当今时代，许多人只追求自由，却忘记了应当承担的责任。"责任已变成了一个不为人们所欢迎的概念。"❸

关于自由与法治的关系，哈耶克明确指出，自由就是法治下的自由观念，"这种'法律'乃是指平等适用于人人的一般性规则"。"每个个人的存在和活动，若要获致一安全且自由的领域，须确立某种看不见的界限，然而此一界限的确立又须依凭某种规则，这种规则便是法律。……我们之

---

❶ [英]哈耶克. 自由秩序原理（上）[M]. 邓正来，译. 北京：生活·读书·新知三联书店，1997：17.
❷ 同上，79 – 80.
❸ 同上，84，89 – 90.

所以要做此一努力,其原因是法治下的自由理想。"❶ 所以,哈耶克认为,自由主义所主张的政治体制就是宪政,就是法治的政府和法治下的自由。政府必须在法律规定的范围内行使权力,每一个个人都有自己的私人领域,在私人领域范围内,政府不能随意干涉个人的自由,政府只能依据法律在公共领域对社会成员进行管理。他说:"剥离掉一切表层以后,自由主义就是宪政,亦即'法治的政府而非人治的政府'。"❷ "在自由的社会中,每个个人都拥有一个明确区别于公共领域的确获承认的私域,而且在此一私域中,个人不能被政府差来差去,而只能被期望服从那些平等适用于所有人的规则。""私人公民及其财产,不应当成为由政府支配的手段;这一点乃是法治的实质意义之所在。"❸

哈耶克认为,国家干预的观念应当基于划清私人领域的界限这样一个前提下。"只有通过对每个个人的确获保障的领域先做出界定,上述界分才会具有意义。这样做的目的并不能够保护人们以防阻所有其他人所为的可能有害于他们的行动,而只能够使其行动的某些基本依据不为其他人所控制。"❹

所以,法治要求政府只能依照宪法和法律行事,并且受到法律的制约,国家只能依照法律规定对社会成员进行限制,法律面前人人平等。"法治的理想,既要求国家对他人实施法律——此乃国家唯一的垄断权——亦要求国家根据同一法律行事,从而更加与任何私人一样都受着同样的限制。正是所有的规则都平等地适用于人人这一事实,才使得压制性规则不可能得到采用。"❺

哈耶克认为,政府运用强制性权力对我们生活的干涉,如果是不可预见的和不可避免的,就会导致最大的妨碍和侵害。所以他反对任何人拥有专断的强制性权力,即便是政府,这样做也不对。

政府的任务是什么?哈耶克回答道:"政府的任务就在于调动和配置其所掌管的资源,以服务于不断变化的社会需求。……此外,政府还必须

---

❶ [英]哈耶克. 自由秩序原理(上)[M]. 邓正来,译. 北京:生活·读书·新知三联书店,1997:183,190.
❷ 同上,243.
❸ 同上,264,272.
❹ 同上,179.
❺ 同上,267.

始终一贯地就不断出现的紧急任务以及所应运用的手段做出决定。……正是由于法治保护私人公民以对抗行政机构侵入私域这种日益发展的取向，所以法治才在当下具有了如此重要的意义。最后，这还意味着被委托执行这些特殊任务的机构，不能为了自己的目的而运用任何最高权力，而只能限于运用专门赋予它们的手段。""国家也运用强制以强迫人们为某些特定的行为。这些行为当中最为重要的乃是纳税及各种义务性服务，尤其是服兵役。"❶

哈耶克认为，政府必须依照法律的规定行使自由裁量权，对于政府自由裁量权这个微小的漏洞如不加以法律约束，就会构成对个人自由的威胁。"对行政自由裁量权施以法律限制的问题；而这就是那个'微小的漏洞'，如若处理不当，它将使'每个人的自由都迟早会丧失'。"❷

怎样限制政府的自由裁量权？哈耶克提出设立一个独立的法院审查政府的自由裁量权。"这意味着行政机构的决定必须能从法律的规则中推演出来，也必须能从法律所指涉的和能为有关当事人所指导的境况中推论出来。"❸

在哈耶克看来，"重要的是政府活动的质，而不是量。一个功效显著的市场经济，乃是以国家采取某些行动为前提的；有一些政府行动对于增进市场经济的作用而言，极有助益；而且市场经济还能容受更多的政府行动，只要它们是那类符合有效市场的行动。但是，对于那些与自由之都赖以为基础的原则相冲突的政府行动，必须加以完全排除，否则自由制度将无从运行"❹。

关于自由与民主的关系，哈耶克认为，自由主义主要是反对政府违反法律的强制性权力，而不是一味地主张限制政府。建立民主政治体制主要是为了保障个人自由。"自由主义接受多数统治方式，但只是将其视为一种决策的方式，而不是一种确定决策应当为何的权威根据。然而，对于一个教条式的民主主义者来讲，多数具有某些要求这一事实本身就构成了视其决策为善的充足根据；对他们来讲，多数的意志不仅决定着何为法律，

---

❶ [英]哈耶克. 自由秩序原理（上）[M]. 邓正来，译. 北京：生活·读书·新知三联书店，1997：176，273.
❷ 同上，269.
❸ 同上，271.
❹ 同上，281.

而且也决定了何为善法。"❶

哈耶克认为，民主只是实现个人自由的目的之方法，而不是目的本身。"民主很可能是实现某些目的的最佳方法，但其本身却不是目的。""如果民主是一种维护自由的手段，那么个人自由便无异于民主运行的一项基础性条件。尽管民主很可能是有限政府的最佳形式，但是，如果它变成了无限政府，那将变得荒谬之极。那些宣称民主无所不能而且不加辨识地在任何时候都支持多数的诉求的人，实则是在挖民主的墙脚，致使其衰败。"所以，"民主政府绝不是指无限的政府。民主政府与任何其他形式的政府一样，都需要对个人自由加以切实的保障。"❷哈耶克赞成多数决的民主方式，他说："自由主义者认为，无视对多数权力施以限制，从长期来看，不仅会摧毁社会的繁荣及和平，而且还将摧毁民主本身。"

关于自由与平等的关系，哈耶克认为，自由的目标就是平等，这个平等指的是法律面前人人平等，而不是所有人在事实上的平等。这个平等原则也是道德和社会行为规则，是民主的精神。"争取自由的斗争的伟大目标，始终是法律面前人人平等。……这种将法律面前人人平等的原则扩大至包括道德的和社会的行为规则，实乃人们通常所说的民主精神的主要表现——这种民主精神在缓和人们对自由必然产生的不平等现象的不满方面，很可能起到了极大的作用。"❸

哈耶克批判了那种所有的人在所有的事情上都要平等的观点，他说："就平等待遇的要求而言，最具危害的莫过于把它建基于所有的人在事实上都是平等的这一显然违背事实的假设之上。……要求法律面前人人平等的实质恰恰是，尽管人们在事实上存在着差异，但他们却应当得到平等的待遇。""法律面前人人平等与物质的平等不仅不同，而且还彼此相冲突；我们只能实现其中的一种平等，而不能同时兼得二者。自由所要求的法律面前人人平等会导向物质的不平等。"❹

哈耶克对平等这一概念做出了界定："平等这一要求包括三个含义：一是阻碍某些人发展的任何人为障碍，都应当被清除；二是个人所拥有的

---

❶ [英]哈耶克. 自由秩序原理（上）[M]. 邓正来，译. 北京：生活·读书·新知三联书店，1997：126.
❷ 同上，129，131，143.
❸ 同上，102.
❹ 同上，103 – 105.

任何特权，都应当被取消；三是国家为改进人们之状况而采取的措施，应当同等地适用于所有的人。"❶

在哈耶克看来，一个国家经济的发展，"在很大程度上讲，必须以一些人先发展，另一些人继而跟进的梯队发展方式来加以实现"。"正是由于先行者发现了目标，人们方能为那些较不幸运者或能力较弱者建造起通向此一目标的道路。""在进步的任一阶段，富有者都是通过尝试贫困者尚无力企及的新的生活方式而为一个社会的进步做出其不可或缺的贡献的，如果没有他们做出的这种贡献，贫困者的进展便会大为延缓。"❷ 所以，哈耶克强调的是法律面前人人平等，而不是物质上的人人平等。在他看来，一个国家总体发展速度的增进乃是凭靠那些突进最快的人士来实现的。对于少数富起来的人，应当鼓励他们，保护他们，而不应抑制和打击他们。如果让先富起来的人将其财富提供给最贫穷者来改善他们的境遇的方式可以将贫富者在进步过程中的地位拉平，能够暂时使各阶层之间的差距迅速缩小，但是，"用不了多久，这种做法便会延缓整体的发展速度，甚至还会在长期的进程中阻碍落后者或贫困者的进步"。所以，"所有旨在防阻少数人发展的阻碍因素，从长远的角度来看，实际上也是阻碍所有人进步的因素"；"如果忽视人与人之间的差异的重要性，那么自由的重要性就会丧失，个人价值的理念也就更不重要了。"❸

4. 自由社会的特征与本质

哈耶克所憧憬的理想社会是自由社会，这也是许多自由主义者所崇尚的社会。哈耶克认为，自由社会最基本的原则就是个人自由原则。"由我们人类发展起来的为数本来就不多的这类原则中，最为重要的一项原则就是个人自由的原则；……如果我们不把个人自由原则作为一种极为强硬的以至于任何权宜性的考虑都不能对其加以限制的信念或预设来接受，那么我们就无从获得我们想得到的结果。"❹

那么，自由社会有什么样的特征？哈耶克指出，自由社会的特征包括两方面：一方面是人的目标的开放性；另一方面是自由的论辩。他说：

---

❶ [英]哈耶克. 自由秩序原理（上）[M]. 邓正来，译. 北京：生活·读书·新知三联书店，1997：111.
❷ 同上，46-48，50.
❸ 同上，55-56，104.
❹ 同上，79.

"自由社会的特征之一是，人的目标是开放的。而且能够不断产生人们为之努力的新目标；尽管这些新目标一开始只是少数个人的目的，然而随着时间的推移，它们会逐渐成为大多数人的目的。"❶

自由的目的是什么？哈耶克回答道："自由的主要目的在于，向个人提供机会和动因，以使个人所具有的知识得到最大限度的使用。"❷自由可以为个人提供发挥自己能力的机会，可以使人们摆脱他人的直接控制和强制。

5. 自生自发秩序

哈耶克在《自由秩序原理》一书中还论证了自生自发秩序，并以此作为自由和自由社会的依据。在他看来，人类社会有一些规则是从人的无意识的习惯中发展而来的，这些习惯是自生自发的，不是哪一个人或哪一部分人发明出来的。他说："人的社会生活，甚或社会动物的群体生活，之所以可能，乃是因为个体依照某些规则行事。随着知识的增长，这些规则从无意识的习惯渐渐发展成为清楚明确的陈述，同时又渐渐发展成更为抽象的且更具一般性的陈述。……但是，它就如同社会生活赖以为基础的语言、货币或大多数习俗及惯例一样，几不可能是任何个人心智的发明所致。"❸

"在社会生活中，明显存在着一种秩序、一贯性和恒长性。……所谓社会的秩序，在本质上便意味着个人的行动是由成功的预见所指导的，这即是说人们不仅可以有效地运用他们的知识，而且还能够极有信心地预见到他们能从其他人那里所获得的合作。这样一种与环境相调适的秩序，显然不可能通过集中指挥的方式得到建构，因为关于这种环境的知识乃是由众多的个人分散掌握的。这种秩序只能产生于作为社会要素的个人间的相互调适以及他们对那些直接作用于他们的事件的回应的过程之中。而且这种自发的协调又通过其对公益的助益性证明了这种自由的正当性。——这些个人的行动之所以被认为是自由的，乃是因为这些行动并不是由任何具体的命令所决定的，而不论这种命令是出自一上级还是出自一政府机构；

---

❶ [英]哈耶克. 自由秩序原理（上）[M]. 邓正来, 译. 北京：生活·读书·新知三联书店, 1997：37.

❷ 同上, 95-96.

❸ 同上, 184.

这些个人行动所受制于的强力,乃是非人格的和一般性的。"❶

"人类在历史上所获得的一些最伟大的成就都源于下述事实,即人类始终无力控制社会生活。人类的持续发展,完全有可能依赖于其有意地避免实施其于当下已然获致的种种控制手段。在过去,种种自生自发的发展力量,无论受到多大的限制,通常仍能表明其强大无比,足以抵抗国家所具有的那种有组织的强制性措施。"❷

哈耶克认为,自由就是基于自生自发秩序而产生的。"这种秩序的出现,实际上还有第三种可能性,即它乃是适应性进化的结果。"❸ 所以,"自由意味着,也只能意味着,我们的所作所为并不依赖于任何人或任何权威机构的批准,只能为同样平等适用于人人的抽象规则所限制"❹。"大多数这样的规则,都不是经由主观琢磨而发明出来的,而是通过渐进的试错过程慢慢发展起来的,在这个过程中,正是无数代人的经验才促使这些规则发展成当下这个状况。"❺

(三)哈耶克自由主义思想评价

哈耶克的保守自由主义思想出笼后,在西方世界引起很大反响,英国首相撒切尔夫人、美国总统里根非常赏识他的思想,撒切尔夫人甚至把哈耶克视为自己的精神导师。撒切尔夫人执政期间,在英国大搞国有企业"私有化",把许多国有大企业转让给了私人资本家。里根执政期间也把国有企业进行了私有化改造。

哈耶克的保守自由主义思想有一些合理成分。

第一,哈耶克对自由的意义和价值做了比较详尽的论述,强调了保护个人隐私权的重要性。一个人的住宅乃是他的堡垒(或指不可侵扰的退避所),任何人都无权察看或干涉他在此堡垒的活动。这个思想主张已在西方国家乃至世界各国相关法律条文中体现出来。

第二,哈耶克从体系和理想的角度论证了自由的概念。认为自由既是

---

❶ [英]哈耶克. 自由秩序原理(上)[M]. 邓正来,译. 北京:生活·读书·新知三联书店,1997:199-200.
❷ 同上,40-41.
❸ 同上,67.
❹ 同上,193.
❺ 同上,196.

一种体系,又是一种理想。在这一体系中,所有政府行动都受原则的指导;但除此之外,自由还是一种理想,这一理想作为一种支配所有具体立法法规的最高原则来接受。哈耶克关于政府须受法律和原则约束的思想对于制约政府随意侵犯个人权利和自由具有积极意义。

第三,哈耶克对自由与责任、自由与法治、自由与民主、自由与平等的关系做了详细的论述,厘清了自由与这些概念的关系。强调自由在法律之下,政府应当依法行事,依据法律的普遍性原则进行管理。

第四,哈耶克主张减少国家对经济生活和社会生活的干预。这一思想被当时的英国首相撒切尔夫人和美国总统里根所采纳,直接影响了英美的社会改革。

撒切尔夫人于1979年担任英国首相,上任后她采取了限制工会力量、推行私有化等一系列保守主义的政策。主张个人应有更多的独立,少依赖政府,政府对经济不做过分的干预,减少公共开支(减少个人赋税)和货币印制(货币主义政策)。为了减少通货膨胀,实行紧缩政策,使商业损失和破产均有增加,她严格执行金融政策,促使工会服从法律的约束,将国有企业民营化。在她执政后期,教育、卫生保健和住宅民营化,把"撒切尔革命"由财经和工业领域扩展到新的社会政策领域。

1980年里根当选美国总统,他采用哈耶克的保守自由主义政策,取代凯恩斯主义,在两届任期内抑制了"滞胀",控制了通货膨胀,实现了经济回升,降低了失业率。

哈耶克保守自由主义思想也有一些不足与缺陷。

第一,哈耶克对"自由"概念的界定有空想成分。他认为,"自由意味着始终存在着一个人按其自己的决定和计划行事的可能性"。"应当将自由界定为约束与强迫的不存在。这种定义无异于将自由解释为做我们想做的任何事情的有效力量。"这种界定带有很大的空想成分。实际上,自国家产生以来就有法律、制度和规章等强制性的约束和限制,当代世界,国家与社会对人们的行为所采取的合理性的强制是必需的。譬如,国家法律、学校规章制度、企业管理制度等,没有这些强制和约束,国家与社会秩序就不能维持,企业和事业单位就不能正常运行。哈耶克强调自由就是个人按照自己的决定和计划行事,排斥国家、社会和机构的强制与约束,具有空想性和片面性。

第二,哈耶克提倡把国家强制权力限定在极其窄小的范围之内,国家只能在制止私人采取强制行为的场合行使权力。这种对国家权力的认识具有很大的片面性和狭隘性。实际上,当今世界,国家的强制权力广泛实施于对经济的宏观调控,国民福利,社会保障系统,国家安全和防卫领域。

第三,哈耶克对富有者的社会作用的绝对肯定具有片面性。哈耶克把富有者视为社会经济发展和进步的动力,认为,"在进步的任一阶段,富有者都是通过尝试贫困者尚无力企及的新的生活方式而为一个社会的进步做出其不可或缺的贡献的,如果没有他们做出的这种贡献,贫困者的进展便会大为延缓"。他忽视并无视下层劳动人民对社会经济发展和进步的贡献与作用,否认造成下层劳动阶级贫困的主要原因是资本家阶级对劳动人民的剥削,反映了其思想认识的阶级局限性。哈耶克继承亚当·斯密的经济自由放任主义,对国家宏观调控作用和社会保障制度持批判态度。他曾支持英国执政的保守党对工会的斗争,赞成撒切尔夫人不顾大量失业问题而实行通货膨胀政策,损害了工人阶级的利益。

四、罗尔斯的自由主义思想

(一)罗尔斯生平与时代

约翰·罗尔斯(John Rawls,1921—2002年)是当代自由主义著名代表人物。他曾担任哈佛大学教授。主要著作有《正义论》(A Theory of Justice(1971))、《政治自由主义》《作为公平的正义:正义新论》《万民法》等。

约翰·罗尔斯出生于美国马里兰州的巴尔的摩,是家中五个孩子中的老二。第二次世界大战期间曾入伍服役,后来拒绝升军官的机会退伍回大学念书。1943年毕业于普林斯顿大学,1950年在该校获得博士学位。以后相继在普林斯顿大学、康奈尔大学、麻省理工学院和哈佛大学任教。从1951年开始,罗尔斯专注于社会正义问题,并潜心构筑一种理想性质的正义理论,陆续发表了《作为公平的正义》(1958)、《宪法的自由和正义的观念》(1963)、《正义感》(1963)、《非暴力反抗的辩护》(1966)、《分配的正义》(1967)、《分配的正义:一些补充》(1968)等文章。除了写作这些论文,他还着手撰写《正义论》一书,前后三易其稿,于1971年

出版。❶

《正义论》出版后，立即在西方学术界产生了广泛的反响，引起了广泛的讨论。此书很快被誉为"二次大战后伦理学、政治哲学领域中最重要的理论著作"。

罗尔斯酝酿和撰写《正义论》的年代，正是美国动荡不安的年代。20世纪50年代，美国外有朝鲜战争，内有麦卡锡掀起的反共喧嚣；到60年代，有古巴导弹危机、越南战争，国内出现争取民权运动，黑人抗暴斗争，校园学生运动。两极分化、穷人贫困现象成为令人瞩目的问题，美国社会处于危机之中。❷ 面对这种形势，罗尔斯的《正义论》探讨了平等自由、公正机会、分配份额、差别原则等问题，用原初状态和无知之幕两个假设论证了自由主义的正义分配二原则，提出了一些解决社会财富分配不公等问题的建议。

罗尔斯认为，一个社会是否公平，乃是最根本的问题所在。正因为公平是社会生活的最高价值，所以剥夺个人自由、歧视他人、以多数为名迫害少数或者坐视个人之间的命运差距，都违反了正义。

罗尔斯的正义学说以洛克、卢梭和康德的社会契约论为基础，论证了西方民主社会的道德价值，批判了功利主义，强调正义是社会制度的主要美德。非正义的法律和制度，不论如何有效，也应加以改造和清除。他还主张正义与社会合作密切联系，区别对制度来说的正义原则和对个人来说的正义原则。罗尔斯关于社会正义的思想研究了当时欧美国家紧迫的现实问题，提出了公平分配的原则，不仅在西方学术界引起巨大反响，而且被美国及欧洲发达资本主义国家的自由主义政党用于调节分配结构，缓和社会矛盾理论指导。

(二)《正义论》主要思想观点

罗尔斯的《正义论》分为三个部分：理论、制度、目的。

第一编：理论。阐述了正义在社会合作中的作用，作为正义的主要问题的社会基本结构，提出了作为公平的正义的主要观念，提出一种"原初状态"和"无知之幕"的假设逻辑推演出了正义分配二原则，批判了古典

---

❶ [美] 约翰·罗尔斯. 正义论[M]. 何怀宏，何包钢，廖申白，译. 北京：中国社会科学出版社，1988：译者前言1.

❷ 同上，2-3.

功利主义的正义观和直觉主义的正义观。

第二编：制度。说明了正义二原则的内容，描述了一个满足正义原则的社会基本结构，考察了正义原则所产生的义务和责任。提出了解决不正义问题的原则和制度安排。

第三编：目的。阐述了合理性的善的理论；讨论了道德心理学问题和正义感的形成，正义与善的一致性，实现正义就是实现道德善。论述了正义理论与社会价值和共同体的善的密切相关性。

1. 正义的作用

罗尔斯把正义视为社会制度的首要价值。他说："正义是社会制度的首要价值，正像真理是思想体系的首要价值一样。……某些法律和制度，不管它们如何有效率和有条理，只要它们不正义，就必须加以改造或废除。每个人都拥有一种基于正义的不可侵犯性，这种不可侵犯性即使以社会整体利益之名也不能逾越。因此，正义否认为了一些人分享更大利益而剥夺另一些人的自由是正当的，不承认许多人享受的较大利益能绰绰有余地补偿强加于少数人的牺牲。所以，在一个正义的社会里，平等的公民自由是确定不移的，由正义所保障的权利绝不受制于政治的交易或社会利益的权衡。……作为人类活动的首要价值，真理和正义是决不妥协的。"❶

社会正义的原则"提供了一种在社会的基本制度中分配权利和义务的办法，确立了社会合作的利益和负担的适当分配。一个社会，当它不仅被设计得旨在推进它的成员的利益，而且也有效地受着一种公开的正义观管理时，它就是组织良好的社会。亦即，它是一个这样的社会，在那里：（1）每个人都接受，也知道别人接受同样的正义原则；（2）基本的社会制度普遍地满足，也普遍为人所知地满足这些原则。……在目标互异的个人中间，一种共有的正义观建立起公民友谊的纽带，对正义的普遍欲望限制着对其他目标的追逐。我们可以设想一种公开的正义观，正是它构成了一个组织良好的人类联合体的基本条件"❷。

罗尔斯认为，目前各国的社会结构中，存在着不平等的财富分配。"这类不平等是一种特别深刻的不平等。它们不仅涉及面广，而且影响到人们在生活中的最初机会……假使这些不平等在任何社会的基本结构中都

---

❶ [美] 约翰·罗尔斯. 正义论 [M]. 何怀宏, 何包钢, 廖申白, 译. 北京：中国社会科学出版社, 1988：3-4.

❷ 同上, 4-5.

不可避免，那么它们就是社会正义原则的最初应用对象。所以，这些原则调节着对一种政治宪法和主要经济、社会体制的选择。一个社会体系的正义，本质上依赖于如何分配基本的权利义务，依赖于在社会的不同阶层中存在着的经济机会和社会条件。"❶

如何实现正义？罗尔斯认为，建立符合正义的社会结构，对社会财富进行公平的分配，就可以实现正义。"正义的主要问题是社会的基本结构，或更准确地说，是社会主要制度分配基本权利和义务，决定由社会合作产生的利益之划分的方式。所谓主要制度，是政治结构和主要的经济和社会安排。""这种基本结构包含着不同的社会地位，生于不同地位的人们有着不同的生活前景，这些前景部分是由政治体制和经济、社会条件决定的。"

2. 正义分配二原则

罗尔斯运用哲学上的逻辑结构主义方法设计了一个"原初状态"和"无知之幕"，论证了社会财富分配的原则即正义分配二原则。

罗尔斯认为，正义有两个原则：

"第一个原则：每个人对其他人所拥有的最广泛的基本自由体系相容的类似自由体系都应有一种平等的权利。

第二个原则：社会的和经济的不平等应这样安排，使它们：（1）被合理地期望适合于每一个人的利益；并且（2）依系于地位和职务向所有人开放。

社会的和经济的不平等应这样安排，使它们：（1）适合于最少受惠者的最大利益；（2）依系于在机会公平平等的条件下职务和地位向所有人开放。"❷

第一个原则是说，每一个人都在社会最广泛的基本自由体系中拥有平等的权利。这里强调了自由体系中的平等原则。

那么，公民的平等自由包括哪些方面呢？罗尔斯指出："有政治上的自由及言论和集会自由；良心的自由和思想的自由；个人的自由和保障个人财产的权利；依法不受任意逮捕和剥夺财产的自由。按照第一个原则，这些自由都要求是一律平等的。"❸ 可见，罗尔斯所说的第一个原则主要是

---

❶ [美]约翰·罗尔斯. 正义论[M]. 何怀宏，何包钢，廖申白，译. 北京：中国社会科学出版社，1988：7.

❷ 同上，60-61，84.

❸ 同上，61.

政治自由和社会自由方面的原则,在这方面,他主张人人权利平等。也就是说,每一个人在社会中均可以根据自己的智力、能力、体力勤奋工作,提升自己的事业,获取应有的分配和利益。然而,平等的权利可能会产生不平等的结果,有些人致富,有些人穷困。但是,在平等的权利奋斗下所获得的不平等结果是合理的。

第二个原则是指,社会的和经济分配的不平等原则首先要适合每一个人的利益,包括弱者即老弱病残和贫困人口的利益,给他们一定的补偿,使他们的生活有基本的保障。但是这种分配的不平等要依据于社会的权力和领导职务向所有人开放。也就是说,所有的人都可以平等地竞争所有的职位和职务,但在竞争和工作过程中,因智力、能力和体力不同,有些人获得的财富多,有些人得到的财富少,在这种情况下,国家就应通过第二次分配对那些弱者给予一定的差别补偿,也就是通过社会福利政策予以补偿,使他们有基本的生活保障。

罗尔斯强调:"第二个原则大致适用于收入和财富的分配以及对那些利用权力、责任方面的不相等或权力链条上的差距的组织机构的设计。虽然财富和收入的分配无法做到平等,但它必须合乎每个人的利益,同时权力和领导性职务也必须是所有人都能进入的。人们通过坚持地位开放而运用第二个原则,同时又在这一条件的约束下,来安排社会的与经济的不平等,以便使每个人都获益。"❶ 在罗尔斯看来,这两个原则是按照先后次序安排的,第一个原则优先于第二个原则。

罗尔斯主张,正义分配二原则应当通过社会基本结构即社会制度加以实践。"社会基本结构是正义的主要问题。这意味着首要的分配问题是基本权利和义务的分配。是社会和经济的不平等以及以此为基础的合法期望的调节。……在作为公平的正义中,社会被解释为一种为了相互利益的合作冒险。其基本结构是一个公开的规范体系,它确定一种引导人们合力产生较大利益,并在此过程中分派给每一合理要求以应得的一份的活动方案。"❷

社会基本结构和制度的安排要确保公民的政治权利和经济权利,在此基础上,承认贫富差别和不平等的结果,对穷者和弱者予以一定的补偿。

---

❶ [美]约翰·罗尔斯. 正义论 [M]. 何怀宏,何包钢,廖申白,译. 北京:中国社会科学出版社,1988:61.

❷ 同上,85.

这样，社会分配体系就会有"两个方面：一是确定与保障公民的平等自由方面，二是制定与建立社会及经济不平等的方面"。

罗尔斯认为，正义分配二原则一旦被采用，"社会基本结构就要被安排来最大限度地提高在一切人享有的平等自由的完整体系中的最少受益者的自由价值。这确定了社会正义的目的"❶。"有必要实际地建立和公平地管理一个正义的制度体系。只有在一种正义的社会基本结构的背景下，在一种正义的政治结构和经济和社会制度安排的背景下，我们才能说存在必要的正义程序。"

在罗尔斯看来，差别原则与效率原则是相容的。"社会和经济的不平等必须有利于所有有关社会地位的代表人。""两个正义原则要调节的正是这些不平等。"❷

如何判定社会最不利、收入最低的群体？罗尔斯提出了一个办法，就是把不熟练工人作为这个群体，然后把所有那些与这一群体同等或收入和财富更少的人们合在一起算作最不利者。国家通过社会福利政策对这些人进行分配补偿。❸

然而，罗尔斯指出，补偿原则并不是正义的唯一标准，或者作为社会运行的唯一目标。它是一个要与其他原则相平衡的原则。"差别原则将分配教育方面的资源，以便改善最不利者的长远期望。"❹

3. 自由的概念

罗尔斯认为，自由包括三个方面的因素："自由的行动者；自由行动者所摆脱的种种限制和束缚；自由行动者自由决定去做或不做的事情。""当个人摆脱某些限制而做（或不做）某事，并同时受到保护而免受其他人的侵犯时，我们就可以说他们是自由地做或不做某事的。"❺他对自由的界定包含了伯林的积极自由和消极自由的内涵。

罗尔斯谈到了法律和禁令以及社会舆论压力对自由的限制，"由法律所规定的种种义务和禁令以及来自舆论和社会压力的强制性影响。在这些

---

❶ [美] 约翰·罗尔斯. 正义论 [M]. 何怀宏，何包钢，廖申白，译. 北京：中国社会科学出版社，1988：202－203.

❷ 同上，96.

❸ 同上，98.

❹ 同上，101.

❺ 同上，199－200.

情形中,自由是制度的某种结构,是规定种种权利和义务的某种公开的规范体系"❶。

罗尔斯将平等的自由看得很重。平等的自由包括良心的平等自由、平等的政治权利和人的平等自由。他说:"当平等的自由原则被运用到由宪法所规定的政治程序中时,我将把平等的自由原则看成是(平等的)参与原则。参与原则要求所有的公民都应有平等的权利来参与制定公民将要服从的法律的立宪过程和决定其结果。"在平等的自由当中,言论自由是保证平等自由的一个基础性条件。他说:"某些自由,特别是言论自由、集会自由、组织政治团体的自由受到宪法的坚决保护。"虽然我们不能想说就说,"但我们需要从言论自由中获益。这样,立宪会议的代表或者立法机构的成员就必须为了最好的总体的平等自由而决定各种自由的规定。他们必须相对于一种自由来衡量另一种自由。几种自由的最佳安排依赖于它们所服从的总体约束,依赖于各种自由结合为一个规定着它们的整体方式。因此,虽然平等的自由可能受到限制,但这些限制服从于由平等自由的意义和两个正义原则的系列次序所表达的某些标准"❷。

在罗尔斯眼里,平等的自由是面向所有阶级和阶层的。"当某一阶级的人具有较大的自由时,自由是不平等的;另一种方式是自由没有像它所应该有的那样广泛。平等公民权的所有自由对社会的每一个成员来说都必须是一样的。"❸ 他批评了西方国家的立宪政府制度,他认为,立宪制度下的普选实际上是资本利益集团控制下的选举。"立宪政府的主要缺点之一是一直不能保证政治自由的公平价值……资本和财富分布上的不均等——这大大超过了与政治平等相容的范围。公共财富一直没有被用来维持那些政治自由的公平价值所要求的制度。……民主政治过程充其量只是一种受控的竞争过程。……政治制度中的不正义结果比市场的不完善更严重,持续的时间更长。政治权力急速地被集中起来,而且变得不平等;那些既得利益者经常能通过使用国家和法律的强制工具来保证他们的有利地位。这样,经济和社会制度中的不平等很快就摧垮了在幸运的历史条件下政治平等可能存在的基石。普选权是一个不充分的补偿措施;因为当不

---

❶ [美]约翰·罗尔斯. 正义论[M]. 何怀宏,何包钢,廖申白,译. 北京:中国社会科学出版社,1988:199-200.
❷ 同上,201,219-220.
❸ 同上,201-202.

是公共资金而是私人捐款资助着各方和选举活动时,占统治地位的利益集团的意图就约束着政治议会。"❶

4. 法治与自由

罗尔斯高度重视法治,把法治视为自由的前提和基础。"法治和自由显然有紧密的联系。……一个法律体系是一系列强制性的公开规则。提出这些规则是为了调整理性人的行为并为社会合作提供某种框架。当这些规则是正义的时,它们就建立了合法期望的基础。它们构成了人们相互信赖以及当他们的期望没有实现时就可直接提出反对的基础。如果这些要求的基础不可靠,那么人的自由的领域就同样不可靠。"❷

法治的功能是什么?罗尔斯回答说:"法治所要求和禁止的行为应该是人们合理地被期望去做或不做的行为。……这个体系的立法者,法官及其他官员必须相信法规能够被服从;权威者的行动必须是真诚的,而且权威者的诚意必须得到那些要服从他们所制定的法规的人的承认。只有人们普遍地相信法规和命令能够被服从和执行时,法规和命令才能被接受。"❸

在法制体系下,"法官必须是独立的、公正的,而且不能判决他自己的案子。各种审批必须是公平的、公开的,不能因公众的吵闹而带有偏见"❹。

罗尔斯对法治国家政府的强制作用予以了充分的肯定。"即使在一个组织良好的社会中,为了社会合作的稳定性,政府的强制权力在某种程度上也是必要的。""政府通过强制实行一个公开的惩罚体系来消除那些认为其他人不遵守规则的根由。仅仅因为这一点,一个强制权力大概也总是必需的……有效的刑罚机构的存在是为保障人们相互间的安全服务的。"❺ 所以,"当人们按照法律原则公正地、正常地执法时,对自由构成的危险就比较小。当一个强制机构是必需的时候,确切地规定这个机构运行的方向显然是十分重要的"❻。一个遵守法规的人不必害怕对他的自由的侵犯。

5. 正义与善

罗尔斯把正义视为善。他指出:"在一个组织良好的社会里,公民们

---

❶ [美] 约翰·罗尔斯. 正义论 [M]. 何怀宏,何包钢,廖申白,译. 北京:中国社会科学出版社,1988:224.
❷ 同上,233.
❸ 同上,235.
❹ 同上,236-237.
❺ 同上,238.
❻ 同上,239.

关于他们自身的善的观念与公认的正当原则是一致的，并且各种基本善在其中占有恰当的地位。"❶ "要构筑道德上的善概念，必须借助于正当和正义原则。例如，一个好法官有一种强烈的愿望，要伸张正义，要按照法律的要求公平判案。他拥有他的职业所需要的司法美德：他执法公正，善于公平地估价证词，不因私人考虑而抱偏见或改变意见。"❷ "一个组织良好的社会是一个被设计来发展它的成员们的善并由一个公开的正义观念有效地调节着的社会。""这个事实意味着它的成员们有一种按照正义原则的要求行动的强烈的通常有效的欲望。"❸ "公正地行动就是我们的善的一部分。在这种情况下正义观念和善观念就是一致的。"❹

如何理解正当和正义？罗尔斯认为，两者是互惠一致的。"正当和正义理论是建立在互惠的概念之上的，这一概念使自我的观点和作为平等的道德的人的他人的观点和谐一致。这种互惠产生了这样的结果，即对他人的关心和对自己的关心都不具有优先性，因为所有的人都是平等的。同时正义原则保证着人们之间的平衡。"❺ 所以，正当和正义实质上就是"对人类或他人的善的关心而做出的行为"❻。"人类之爱和维护共同的善的欲望把正当和正义原则包含于其中。"❼ 这样，正义原则中就隐含着互惠性。所以，"正义是利他主义和自我要求之间的恰当平衡，因而是和一种互惠的概念联系在一起的"❽。

什么是平等？罗尔斯认为，"平等的意义是由正义原则规定的，这些正义原则要求每个人都有其平等的基本权利"。"道德人格能力是获得平等正义权利的一个充分条件。""道德人格是使一个人成为权利主体的充足条件。"

罗尔斯特别强调对社会中较低能力的人的平等对待和保护。他说："只要能达到某种最低程度，一个人就有权获得同其他任何人同等的平等

---

❶ [美] 约翰·罗尔斯. 正义论 [M]. 何怀宏，何包钢，廖申白，译. 北京：中国社会科学出版社，1988：395.
❷ 同上，404.
❸ 同上，455-456.
❹ 同上，458.
❺ 同上，487.
❻ 同上，488.
❼ 同上，491.
❽ 同上，504.

自由。只要具备了最低的道德人格，一个人就有权得到全部正义保证。"❶

6. 正义的人类共同体

罗尔斯在《正义论》中阐述了一种正义的人类共同体思想。他说："正是通过建立在社会成员们的需要和潜在性基础上的社会联合，每一个人才能分享其他人表现出来的天赋才能的总和。我们达到了一种人类共同体的概念，这个共同体的成员们从彼此的由自由的制度激发的美德和个性中得到享受；同时，他们承认每一个人的善是人类完整活动的一个因素，而这种活动的整个系统是大家都赞成的并且给每个人都带来快乐。"❷

"一个（和作为公平的善相应的）组织良好的社会自身就是一个社会联合形式。这个社会联合具有两个特征：成功地实行公正制度是所有成员共有的最终目的；同时，这些制度形式自身被人们看作善。"❸

道德和美德在正义的人类共同体中充分表现出来。"集体活动是人类繁荣兴旺的突出形式。因为，在条件有利时，人们正是依靠维护这些公共的安排，才能最好地表现他们的本性，才能获得他们所能获得的最广泛的起调节作用的美德。同时，公正制度为不同的社团内部生活留下了余地并鼓励这种生活；在这种生活中，人们实现着他们更为具体的目标。所以正义的社会实现是共同体的一种价值。"❹

（三）罗尔斯正义思想评价

第二次世界大战后，西方自由主义因受到保守主义和社会民主主义的挑战而渐趋衰落，在这种形势下，罗尔斯《正义论》的发表在西方世界引起了巨大反响。一些西方国家的自由主义政党根据罗尔斯提出的正义分配二原则实行社会保障政策，调节社会矛盾。

罗尔斯的正义思想有一定的合理成分。

第一，罗尔斯用逻辑结构主义方法设计了一个"原初状态"和"无知之幕"，发现了社会道德和财富分配的两个原则。这两个原则既考虑到了每一个人的自由平等权利和利益，又考虑到了较低能力的群体的利益。这

---

❶ [美] 约翰·罗尔斯. 正义论 [M]. 何怀宏，何包钢，廖申白，译. 北京：中国社会科学出版社，1988：507-509.

❷ 同上，526.

❸ 同上，530.

❹ 同上，532.

种兼顾两者的分配原则在西方国家的应用，缓解了社会阶级矛盾，维护了社会秩序。

第二，罗尔斯认为法治和自由是相互联系的，不能将法律看作是为争夺权益而制定的产物，而应将它看作是试图实现正义原则而规定的最好的方针，具有道德的功能。罗尔斯提出的这种学说被认为在美国处于政治动荡的时刻，为自由主义政治法律思想提供了思想资源。

罗尔斯正义思想有一定的不足与缺陷。

第一，罗尔斯的正义分配二原则提出了平等自由权利原则基础上的差别原则，并且把社会上的严重困难者确定为不熟练工人，把所有那些与这一群体同等或收入和财富更少的人们合在一起算作最不利者，国家通过社会福利政策对这些人进行分配补偿。但是，他没有考虑如何对待社会上那些懒惰、好逸恶劳的穷人，如何惩治那些违法犯罪的人，对这类人是否也要给予分配补偿，罗尔斯的正义分配二原则没有考虑这个问题。

第二，罗尔斯认为他的正义理论是"理性选择理论"，是通过"原初状态"和"无知之幕"的假设进行逻辑推理而得出的结论。这种认识夸大了理性的作用。实际上，正义理论是人类几千年实践和经验中逐渐形成的，它立足于实践和经验，经哲学家和思想家通过总结实践经验而逐渐概括总结出来的。

第三，罗尔斯反对传统的功利主义，将正义视为社会制度的首要价值和主要美德。实际上，社会制度的价值观和主要美德包括许多内容，不仅有正义，还有自由、民主、人权、公正、和谐、仁义、诚信。社会制度的建构也不仅有正义原则，还有其他价值观和道德原则。只强调正义原则而忽视其他价值观，有一定的片面性和主观性。

总之，17—19世纪的近代自由主义即古典自由主义以个人自由为核心。认为个人自由的来源和基础是人的自然权利，个人自由的保障是国家法律。主张捍卫自由财产权和个人首创精神以及自由企业制度，国家少干涉经济和社会生活，对市场经济采取自由放任政策。

古典自由主义的思想核心是个人自由，即原子论式的个人自由。个人主义是古典自由主义的理论前提和精神基础。个人是论述国家权力的起源、性质、范围及其权利依据，个人是国家的基础，国家是个人的集合。个人权利是因，国家权力是果；个人权利是原始的、先在的、自然的，国家权力是后发的、派生的、约定。个人权利是目的，国家权力是工具，个人既是国家的成员,又是自主的主体。在个人权利的范围内即私人领域,国家权力是无效的,政府不得侵犯个人的私人领域。

近代自由主义主要抗争的是封建专制政治统治和基督教神权的精神统治。它以个人主义反对封建专制主义,以个人权利反对宗教神权,成为资产阶级反封建、反宗教迷信的思想武器。自由主义对封建专制统治的抗争体现在英国资产阶级革命、"光荣革命"、美国独立战争、法国资产阶级革命和1848年欧洲革命之中,资产阶级对封建统治的抗争取得胜利后,自由主义作为一面革命的旗帜得到广泛传播,成为欧美资本主义国家的主流政治思潮和意识形态,对资本主义的发展产生了深远的影响。

古典自由主义处处渗透着个人主义精神,个人是它的出发点和归宿,个人被抽象为一个个孤立的单原子。忽视了个人与集体、个人与社会的有机联系。古典自由主义在经济领域藐视国家的作用,提出对经济干预最少的国家是最好的国家。这种忽视和藐视群体、社会与国家作用,片面强调个人主义的自由主义容易走向利己主义和极端利己主义,造成人际关系冷淡的局面,削弱国家和民族的凝聚力和向心力。所以,古典自由主义的利己主义倾向遭到现代自由主义、保守主义和社会主义的批判。

19世纪末至20世纪初,欧美资本主义由自由竞争发展到垄断资本主义阶段,现代自由主义即新自由主义强调国家干预的必要性。认为个人自由的来源是道德善,个人自由的基础是个人与社会的和谐相处,个人自由的保障是国家法律的执行和国家对经济的干预以及对社会的管理。认为"原子论"式的以个人主义为核心的自由主义不能合理妥善地处理个人与社会的关系,会损害他人利益和社会利益,是对个人自由的侵害。新自由主义倡导国家干预,英国自由党实行了议会改革和对经济的管理,美国罗斯福新政采取国家干预经济政策,走出了经济危机,收到了显著的效果。

第二次世界大战后,欧美资本主义发展到国家垄断资本主义和国际垄断资本主义阶段。当代自由主义主张巩固自由秩序、维护公平正义。力图回到古典自由主义的理念,强调个人自由来源于人的自然权利,个人自由的基础是道德能力和理性能力。个人自由和权利是文明进化的结果,尊重自生自发的秩序是个人自由的保障。主张按照正义原则建立社会基本结构,反对政府过度干预经济。当时的英国首相撒切尔夫人和美国的里根总统分别践行了哈耶克和罗尔斯的思想,加强了私有化和自由市场政策,调整了分配政策。罗尔斯的正义分配原则在许多西方国家的社会福利制度中得到了体现。

自由主义经过300多年的发展，在西方世界产生了深远的影响，自由、民主、人权、法治成为西方人普遍信奉的核心价值观，深深地根植于西方人的灵魂之中，成为西方人判断是非好坏的标准。

然而，18世纪末兴起的保守主义、19世纪产生的社会主义、20世纪70年代兴起的生态主义造成了对自由主义的挑战。他们批判了自由主义"原子论"式的个人主义的缺陷和弊端，同时汲取了自由主义思想的一些精华。如今，自由主义、保守主义、社会民主主义、生态主义成为西方世界的主流政治思想。

第二章 保守主义

"保守"（Conservation）在汉语词典中是一个贬义词，意指"维持原状，不求改进；跟不上形势的发展（多指思想）"❶。但是，在西方思想界，"保守"不是一个贬义词，多数人把它理解为中性词，而保守主义者则把它理解成一个褒义词，英国保守党就以此命名。西方保守主义思想也尊崇自由，属于自由主义大系谱中的一支。不过，保守主义对自由和自由实现方式的理解与自由主义不同。

根据英国学者罗西特的定义，保守主义大致分为英文小写字头 c 的保守主义（conservatism）和大写字头 C 的保守主义（Conservatism）。

小写字头 conservatism 指人们自身的一系列态度、观念、倾向，即所谓自然的保守主义或人们心目中的守旧思想。也就是我们汉语所说的"保守"一词。

大写字头 Conservatism 包括保守主义哲学和政治上的保守主义，指与保守主义政党直接或间接相关的一整套政治信仰和意识形态。❷

第一节　早期保守主义（18 世纪末至 19 世纪初）

一、保守主义创立与发展

西方的保守主义思想产生于 18 世纪末，伴随着法国大革命的风浪而

---

❶ 现代汉语词典（修订版）[M]. 北京：商务印书馆，1996：45.
❷ [英] 罗杰·斯克拉顿. 保守主义的含义[M]. 王皖强，译. 北京：中央编译出版社，2005：中译者序 3.

生。英国是近代保守主义的发祥地,保守主义思想创始人是英国政治思想家埃德蒙·柏克(Edmond Burke,1729—1797年)。继柏克之后,19世纪欧美国家又出现了一批保守主义思想家,其代表人物及其代表作有:英国人皮尔的《塔姆沃斯宣言》(1834),本杰明·狄斯雷利的《康宁斯比》(1844),法国人德·迈斯特尔的《论教皇》(1819),《论宪政的生成原理》(1921);还有德国学者默泽尔、亚当·米勒、萨维尼,瑞士学者约翰·弥勒、卡尔·冯·哈勒,西班牙学者科提斯、巴尔梅斯。❶ 这些保守主义思想家出版和发表了许多著述,形成了一整套关于人类理想和社会构建的明确、连贯的观念和基本原则,提出了一整套改良社会的思想观点,成为19世纪各自国家保守主义思想的主要源泉。后人称埃德蒙·柏克和这些保守主义代表人物的思想为传统保守主义。

19世纪末20世纪初,保守主义阵营出现了"精英主义"派别,代表人物是莫斯卡、帕雷托、米歇尔斯,他们强调领袖和精英阶层的作用,反对直接民主政治。第二次世界大战期间,各国保守派因支持或参加法西斯主义运动而声名狼藉。"二战"结束后,1949年,近40名欧美保守主义者在瑞士成立了一个国际协会,保守主义作为一种运动在西方国家兴起。

20世纪60—70年代,西方世界出现了诸多严重的社会问题,利己主义泛滥,同性恋加双性恋现象增多,色情网站和色情电影泛滥,不少青年失去理想信仰,沉迷网络游戏,喜爱暴力凶杀电影,终日吃喝玩乐纸醉金迷,人与人之间关系冷漠,一些西方国家犯罪率增长,美国校园枪击案增多,另外还有贫穷问题、战争问题、生态问题,等等。

面对种种社会问题,西方国家的一些宗教界人士站出来,大声疾呼建立全球伦理价值观,兴起了一股创立全球伦理的热潮。1993年9月4日,世界宗教会议签署了《全球伦理普世宣言》,发表了《世界伦理宣言·导言》,对"全球伦理"或曰"世界伦理"进行了解释,《宣言》发起者希望通过《宣言》的形式形成全球性或世界性的普世伦理,确定普适性的伦理道德的最低线,以解决人类面临的诸多问题。与此同时,保守主义思想在西方国家重新崛起,大力倡导维护传统,保持秩序,强调国家在保护社会秩序和公民自由方面要发挥作用。

20世纪70年代以后,欧美国家出现了一大批新保守主义思想家,代

---

❶ 现代汉语词典(修订版)[M]. 北京:商务印书馆,1996:5

表人物有，美国学者丹尼尔·贝尔、亨廷顿、利普塞特、福山；英国学者罗杰·斯克拉顿、卡尔·曼海姆；德国学者李普曼、卡普兰等。1979年6月，保守主义的国际组织——国际民主同盟建立，保守主义政治思潮在西方国家逐渐占据主导地位。

二、保守主义创始人——柏克

（一）柏克生平与时代

埃德蒙·柏克（Edmund Burke，1729—1797年）出生于爱尔兰首府都伯林的一个中产阶级家庭，排行第二。父亲是清教徒，母亲是天主教徒，父亲在都伯林是个有成就的职业律师，家庭很富裕。柏克少年时就读于都伯林三一学院（Trinity College）。"柏克对贵族制度的矛盾心理，可以说开始于他在都伯林三一学院就读的学生时代。暴虐的贵族制度压制大多数爱尔兰人，使他们的境况连殖民地也比不上；他目睹了这一切，并且表示憎恨。"❶

柏克的父亲希望他继承父业投身于法律。1750年，21岁的柏克到伦敦中殿法学院学习法律。他孜孜不倦地致力于法理学，但对文学和美学更有兴趣。1757年，柏克28岁时完成了其美学著作《对崇高观念和优美观念之起源的哲学研究》，此书是美学史上的经典著作，奠定了他的学术地位。1759年他开始主编《年鉴》杂志，同时他开始参与英国政治活动，担任国会议员汉密尔顿的秘书。1761年汉密尔顿被升任爱尔兰副总督的首席秘书，柏克跟随他参与主管爱尔兰事务。1765年柏克应聘担任辉格党领袖罗金汉侯爵的私人秘书。次年，柏克任下院议员。1688年英国发生了"光荣革命"，初步形成君主立宪政体，柏克支持君主立宪。

"18世纪70年代，柏克积极致力于英国对美洲政策的研究，他攻击政府发言人的论点，强烈要求实行调解政策。……柏克吁请下院不要坚持向殖民地课税的主权。"❷"在80年代期间，柏克大部分精力都用于对东印度公司的口诛笔伐。……他搜罗了有关这家公司卑鄙、邪恶、腐败和成批杀人

---

❶ [加] C·B·麦克弗森. 柏克 [M]. 江原，译. 北京：中国社会科学出版社，1989：14.
❷ 同上，44-45.

的无数劣迹作为证据,他几乎单枪匹马就能说服下院,弹劾公司政策的主要制定人和维护人,使那些政策暴露在睽睽众目之下。……柏克详尽记下的这家公司及其职员的行为,明显违背了有关公正与诚实的最简单的原则。"❶北美独立战争期间,柏克反对英国对北美殖民地和印度的压迫政策。❷

1789年7月法国大革命爆发,柏克立即给一位法国朋友写了一封充满激愤之情的信,猛烈抨击法国大革命是人类罪恶的渊薮,是骄傲、野心、贪婪和阴谋诡计之集大成的表现。他说:"法国革命乃是世界上迄今所曾发生过的最为惊人的事件。最可惊异的事件,在许多事例中都以最荒谬和最荒唐的手段并以最荒唐的方式发生了,而且显然是用了最为可鄙的办法。在这场轻率而又残暴的奇异的混乱中,一切事物似乎都脱离了自然,各式各样的罪行和各式各样的愚蠢都搅在了一起。在观察这场邪恶的悲喜剧的场面时,极其相反的各种感情必然地一一相继而来,并且有时候是在心灵之中互相掺和在一起;它们交替呈现为鄙夷和愤怒,交替呈现为欢笑和眼泪,交替呈现为蔑视和恐惧。"❸信中阐明了他对一些社会政治问题的看法。此信后来出版成书——《法国革命论》(也叫《法国大革命沉思录》),使他成为西方思想界反对法国革命的保守派的首席代表人物。所以,这本书的出版标志着保守主义的产生。

柏克还写了其他几部著作,包括《自然社会辩》《天主教法简论》《国家现状》《经济改革讲稿》等。

(二)柏克保守主义思想观点

1. 社会有机体论

保守主义的哲学基础是整体论,即社会有机体论。❹ 保守主义创始人柏克运用社会有机体论批判了古典自由主义"原子论"的个人自由。他用原子化合组成分子和有机大分子、物质的有机构成等自然科学原理论证社会是有机体,倡导人在社会中生活要控制自己的情感和欲望,要考虑群体和社会的需要,从而对利己主义或极端个人主义进行了批判。

柏克从整体主义视角出发认识人类社会,把人类社会视为一个完整系

---

❶ [加] C·B·麦克弗森. 柏克 [M]. 江原, 译. 北京:中国社会科学出版社, 1989: 52-53.
❷ 同上, 13-21.
❸ [英] 柏克. 法国革命论 [M]. 何兆武, 许振洲, 彭刚, 译. 北京:商务印书馆, 2005: 13.
❹ 同上, 79.

统的有机整体，认为"人类社会像生物一样，是一种有机体。社会的局部与整体之间，各局部之间相互依赖，局部离开整体无法单独生存❶。"基于这样一种认识，柏克阐述了整体利益与局部利益的关系和个人与秩序的关系，他说："社会整体的利益应高于个人和集团的利益，社会整体中的等级秩序对于个人来说，是一种既成的自然秩序。个人应服从秩序所定的命运，安于本分。"❷ 由此，柏克阐述了政府的形成以及个人与社会的关系。他说："政府并不是由于天然权利而建立的……政府乃是人类的智慧为了人类的需求而提供的一种设计。人们有权使这些需求应该由这种智慧来提供。……社会不仅仅要求个人的情感应该受到控制，而且即使是在群众和团体之中以及在个人中间，人们的意愿也应该经常受到抵制，他们的意志应该受到控制，他们的情感应该加以驯服。在这种意义上，对人们的约束以及对他们的自由的约束，就要被算作是他们的权利。"

2. 自由与秩序

既然社会是一个有机体，生活在社会中的人们必然会遇到个人自由与社会秩序的关系问题。那么，这两者的关系如何呢？

柏克承认维护自由是国家政体和政府的职责和义务，但是这个自由一定是与秩序紧密相联的，并且是与道德相联的。他说："有秩序，才可能有自由；没有秩序就谈不到自由，而只能是一片强暴和混乱。秩序有助于自由，自由则有赖于秩序。……服从社会秩序也就是服从自然秩序。这种服从就构成为道德的真正基础。"❸ "我所说的自由，唯一的自由，是那种与秩序紧密相联的自由——不仅依秩序和道德的存在而存在，而且随秩序和道德的消失而消失。自由按其本性只存在于善的和稳定的政府中，一如它存在于政府赖以存在的基础与根本原则中一样。"❹

柏克用"自由是什么"和"不是什么"阐述自由。他把自由与社会、自由与正义联系起来，提出了社会自由的概念。他说："自由是与秩序、操守、道德和宗教密不可分的。"❺ "自由不是孤立的、无联系的、个人的、

---

❶ [英] 柏克. 法国革命论 [M]. 何兆武, 许振洲, 彭刚, 译. 北京：商务印书馆, 2005：166.

❷ 同上.

❸ 同上, 译者序言 iii.

❹ [英] 埃德蒙·柏克. 自由与传统 [M]. 蒋庆, 王瑞昌, 王天成, 译. 北京：商务印书馆, 2001：95.

❺ 同上, 99.

自私的自由，似乎每个人都可按照自己的意志调节自己的全部行为。我所说的自由是社会的自由。这种社会的自由是一种状态，在这种状态中，自由是通过平等的限制来实现的。这种社会的自由又是一种结构，在这种结构中，个人的自由、团体的自由和众人的自由都不能找到任何凭藉和渠道来侵犯社会中的任何个人或任何类别的人的自由。确实，这种自由只是正义的代名词。它由充满智慧的严谨法律来确定，并由建构良好的一系列制度来保障。"❶ 在柏克看来，一旦把自由与正义分割开，两者都不会再有安全可言。因此，柏克把自由与教养、节制、智慧和道德连在一起，他认为，缺乏教养或节制，自由就是愚蠢、堕落和疯狂。缺乏智慧和道德的自由意味着一切可能罪恶中最大的罪恶。❷ 柏克强调自由要与限制相结合，政府的管理，法律的制定和执行是为了把自由限制一个合理适度的范围之内。"心无节制的人不能得到自由，这是事物的永恒法则所规定的。他们的欲望为他们锻造了镣铐。"❸

柏克反对抽象自由的观念，在法国革命派看来，抽象的人权乃是自然法的当然结论；而在柏克看来，具体的传统才是自然法的当然结论。他认为，自由是具体的，是在现实社会中具体实践着的。"真正的自由乃是现实生活中的具体的自由，也就是符合自然秩序的自由。凡是不符合自然的，都是不能成立的。……人是自然的一部分，所以人的权利就是自然的。"❹ 柏克始终维护世代相传的社会阶层间的从属秩序。他所珍视的传统秩序是资本主义秩序。

3. 尊重传统

柏克十分重视传统，他认为，传统包含着世世代代的智慧，应当分外敬重、珍惜和维护。"国家在历史上和地理上乃是一个民族的载体，它体现了人的社会功能，并且它是世代沿袭的。这样就形成一种值得人们尊敬的传统，其中包含着人类世世代代智慧的结晶。这种传统也就是人们所谓的文明。所以人们对于传统只能是满怀敬意地加以珍惜，小心翼翼地加以

---

❶ [英]埃德蒙·柏克. 法国革命反思录 [M]//自由与传统. 蒋庆，王瑞昌，王天成，译. 北京：商务印书馆，2001：1.

❷ 同上，108.

❸ [英]柏克. 致国民会议某君书 [M]//柏克全集（6）//[加]C·B·麦克弗森. 柏克. 江原，译. 北京：中国社会科学出版社，1989.

❹ [英]柏克. 法国革命论[M]. 何兆武，许振洲，彭刚，译. 北京：商务印书馆，2005：译者序言 vii.

维护，而决不可动辄轻举妄动地加以否定，乃至砸烂。现实生活中的丑恶是必不可免的，唯一的补救之道就只能是求之于经历了漫长的时间考验的传统智慧。"❶ 所以，"传统作为人类悠久的智慧结晶，是不应该彻底砸烂的，而且也是不可能彻底砸烂的。相反地，它是人类最可宝贵的财富，是人类健全的进步和发展的唯一保证。"他谴责了法国大革命的反传统和摧毁传统成果的行为，指出"法国大革命的暴力则恰好是反其道而行之，它把一切美好的传统都摧毁了；它以蛊惑人心的口号摧残了人的权利和法制的秩序，使得各种不同的利益再也无法互相调和并且各得其所"❷。

然而，柏克所理解的传统并不是固定不变的，而是与时俱进的。他说："传统既然是人类智慧的积累，所以它本身也并不是一成不变的；它不断在成长、在演变、在调节它自己以适应于新的环境和新的情况并解决新的问题。"柏克用一种发展变化的眼光看待传统，所以他认为随着社会的发展，社会利益也是变化的，多元交织的，"一个社会在任何时候都会有各种不同的利益互相矛盾着、纠缠着和制衡着"，所以，柏克认为政府的政策"必须能够最大限度地照顾到整个的社会和其中的每一个人"。根据这一观点，他极力反对英国政府对北美殖民地加税，反对英国对殖民地人民利益的损害，尤其是反对英国对殖民地进行武力镇压。

柏克反对全盘否定过去，否定传统的革命。他认为过去的机制是人的经验的积淀和智慧的结果，政治制度应当有连续性，社会要稳定，就不能把过去的东西全部否定掉。应当尽可能地在继承原来机制的基础上进行修补或改造。英国就是保留自由传统的范例，从12世纪自由大宪章一直到1688年光荣革命，建立了君主立宪政体，照顾到各个阶级的利益。"英国人尊重国王世袭继承制是自由的一种保证。""要尽可能在原建筑物的风格之内进行修补。"❸ 如果古代的观念和生活规范被弃置了，那么损失是难以估量的。对国家与社会是巨大的灾难和破坏，其结果很可能出现新的独裁者。柏克对法国的这一预言为后来拿破仑的崛起并建立法兰西第一帝国所证实。

---

❶ [英] 柏克. 法国革命论[M]. 何兆武，许振洲，彭刚，译. 北京：商务印书馆，2005：译者序言 iii – iv.
❷ 同上，iii – iv.
❸ 俞可平主编. 西方政治学名著提要 [M]. 南昌：江西人民出版社，2001：166.

4. 国家存在的目的

国家存在的目的是什么？柏克回答说，国家存在的目的就是为了全体人民的幸福。国家统治者如果有问题，人民可以通过法律程序和合法渠道表达自己的意见，不应当动不动就革命、造反、打砸抢。"国家存在的目的（在其可能的范围内）是为了全体人民的幸福。任何使大多数人遭受巨大痛苦的做法，都绝不能说成是符合这一目的……因此，幸福和痛苦就是立法者的行动涉及人民时应该遵循的标准。"❶ "自由乃是得自我们祖辈的一项遗产，宪法就是以这种办法在其各个部分的巨大分歧中保持了一种统一性。"❷

5. 绝对的民主制就像绝对的君主制一样

柏克对于法国大革命时期的那种暴力革命式的民主持否定态度，他说："我不知道把目前的法国的统治政权归入哪一类。它扬言是一种纯粹的民主制，但我认为它正在沿着一条笔直的道路迅速地变成一种有害而不光彩的寡头政治。"❸ 他认为："一种绝对的民主制就像绝对的君主制一样，都不能算作是政府的合法形式。……亚里士多德就说过民主制和暴君制有许多惊人的相似之点。"❹ "凡在人民权威成为绝对不受限制的地方，人民便会对自己的权力产生一种无穷大的自信——因为它远为更有根据。在很大的程度上，他们便是自己的手段。他们更接近于自己的目的。此外，他们对世上最大的控制力之一，即名誉感和尊崇感，也更不负什么责任。"❺ "绝对的民主是世界上最无耻的东西。由于它最无耻，它也最可怕。因为在绝对的民主状态下，没有人会担心个人受到惩罚。当然，民众整体绝对不会受到惩罚，因为一切惩罚措施都是为保护全体民众而杀一儆百，全体民众永远不会成为任何人的惩治对象。"❻

6. 绝对平等的观念不符合自然秩序

柏克及保守主义思想家对古典自由主义强调的"人生而平等"持怀疑态度，认为人生来在能力、素质等方面是不平等的，因而在收入和地位等

---

❶ [英]埃德蒙·柏克. 自由与传统[M]. 蒋庆,王瑞昌,王天成,译. 北京：商务印书馆,2001：305.
❷ 俞可平主编. 西方政治学名著提要[M]. 南昌：江西人民出版社,2001：166.
❸ [英]柏克. 法国革命论[M]. 何兆武,许振洲,彭刚,译. 北京：商务印书馆,2005：164.
❹ 同上,165.
❺ 同上,125.
❻ [英]埃德蒙·柏克. 自由与传统[M]. 蒋庆,王瑞昌,王天成,译. 北京：商务印书馆,2001：240.

方面也不可能平等，这些不平等是合理的，合乎自然秩序的。少数人对多数人的统治是正当的。一切人都有平等的权利，但并不是都获得同等的东西。至于每一个个人在管理国家事务上所应享有的权利、权威和方针的份额，那是一桩要由约定来加以安排的。那种约定就是法律。绝对平等的观念不符合自然秩序。凡是企图使人平均的人，就绝不会使人平等。在由各色公民所组成的一切社会里，某类公民必定是在最上层。❶

7. 宗教的作用

重视宗教是保守主义的思想观点之一。柏克对宗教及其作用予以了充分的肯定，他说："宗教是公民社会的基础，是一切善和一切慰藉的源泉。"❷"从本性上讲，人是一种宗教性动物。无神论不仅与我们的理性相背，也与我们的天性相背。"❸"宗教的慰藉作用与教育作用同样必不可少。……没有爱则无以弥补由于这个世界上无所希冀、无所忧虑而产生的精神上的暗淡空虚；没有爱我们便缺少把他们从无所事事的致命怅惘和不堪重负的厌倦中解救出来的东西。"❹

8. 人的理性是有限的

在认识论方面，柏克持有限理性的观点，这种观点建立在英国经验主义的基础上。他认为：人的理性是有限的，人的认识能力是有限的，人类无力设计全面改造社会的计划，社会弊病只能通过修补制度加以减轻，无法根除。所以，打破社会连续性的彻底革命，彻底改造社会是不可取的。

"理性并不能把人们带到一个完美的天城；然则，人类又向哪里去寻找出路呢？"柏克认为，完美在现实之中是不可能存在的，人们不应该沉溺于哲学家的理性的梦想，人们应该清醒地看到现实政治的任务只在于使人们怎样可以避免或者纠正现实世界中的弊端。而传统的智慧则是我们所能依恃的唯一武库。"不善于运用这种武器，人类就永远没有改进的希望。"❺

基于有限理性认识论，柏克认为，完美的政治体制和社会制度在现实

---

❶ 俞可平主编. 西方政治学名著提要 [M]. 南昌：江西人民出版社，2001：172.
❷ [英]柏克. 法国革命论 [M]. 何兆武，许振洲，彭刚，译. 北京：商务印书馆，2005：126.
❸ [英]埃德蒙·柏克. 自由与传统 [M]. 蒋庆，王瑞昌，王天成，译. 北京：商务印书馆，2001：236.
❹ 同上，250.
❺ [英]柏克. 法国革命论[M]. 何兆武，许振洲，彭刚，译. 北京：商务印书馆，2005：译者序言 xvi.

中是不存在的，人们只能谨慎地去探索，去尝试，他对审慎的品质予以高度评价。他说："审慎（Prudence），在所有事物中都堪称美德，在政治领域中则是首要的美德。审慎将领导我们去默许某些有限的计划，而不会引导我们去大力推行无限完美的计划（要实现这种计划就必须打碎整个社会结构）。在国家发生的所有变革中，中庸是一种只有智慧之人才拥有的美德，这种美德不仅和平友善，并且强大有力。这是一种精心选择的、调停纷争、妥协互让、促进和谐的美德。"❶ 不仅如此，柏克还对中庸予以肯定，他说："中庸是一种只有智慧之人才拥有的美德。当大多数人一致决定反对你时，做到节制就需要深沉的勇气和充分的反思。……在普遍的轻率与浮躁中，会发现这样的头脑存在着一种冷静沉着、泰然自若的品格，迟早会作为一个中心把所有事物都吸引过来。"❷

（三）柏克保守主义思想评价

柏克在剧烈的法国大革命过程中创立了保守主义思想体系，他在批判自由主义的"原子论"的同时，提出了保守主义的政治理念。

柏克的思想具有一定的合理成分。

第一，柏克用整体主义的观点看待社会，提出了社会有机体，看到了国家、社会、群体、个人之间的有机联系，阐述了个人自由与社会自由的关系。

第二，柏克批判了历史虚无主义和全面否定传统文化的思想，强调尊重传统，汲取传统文化精华。这种思想不仅对于当时英国政治改革和社会改良有积极的意义，而且对西方社会的改良与发展也有积极意义。

第三，柏克对极端民主主义进行了批判，分析了"多数决"民主的弊病，提出了代表制的政治架构，对英国议会民主制及西方国家民主政治的完善有启发意义。

第四，柏克批判了绝对的平等观和平均主义。揭示了由于天赋差异和家庭出身不同所造成的实际上的社会不平等的事实，主张把平等限定在一定的范围之内。承认社会阶级、阶层、等级之见的差异和分配的差异，比较符合客观现实。

---

❶ ［英］埃德蒙·柏克. 自由与传统 [M]. 蒋庆, 王瑞昌, 王天成, 译. 北京：商务印书馆, 2001：304-305.

❷ 同上.

柏克的保守主义思想也有一些缺陷与不足。

第一，柏克只赞同改良，反对革命，忽视了社会历史的革命性变革和社会形态转变的多样性和复杂性。他对法国大革命持完全否定的态度与仇视的立场，不免失之偏颇。他没有认识到当时法国社会阶级关系、阶级斗争的客观事实，没有认识到这场大革命是法国当时社会阶级矛盾激化的必然结果。

第二，柏克站在资产阶级的立场上，维护资本家和富有者的利益，认为私有制是天经地义的，谴责法国大革命破坏私有产权和私有制，罪不可赦。他甚至认为："各种阶层、各种类型的富人们均由穷人来供养……这是绝对的，不可取消的，而且是世代沿袭的。劳动人民只能贫困，因为他们人数众多。"众多在本质上就意味着贫困。在广大群众中进行公平分配，谁也得不到许多。"❶ 这种观点无视劳动人民的历史作业，是与广大劳动人民的利益根本对立的。

第三，柏克主张坚守市场分配，反对政府干预。认为政府干预经济事务就是侵犯了人们的财产权。商业法则才是公正的原则，才是市场的公平原则。这种认识不免失之偏颇。实际上，无论是柏克所处的时代，还是当前时代，政府对本国经济事务的干预是客观存在的。当代社会，政府按照市场规律做事，对经济事务适当地合法干预是必要的。20 世纪 30 年代美国经济危机时期的罗斯福新政就是一个典型的例证。

第四，柏克肯定了宗教的作用，但是对宗教作用的认识有些绝对化。他把人视为一种"宗教性的动物"，对无神论和没有宗教信仰的人加以否定。这种认识是片面、绝对的，也是不符合现代社会潮流的。

虽然柏克的保守主义思想有一些不合理的成分，但是他对社会系统、政治体系、个人与社会的关系的一些真知灼见对后人还是有启发意义的。

第二节　精英主义（19 世纪末至 20 世纪初）

精英的英文单词是 Elite，意指物质的精华成分；在政治学的意思是指人类社会各阶层和集团的优秀人物、杰出人物。

---

❶ [加] C. B. 麦克弗森. 柏克 [M]. 江原，译. 北京：中国社会科学出版社，1989：97.

精英主义（Elitism）是指杰出人物的统治的理论，即在国家、社会或某一领域有地位、有身份、有决策影响力的杰出人物的统治或领导。杰出人物包括领袖、领导人和有影响力的人。

精英主义是现代保守主义的一支，它的一些基本思想与保守主义相吻合，但侧重论证精英人物在国家统治和社会管理中的必要性。

精英主义（elitism）的主要代表人物和代表作有意大利人莫斯卡的《统治阶级》，意大利人帕雷托的《精英的兴衰》和《民主制的变革》，德裔意大利人米歇尔斯的《寡头统治铁律——现代民主制度中的政党社会学》（以下简称《寡头政治铁律》）。

精英主义发源于意大利。莫斯卡、帕雷托、米歇尔斯、奥尔特加、勒庞等人在批判大众民主的基础上发展了早期的精英主义理论，马克斯·韦伯、熊彼特等人则从民主政治出发，论证了精英民主的政治合理性。熊彼特出版的《资本主义、社会主义与民主》一书，把精英主义与民主相融合，提出并论证了精英民主论。当代的精英主义者，如伯纳姆、米尔斯等人则从经济和制度的角度论证了精英主义。

一、帕雷托《精英的兴衰》

（一）帕雷托生平与时代

维尔弗雷多·帕雷托（Vilfredo Pareto，1848—1923年），意大利经济学家、社会学家，生于巴黎。1811年，帕雷托的祖父被拿破仑封为帝国男爵。1850年前后，帕雷托一家返回意大利。他在意大利都灵综合技术大学学习，大学毕业后，帕雷托曾做过意大利铁路公司的工程师、总经理。他对经济学发生了浓厚的兴趣并刻苦钻研经济学理论。1893年帕雷托被任命为洛桑大学政治经济学教授。主要著作有《政治经济学讲义》《普通社会学》《民主制的变革》《社会主义体系》《精英的兴衰》。

（二）《精英的兴衰》主要思想观点

帕雷托在《精英的兴衰》一书中阐述了他观察问题的哲学方法和精英主义思想。

1. 关于客观现象与主观认识

帕雷托主张从客观事实出发观察分析人类社会,发现社会学的定律。他对主观主义的认识论予以批判和否定。他说:"每一种社会学现象都有两种不同的甚至完全相反的形式:一种是客观形式,它决定实体之间的关系;另一种是主观形式,它决定心理状态之间的关系。我们设想一种曲面镜,它所反映出来的物体形象都是扭曲的,现实中笔直的物体从它里面看起来是弯的,小物体看起来是大的,反之亦然。与此类似,人类意识通过历史的或当代的证据,把客观现象反映为主观知识,而这种知识有可能是对客观事实的歪曲反映。因此,如果我们想了解客观现象,就不能满足于我们的意识所反映的主观印象,而要从这些主观印象中推导出符合客观现象的结论。……要超越对历史资料层面的考察,进入对人类精神世界的批判。"❶

帕雷托举了一个例子来说明他的观点,他说,希波战争雅典人胜利,希罗多德记载是雅典娜和宙斯的神力相助,其实是雅典执政官说服雅典人花钱制造了战船,是实力的胜利。但希罗多德却没有指出这个真正原因所起的作用。当时的雅典执政官也没有说出真相。他依然告诉人们是神谕起了作用。

帕雷托对客观现象与主观认识的关系做出了分析,他说:"客观现象如何作用于主观现象进而改变后者,或者主观现象如何作用于客观现象。达尔文主义给这个问题提供了一个非常简单的答案,这个答案仅仅是部分正确的。按照这一学说,两种现象相互作用的关系是通过逐渐淘汰不适应这种关系的个体而形成的。"❷ 他举例说:"法国有多少人援引'1789年的不朽原则'或'保卫共和国',其他国家有多少人援引'保卫光荣的君主制'来为他们的行为作辩护,其实这些人都在利用虚假的旗号,而隐瞒了他们的真实动机。"❸ "在法国大革命前夕,人们的言论仅仅关注于'人性'、'感性'、'博爱',然而雅各宾派实际上已经做好暗杀和掠夺的准备。"❹

---

❶ [意]维尔弗雷多·帕雷托. 精英的兴衰[M]. 宫维明,译. 北京:北京出版社,2010:4.
❷ 同上,5.
❸ 同上,6.
❹ 同上,12.

2. 宗教情感影响人的行为

帕雷托认为，一些世俗的理想和信念也会像宗教信仰一样影响人们的行为和信仰。他说："近年来宗教情感在文明国家中已经逐步发展起来。……它主要给一种新出现的宗教情感注入能量，这种情感在社会主义中有所展示。……社会主义是现存的一种宗教；这一宗教现象在迄今所见最具影响力的现象中占有一席之地，其能够和佛教、基督教、伊斯兰教、新教改革以及法国大革命相提并论。另外，爱国主义已经升至新的高点，并披上了宗教的外衣：在德国，一份权威杂志居然谈论所谓'德国人的上帝'；在英国，爱国主义通过帝国主义的形式表现出来；在法国则通过民族主义形式出现；在美国则通过极端爱国主义形式出现等。这些最具影响力的现象表现为旧式宗教的复苏和新兴宗教的出现，此外，其他相对次要的现象向我们展示了宗教情感如何影响人的行为；而且这些现象看起来有一种不可遏止地采取宗教形式的趋势。"❶

帕雷托举例说，一些教派如戒酒会仿佛随时会为了保证一个人的健康而将酗酒的人杀死。在美国某小镇上，人们要求年轻的中学生们在一份呼吁关闭妓院的请愿书上签字，这份请愿书却充满了污言秽语。可是，这些写请愿书的人在谈论男女关系时照样会脸色绯红，两眼放光。

帕雷托对某些荒诞不经的世俗宗教情感进行了剖析批判，他说："淫欲有时会伪装成宗教情感……这些人乐于找寻以道德的名义来做苟且之事的机会。他们设法为自己找寻某种想象的快乐，以此在良心上感到平和。"❷ 他举例说，一个年轻时不守妇道的女人半老徐娘后全身心服务于一个感化妓女的机构，并发出难以名状的热情，通过这种工作在精神上享受昔日之快乐，产生积德行善的感觉。

帕雷托批判了宗教极端主义思想和做法。指出他们把人们引向极端和死路，犹如江湖骗子。他批判了欧洲的社会主义运动，认为："社会主义者在他们的最低纲领中，就采取了一个类似的行动模式。而且伯恩斯坦公开支持这种新方法。在荷兰，毫不妥协的、革命性的社会主义正在消失，它们被国家社会主义所取代。……在英格兰，费边的大部分成员都投票赞

---

❶ [意] 维尔弗雷多·帕雷托. 精英的兴衰 [M]. 宫维明, 译. 北京：北京出版社，2010：21-22.

❷ 同上，23-24.

成帝国主义；在德国有许多社会主义者乐于向君主示好。"❶

帕雷托用这些例子说明人们受情感驱动。大部分的人类行为源于感性冲动，而不是逻辑推理，也不完全是经济利益和理性考虑。

3. 人类社会一直处在精英统治之下

帕雷托认为，由于人类的大部分行为源于感性冲动和情感驱动，所以，精英的存在就是必要和必然的了，精英人物是"最强大、最有活力、最有能力的人"。这些人引领人们改造世界。"而这些人的善恶品行则不在考虑之列。"

帕雷托认为："人类历史就是一部精英持续更替的历史：衰落的精英逐渐退出历史舞台，而新兴精英开始崭露头角。"在历史上，"除了短期中断外，人类社会一直处在'精英'的统治下。"❷ 在精英更替的过程中，新兴的精英往往打出为绝大多数人谋利益的旗帜笼络人心，争取力量。但是，一旦取得政权，他们就露出了真面目。"新兴精英力求取代旧式精英，或仅仅是分享后者的权力和荣誉，他们自视为一切被压迫阶级的领导者，声称会追求绝大多数人的利益而非自身利益，为绝大多数普通公民而非某些特定阶层的权利而战斗。当然，一旦取得胜利，精英们就会排挤统一战线中的盟友，最多给他们一些形式上的让步。在古罗马所发起的平民和贵族的斗争历史就是如此；资产阶级战胜封建贵族的胜利史也是如此。""衰落中的精英一般会展示出人道主义情感和莫大的仁慈；但这种仁慈更多只是做做样子。"❸

在帕雷托看来，精英人物都是有权力和实力的人，"一个社会阶级所拥有的权力和它能捍卫这一权力的力量之间，一定要达到某种平衡。没有实力的统治是不能持久的。"❹ 他列举了古罗马帝国、阿拉伯帝国、奥斯曼土耳其帝国、查理曼帝国、中华帝国的例子，认为这些大帝国实际上都是君主和贵族集团的精英人物统治。

4. 人民群众只是统治阶级利用的对象

帕雷托尖锐地指出，人民群众不过是统治阶级精英集团利用的对象。他说："如今人们有一种幻觉，认为统治阶级把人民群众摆在首位。事实

---

❶ [意]维尔弗雷多·帕雷托. 精英的兴衰[M]. 宫维明，译. 北京：北京出版社，2010：35.
❷ 同上，13.
❸ 同上，57.
❹ 同上，49.

并非如此,对于位居统治阶级之首的那些未来的新精英分子,人民群众只是他们的利用对象。"❶ 实际上,控制国家权力的"统治阶级通过征税,对航船、糖和许多相关产品抽取佣金,操纵由政府、辛迪加、托拉斯所掌控的企业,从而非法占有巨额财富,其数目足以和其他时期的统治阶级所剥削的金额相媲美。"❷

帕雷托批判了现代资本主义国家的议会民主制,他认为,那些打着民主旗号的议会民主制实质上也是精英统治。"今天的资产阶级并不着眼于未来,他们只顾眼前而无视未来的灾难。他们高谈阔论背后隐藏着肮脏的动机。他们的弱点通常是邪恶的;他们窃术高明,但不会冒险去动用武力抢劫。衰弱中的精英一般会展示出人道主义情感和莫大的仁慈;但这种仁慈更多只是做做样子,其实是示弱的表现。"❸

帕雷托揭露了资产阶级贪婪的本质,他说:"尽管统治阶级的力量在削弱,但他们依然欲壑难填,故而不断增加欺诈的手段。在法国、意大利、德国、美国,政府每天都要求加紧出题新税种、保护贸易的新条款,在改善卫生条件的名义下设置新的商业门槛,并对每一种产品提供新的补贴。……这些就是一流的人道主义者所采用的剥削穷人的办法。……没有丝毫迹象表明统治阶级会抛弃邪恶之路,看来它会继续前行直到大祸临头。"❹

5. 工人阶级新精英

帕雷托将西方国家的工会和主张社会主义的政党视为工人阶级的新精英。他指出,资产阶级精英集团的统治加剧了与工人阶级和劳动人民的矛盾,使工人阶级和劳动人民越来越趋向于社会主义。"统治阶级期望利用宗教信仰来驯服民众。但事与愿违,人民大众正在脱离这些旧的信仰,转而投向新的信仰,特别是社会主义信仰。"❺ "在工业高度发达的地方,工人阶级迟早会团结在一起以便大权在握。我们只需看看实行了工业化的城市中,社会主义者,至少是那些激进派几乎肯定会成为议员。……这种动向表现在部分工人阶级可以获得高薪,这些人因而组成了新精英中的第一

---

❶ [意] 维尔弗雷多·帕雷托. 精英的兴衰 [M]. 宫维明, 译. 北京: 北京出版社, 2010: 69.
❷ 同上, 58.
❸ 同上, 57.
❹ 同上, 59.
❺ 同上, 92.

批核心力量。"❶ "随着工人阶级变得越来越积极,文化素质逐步提高,他们会愈发强大。这可能导致在新精英的形成过程中,资产阶级领袖与工人阶级领袖所占的比例发生变化,而后者的数量可能会增加。"❷

然而,工人阶级的"新精英只有在资本充裕的地方,才能站稳脚跟。对于这种现象,马克思主义者有着较为清晰的判断。他们仅凭直觉就认识到,社会主义革命的胜利必须要有大量的资本做基础。或者正如他们所说:社会主义演进必须经历'资本主义阶段'"❸。工人阶级的新精英充满了活力和力量,他们宣称与资产阶级做斗争,但实际上却在调和阶级矛盾,有助于资本的增长。"工业发展和工人阶级中新精英的形成有助于银行储蓄和资本的增长。"❹ "新精英充满了活力与力量,旧精英则已精疲力竭;新精英大胆而勇敢,宣称要进行'阶级斗争',而旧精英则天真地赞扬'团结'。后者在面对打击时只会妥协顺从,而不是奋力反击。"❺

在帕雷托看来,工人阶级的新精英也跳不出历史上精英统治的窠臼。"刚开始时,新精英有很大的包容性,是对所有人开放的。但在胜利以后,在其他人身上发生的事也会同样发生在这些新精英身上:胜利会使这些精英变得越来越僵化和排外。"❻ "未来社会的模式总是有许多不可知的构成部分,这些不可知的变化会导致文明国家之间旷日持久的战争。……展现在我们眼前的也只是一个模糊的虚幻现象,即一个精英的衰落和另一个精英的兴起的现象。"❼

(三)帕雷托精英主义思想评价

帕雷托的精英主义思想有一定的合理成分。

第一,帕雷托指出国家统治实际上是精英统治,比较符合历史事实。从人类社会发展的历史来看,无论是奴隶社会、封建社会、资本主义社会,国家的统治者都是当时的统治阶级利益的代表者,也是当时的社会政治精英。

---

❶ [意] 维尔弗雷多·帕雷托. 精英的兴衰 [M]. 宫维明,译. 北京:北京出版社,2010:71.
❷ 同上,70.
❸ 同上,73.
❹ 同上,74.
❺ 同上,79.
❻ 同上,84.
❼ 同上,101.

第二，帕雷托所论证的工人阶级政党和工会领袖的精英化趋势已经为欧洲国家社会民主党的精英化和苏联东欧国家共产党的官僚化所证实。他提出的问题和鞭辟入里的剖析对人们认识当代社会政党官僚化和精英化趋向有重要的参考价值。

第三，帕雷托对现代西方资本主义议会民主制的缺陷和弊病进行了批判，论证了金钱操控政治，资产阶级利益集团操控议会选举的本质。他的批判入木三分，振聋发聩。

帕雷托的精英主义思想也有一些缺陷和不足。

第一，帕雷托无视人民群众在历史上的作用，把人民群众视为愚昧无知的群氓，他把人类社会的发展史视为精英更替的历史，否定劳动人民在社会历史中的作用，否定人类社会的经济、社会与科学技术发展多样性和复杂性的客观事实。陷入了认识上的片面性。

第二，帕雷托十分崇尚精英，否定民主。他对民主嗤之以鼻，认为从历史到今天，人类社会从来没有真正实行过民主，而只有精英的统治，民主是骗人的谎言。这种从根本上否定人民民主，无视人民群众管理国家的认识是逆历史潮流的，因而是反动的。

二、米歇尔斯《寡头统治铁律》

（一）米歇尔斯的生平与时代

罗伯特·米歇尔斯（Robert Michels，1876—1936年），出生于德国莱茵河畔城市科隆的一个中产阶级家庭。他曾先后在德国、法国和意大利接受教育，通晓三国语言，并在不同时期用三种不同的语言写作。在大学求学期间，米歇尔斯便成为德国社会民主党的积极成员，但他的工团主义立场使他对社会民主党的所作所为持强烈的批评态度。工团主义主张通过工会激进的直接行动，发动工人总罢工，实现工人大众对工厂的直接控制。而德国社会民主党将主要精力集中于在帝国议会选举中赢得议席，从而从当初的革命性政党转变为一个改良主义政党。从组织内部来看，该政党日趋官僚化和等级化维持组织本身的存继成为压倒一切的主题；从外部来看，社会民主党日趋走向保守，最终堕落为德皇军事独裁统治体制的俘虏。米歇尔斯发现，这种趋势是任何具有一定社会政治目标的组织所无法避免的。少数人最终凌驾于多数人的意志之上，党组织成立时的目标成为少数人维持组织本身、维护期既得利益和权威的工具。寡头统治是任何现代组织无法摆脱的"宿命"。米歇尔斯的政治观点使他遭到当时的德国政府和他所在的社会民主党的压制。1907年他被迫迁居于意大利的都灵。在意大利，米歇尔斯受到都灵大学教授莫斯卡的影响，萌生了写作一本政党社会学著作的强烈冲动。1911年，他用德文写成并出版《现代民主制度中的政党社会学》（中文译名《寡头统治铁律》），不久，该书的意大利文、法文和日文版也相继问世，在当时欧洲知识界和理论界引起了强烈反响。

1913年，米歇尔斯加入意大利国籍。他长期在瑞士的巴塞尔大学任教，但一直将意大利视为自己的祖国。墨索里尼掌权后，米歇尔斯应邀返回意大利，执教于佩鲁贾大学，并加入了法西斯党，成为墨索里尼政府钦定的官方政治学家，其主要职责就是帮助墨索里尼政府建立一门"法西斯主义政治学"。然而，米歇尔斯在研究过程中却走向了对政党组织寡头化的批判。

米歇尔斯在《寡头统治铁律》一书中结合自己在德国社会民主党中的切身体验，对社会主义政党组织寡头化趋向的内在机理做了极富创见的分析，并由此对现代民主制度的发展前景提出了警示。"寡头统治铁律"成为现代政治社会学领域的一个经典论断。这一论断成为后来许多学者分析官僚政治、组织行为、政党以及代议民主体制的主导框架，从而奠定了米歇尔斯在社会学和政治学领域经典作家的地位。❶

（二）《寡头统治铁律》主要思想观点

米歇尔斯在《寡头统治铁律》一书中批判了现代西方议会民主制的弊病，阐述了精英主义思想。他对现代西方国家的政党组织、社会组织的实质以及精英领袖存在的必要性与合理性进行了充分的论证。

1. 民主式的贵族制与贵族式的民主制

米歇尔斯对西方议会民主制持深刻的怀疑态度。他认为，现代西方议会民主制实际上是打着民主旗号的寡头统治。"从最严格的意义上讲，寡头制（即绝对君主制）是建立在一个人的意志之上的。一个人的意志可以

---

❶ [德] 米歇尔斯. 寡头统治铁律. 任军锋等，译. 天津：天津人民出版社，2003：中文版序言1-5.

否决全国人的意志,即使在今天,我们仍可在立宪君主政体所给予君主的立法否决权中找到寡头统治的痕迹。"❶

西方议会民主制是靠政党竞争来运作的。米歇尔斯分析了这种政党竞争的实质。他认为,这种政党政治只是戴着民主的面具,实质上还是贵族式的精英统治。他说:"从理论上讲,政党活动要比国家更倾向于民主制度。在大多数情况下,政党是建立在多数原则基础之上的,而且总是奉行大众原则。……在政治活动中,政党在某种程度上不得不接受民主信条,或至少为自己戴上一副民主的面具。"❷ "在现代政党活动中,贵族制俨然以民主的面目出现,而民主制中则往往渗透着贵族制的某些成分。一方面,存在以民主制形式出现的贵族制,而另一方面又有本质上属于贵族制的民主制。"❸ 所以,他认为:"在当今社会,由经济和社会条件导致的高度依附状态,使理想的民主制度变得无法实现。"❹

米歇尔斯认为,现代西方国家民主制度实质上是垄断资本集团统治的政治。他说:"如今,由百万富翁、铁路大王、石油大王、奶牛大王等为主体的贵族统治是不容置疑的事实。然而,即使新生的自由民主制度在美国已深入人心,我们仍不难发现,美国人往往以自己出生于一个首先踏上北美殖民地的家庭而自鸣得意。"❺

2. 社会斗争的伦理外衣

米歇尔斯认为,西方国家统治阶级自誉为民主国家,处于民主时代,实际上,民主只是统治精英们争取自身利益,开展斗争而披挂的一种道德外衣。"在这个民主的时代,道德伦理成了任何人都可以拿来为我所用的武器。……如今,人们在公开场合的言行都是以人民或者共同体的名义进行的。政府及其反对派、国王与政党领袖、以上帝名义进行统治的专制君主和篡权者、狂热的理想主义者与那些拔一毛利天下而不为的患得患失者,都是'人民',他们都声称自己的行动代表着全体国民的意愿。由此看来,在现代阶级和国家活动当中,道德已经成为一种不可或缺的主观虚构:任何政府都极力为自己的权力附上一种道德油彩;各种以政治形式出

---

❶ [德]米歇尔斯. 寡头统治铁律 [M]. 任军锋等,译. 天津:天津人民出版社,2003:1.
❷ 同上,3.
❸ 同上,9.
❹ 同上,10.
❺ 同上,12.

现的社会运动都戴上一副博爱的面具；任何以阶级利益为基础的政党在它们夺取权力之前，都要公开庄严宣布自己的目标是与少数人的专制统治作斗争，以正义的统治取代旧的等级制度。民主制度总是为那些能言善辩的人们提供了舞台。"❶

在米歇尔斯看来，争取议会选票的社会民主党所打出的民主旗帜也是一种道德外衣。他们在野时高喊民主自由，一旦上了台，依然是为少数精英集团服务。"任何新兴的社会阶级，当他们准备向在政治和经济上占据统治地位的特权阶级发动进攻时，总要为自己树立起'解放全人类'的大旗。"❷"不管政党所代表的阶级利益如何狭隘，与多数人的利益如何违背，它们都喜欢将自己视为人们普遍利益的代表，或至少认为自己能够得到全体公民的一致支持，并宣布自己以所有人的名义和福利开展斗争。只有社会主义的理论家们有时将自己的政党视为特定阶级利益的代表。但为了冲淡这种阶级性，他们又认为社会主义政党所代表的利益与全体人民的利益从根本上说是一致的。实际上，虽然不能说社会主义政党代表着全体人民的利益，但比起本身代表着少数人利益的资产阶级政党来说，它仍代表着大多数人利益。"❸ 所以，他认为，迄今为止，人类社会从来没有过真正的民主制度。"我们已经历了许多革命，然而，我们却从未见证真正的民主制度的建立。"❹

3. 领袖无论在技术上还是在组织上都是必要的

米歇尔斯对于政党组织、社会组织的建立以及精英领袖存在的必要性与合理性进行了论证。他说："对于任何阶级来说，一旦当它在社会上公开提出某种明确的要求，并渴望实现与本阶级经济地位相一致的一整套理想目标，它就需要建立组织。……组织能够使其成员的付出最小化，最节省精力，它是弱者对抗强者的武器。任何斗争成功与否往往取决于那些具有共同利益的个人之间的团结程度。……在我们所生活的时代，合作观念已深入人心，即使百万富翁也认识到共同行动的必要性。……无论是在文化上还是经济上，物质方面还是精神方面，无产阶级都是我们社会中的弱势群体。事实上，在那些经济上占据主导地位的阶级面前，分散的工人几

---

❶ [德] 米歇尔斯. 寡头统治铁律 [M]. 任军锋等, 译. 天津：天津人民出版社, 2003：14-15.
❷ 同上, 15.
❸ 同上, 15-16.
❹ 同上, 15.

乎没有什么自我保护能力。只有在结构上联合起来，无产阶级才能在政治上获得抵抗能力，赢得社会尊严。"❶

在此基础上，他论证了社会政治组织的领袖人物赖以产生的心理基础。

第一，大众对领袖的需求。米歇尔斯认为，"在那些享有公民权利的人当中，对公共事务具有浓厚兴趣的人寥寥可数。大多数人对国家这种机构的活动与个人的利害、福祉以及日常生活之间的互动关系不甚了了。大多数人满足于向国家寻求帮助。只有在情况急剧恶化的条件下，在个人自利动机的驱使下，人们才可能对公共事务发生兴趣。"这样，在现代政治生活中，只有少数热衷于政治和公共事务的人才专门参与政治组织，而在政治组织中真正做决策的仅仅是一小撮人。"在现代民主政党活动中，我们也可以发现类似情形。仅有少数人参与政党的决策活动……最关键的决议无一例外都是出自一小撮人之手。可以说，人们放弃自己的民主权利在很大程度上是自愿的。……在所有国家，这一集团都是由一小撮人组成的，而组织的绝大多数成员则如同多数选民对他们的议会那样漠不关心。"❷米歇尔斯认为，这种局面是大多数人民自愿的。他们愿意把政治事务和政治决策交给精英和政治领袖。"对大多数人来说，虽然也发发牢骚，但他们实际上还是希望有一些人能够专门管理他们的事务。对普通大众甚至那些有组织的劳工来说，他们迫切需要有人对他们进行指导。这就在大众心目中产生了对领袖的盲目崇拜，后者常常被视为英雄。"❸

第二，大众对领袖的感激。米歇尔斯认为，政治领袖领导自己的组织，制定决策，以保护大众利益为己任而操劳奋斗，为了夺取政权，有些政治领袖甚至遭到当局的迫害，他们的艰难处境赢得组织成员和大众的尊敬，使得组织成员和大众对领袖人物持有感激和敬仰之心，进而拥护和跟从自己所敬仰的领袖。"领袖们以作为大众的保护者和导师而赢得声名；而大众则处于经济上的考虑默默无为地进行着他们平日的工作，对领袖们来说，出于对本职工作的热爱，不得不经常遭受迫害、监禁和放逐。与往常一样，这些人获得了神圣的光环，并以殉道者自居，从而赢得了人们的

---

❶ [德] 米歇尔斯. 寡头统治铁律 [M]. 任军锋等, 译. 天津：天津人民出版社, 2003：18－19.

❷ 同上, 44－45.

❸ 同上, 47－48.

感激。……在大众中间，这种感激之情往往非常强烈。……在领袖之间，有时也会发生极具煽动性的斗争，这种斗争表现得情绪激烈、你死我活，并被以某种方式掩饰起来。而大众常常会卷入其中，在斗争各方中间选择自己的支持对象。"❶

第三，大众对领袖的盲信。在米歇尔斯看来，一旦人民大众对政治领袖有了感激和敬仰之情，他们就会对其崇拜甚至迷信。这种迷信常常被政治领袖所利用，以建构自己和组织的社会基础。"一个国家秩序和权威的维持，在很大程度上取决于大众的迷信观念。这种迷信是达到一种良好目的的卑劣手段。在大众的这些迷信观念中，民众常常相信他们的领袖属于一个比他们更高级的人类。"❷ 对大众来说，他们跟从政治领袖是为了在领袖的引领下实现自己的理想、信仰和目标。"对普通大众来说，他们不仅迫切需要服膺于某种伟大的理想，而且对那些在他们看来抱持这一理想的人顶礼膜拜。""古希腊一位雕塑家在完成他的'打雷的朱庇特'（即宙斯）塑像之后，却跪倒在自己的作品面前。这与大众对待他们领袖的态度并没有两样。"❸

第四，领袖的超人素质。米歇尔斯认为，领袖之所以能成为领导大众的人物，是因为他们具有许多超出常人的品质。"一个领袖并不一定具备其作为领袖所必需的所有品质，但最重要的是他们必须具备能够使意志力相对薄弱的人服从的意志力；其次还有：他应当具备能够给自己周围的人留下深刻印象的广博的知识；说服他人的能力，能够以自己的思想观念充分激起他人的想象力，并以其个人魅力赢得他人的尊敬；领袖本人必须具有充分的自信，即便有时会表现出过度的自负，也应懂得如何使大众分享这种自信；最后，在某些情况下，领袖也应保持善意和中立，在大众心目中唤起耶稣基督的形象，从而再次唤起那种在民众心目中已经淡化却仍未完全消失的宗教情感。"❹ "领袖们在受教育程度上要远远高于普通党员。"❺ 另外，领袖"高超的演讲才能是一种潜在的影响力，它能够使公众

---

❶ [德] 米歇尔斯. 寡头统治铁律 [M]. 任军锋等，译. 天津：天津人民出版社，2003：52.
❷ 同上，53.
❸ 同上，57.
❹ 同上，61.
❺ 同上，69.

成为演讲者意志的俘虏"❶。

正是因为领袖具有这样一些超出常人的智慧、能力和品质，所以，他们才能领导自己的组织和大众向理想和目标进发，大众才会跟从他们，敬仰他们甚至崇拜迷信他们。

4. 直接民主无论在机制上还是在技术上都是不可能的

在论证了领袖人物和精英统治的必要性之后，米歇尔斯对西方国家政治生活中的直接民主制进行了分析批判。他说，"拥有主权权力的大众在多数问题上是无能为力的。直接民主中的无能与间接民主中的权力一样，都是因为人数规模不同而带来的直接后果。""拥有这么多人口的一元化组织，若借助直接讨论的方式是无法解决任何实际问题的。无论是从时间上还是距离上说，一千个人经常性地举行集会是不可想象的；而从地形学的观点看，要求一万人举行这样的集会是根本不可能的。"❷ 他赞同现代西方国家的间接民主制即代表制，他说："在现代民主政党组织中，不可能通过成员直接参与的办法解决所有的组织内纷争。所以，代表制是必要的，在这一体制中，代表以大众的名义行事，并执行后者的意愿。"❸

米歇尔斯肯定了西方国家议会代表制的必要性，他指出，正是这种议会代表制和多党竞选的大规模的政党组织大量出现，使得领袖人物和精英领导不可避免。"任何大规模组织都不可避免地带来技能上的分化，这就使人们所称的专家领导成为必要。结果，做出决定的权力逐步被认为是只有领导者才有的技能，这一权力随之被从大众手中抽走而集中于领导者的手里。"❹ 政党组织由少数精英和领袖所领导，久而久之就形成了寡头统治。"曾经只是集体意志执行者的领袖很快将自己从大众的控制中解脱出来，成为独立的行动主体。组织是寡头统治的温床。在任何组织中无论它是一个政党、工会组织。还是其他任何类型的协会，其贵族化倾向是显而易见的。……组织使得政党或专业工会分化为少数领导者和占人口大多数的被领导者。"❺ 这样，"随着组织的不断发展，民主将趋于衰落，民主的进化路径呈抛物线轨迹。在当今，无论从何种程度上讲，就政党活动而

---

❶ [德] 米歇尔斯. 寡头统治铁律 [M]. 任军锋等，译. 天津：天津人民出版社，2003：58.
❷ 同上，22.
❸ 同上，23.
❹ 同上，28.
❺ 同上.

言,民主正处在衰落阶段。由此我们可以推论出以下一般性规律:领导者的权力与组织的规模成正比。……在组织相对强大的地方,民主化的程度反而很低。"❶ 米歇尔斯列举了德国社会民主党的例子说明政党组织走向"贵族化"和寡头统治的结局。他说,"一位纯粹的雇员逐渐变成了'领导者',获得了他本不应该获得的行动自由,领导者很快习惯了将关键事务包揽在自己身上,并在许多问题上,在未事先征得组织成员同意的情况下,就做出决定。显然,对领导人的民主控制不断式微,甚至于微不足道。……组织内的劳动分工愈来愈明显,行政权威在功能上也不断趋于分化,一个责任明确的等级化官僚体制就这样产生了。……毋庸置疑,政党组织的寡头化和官僚化在技术上和实践中都是必要的。这是任何组织都无法避免的结果。"❷

米歇尔斯认为,政党的"贵族化"和寡头统治是人类社会发展的必然结果,是不以人们的意志为转移的。"在任何时候、任何发展阶段以及人类活动的任何方面,都离不开领导者。"❸ "由于技术上、管理上以及组织策略上的需要,强大的组织需要强大的领导。"而"随着现代政党不断发展,其组织结构愈益严密,由职业领导取代原来的非职业领导的可能性就愈高。"政治组织的"贵族化"和寡头统治使得现代民主制形同虚设,走向末路。"职业化领袖的出现即意味着民主走向末路的开端,这首先是由于'代表'体制在逻辑上难以自圆其说带来的结果。"❹

在米歇尔斯看来,任何政党组织都会经历这样一个过程,起初打着为人民大众谋利益的旗帜,后来逐渐演变为精英政治和寡头统治。"任何权力都会经历这样一个自然的循环过程:它开始属于人民,最终却脱离并凌驾于民众之上。"❺

(三) 米歇尔斯精英主义思想评价

米歇尔斯的精英主义思想有一些合理成分。

第一,米歇尔斯所阐述的精英主义揭示了资本主义国家资产阶级掌握

---

❶ [德] 米歇尔斯. 寡头统治铁律 [M]. 任军锋等,译. 天津:天津人民出版社,2003:28.
❷ 同上,30.
❸ 同上.
❹ 同上,30-31.
❺ 同上,34.

政权的本质，即少数精英对多数人的统治，统治阶级对人民大众的统治。从而深刻揭露了现代西方国家议会民主制的资产阶级统治的本质。

第二，米歇尔斯的精英主义分析了西方民主制度的弊病，指出了议会民主制的"多数决"存在许多缺陷和问题，分析了直接民主制存在的问题。他揭示的西方议会民主制的弊病和问题对于人们全面深入地认识西方议会民主制有一定的启示意义。

第三，米歇尔斯对领袖赖以产生的大众心理基础进行了分析，他论证的领袖人物具有的某些超常的品质，大众对领袖人物的依赖和崇拜心理，深刻而有见地，在一定程度上反映了客观事实。

第四，米歇尔斯分析了政党组织从建立到走向精英和领袖统治的过程，指出了政党组织演变成官僚组织和精英统治的趋向，对当今各国政党组织的建设有一定的警示意义。

米歇尔斯的精英主义思想也有一些不合理成分。

第一，米歇尔斯对民主持有一种深刻的怀疑和否定的态度，他蔑视人民大众，否认人民群众创造历史的作用。这种认识是反民主的，逆历史潮流的。

第二，米歇尔斯过分夸大精英和领袖的历史作用。实质上是维护少数人统治大多数人的剥削制度，维护现代资本主义社会制度。米歇尔斯把人类的历史概括为精英统治的更替，忽视或无视人民群众在历史上的作用，无视人类社会历史发展的多样性，陷入了一种简单而狭隘的境地。

第三节 当代保守主义（20世纪50年代至今）

当代保守主义指的是第二次世界大战结束至今的西方保守主义思潮，包括当代传统保守主义、美国新保守主义。美国新保守主义包括文化上的保守主义、政治上的保守主义和经济上的保守主义。

"二战"后初期的西方世界处于恢复经济、修复社会创伤阶段。自由派或左派一统天下。共产党及其他左派势力声名大振。20世纪70年代初，西方大部分国家社会民主党或自由主义政党上台执政。保守主义处于低潮。社会民主党上台执政后，大搞国有化运动，进行社会福利制度的改革，掀起了建设福利国家的热潮。个别欧洲国家保守主义政党上台，也不得不适应福利国家运动的潮流。自由主义政党上台执政后，实行市场经济自由发展的政策，促进技术革命和产业革命，发展新经济，拓展海外市场。

自由主义执政党在经济文化领域的自由化政策和社会民主党政府的国家干预主义政策一度取得了成效，欧洲资本主义国家很快恢复了经济，人民的生活水平明显提高。然而，20世纪70年代许多欧洲发达国家出现了严重的社会问题，陷入了困境。

文化上的自由化导致社会道德标准崩溃，出现了许多社会问题。例如，物欲横流，丧失信仰，精神空虚，一些年轻人用酗酒、吸毒、纵欲、同性恋等放纵行为寻求感官刺激；传播媒介为了追求利润，拼命迎合这些人的需要，大肆渲染暴力和淫秽色情的东西，成为社会秩序不稳定和犯罪率上升的重要原因。20世纪60年代欧洲国家的学生运动和70年代初期的经济危机，就是上述矛盾的集中表现。

欧洲发达国家社会民主党推行的福利政策提高了人民的生活质量，使社民党政府一度得到了较高的支持率，但长期实行高福利制度使政府福利支出的增长超过经济的增长，政府财政赤字急剧增加，国家背上了沉重的包袱。70年代，西欧国家物价不断上涨，通货膨胀居高不下。高工资、低工时政策使西欧国家的产品成本提高，丧失了在国际贸易中的竞争力。公共工程的扩大和国有企业的发展虽然有利于限制垄断企业和减少失业，但国有企业大多效率低下，亏损严重，难以维持。国家干预使政府机构日益膨胀，规章手续烦琐、机构运转不灵，行政效率低下。

在这种形势下，新保守主义兴起。20世纪70年代以后欧美国家出现了一大批新保守主义代表人物，其中有英国的罗杰·斯克拉顿，德国的卡尔·曼海姆、李普曼、卡普兰，美国的丹尼尔·贝尔、亨廷顿、李普塞特、福山等。

当代保守主义有两大分支：当代传统保守主义、美国新保守主义。

英国保守党领袖撒切尔夫人担任首相时（1979—1991年），主张个人应有更多的独立，少依赖政府，政府对经济不做过分的干预，减少公共开支，上台后她进行大刀阔斧的改革，主要采取了四项措施：一是私有化；二是控制货币；三是削减福利开支；四是打击工会力量。在经济领域，她采取了新自由主义的政策，将国有企业私有化，给企业减税，控制货币，减少政府对经济的干预。撒切尔夫人十分推崇哈耶克，但在政治和社会领域，她采取了保守主义的政策，削减福利开支，减轻政府的财政负担。

里根在担任美国总统期间（1981—1989年）经济上采取了新自由主义政策，政治上采取了保守主义的一些主张。上台之初，他发表国情咨文讲话，提出"经济复兴计划"，被人称为"里根经济学"，大幅削减联邦预算开支，大量压缩政府下达给企业的规章条例，削减企业和个人税率，减轻了企业的负担，刺激了经济的发展，扭转了经济滞涨局面。里根执政8年，美国劳动生产率年均增长3%，通胀控制在较低水平，失业率从9.5%下降到0.6%，但代价较大，美国国债激增。美国国债由1981年的1万亿美元增加到1988年2.6万亿美元。在社会政策上，里根政府制止堕胎和军队同性恋，倡导和鼓励家庭生活，减少社会福利等。坚持了美国西部大财团为首的保守派立场。

"1983年，里根和撒切尔夫人在伦敦发起成立'世界民主同盟'（即保守党国际）。"❶ 由56个民主国家的70多个政党组成。每四年举行一次政党领袖会议。

保守主义在20世纪后期的复兴是对西方社会经济、政治和文化危机的一种反应。保守主义对欧美国家的时政进行了抨击和批评，提出了与自由主义和社会民主主义不同的主张，得到了不少人的拥护，成为欧洲发达国家和美国等西方国家的一支占主导地位的政治势力。

一、罗杰·斯克拉顿《保守主义的含义》

（一）斯克拉顿的生平与时代

英国学者罗杰·斯克拉顿（Roger Scruton, 1944—），是当今英国新右派的保守主义思想家。

斯克拉顿在英国剑桥大学获得硕士、博士学位后，曾在剑桥大学、伦敦大学、波士顿大学任教，是普林斯顿大学、斯坦福大学、鲁汶大学、伯明翰大学客座研究员或教授。现为伦敦大学伯贝克学院哲学系客座教授。

罗杰·斯克拉顿的主要研究领域是哲学和美学。他先后出版过20多部著作，涉及政治、文化、美学、音乐等领域，还出版过四部小说。1980年他出版了《保守主义的含义》，该书很快在西方学术界引起很大反响和争

---

❶ 姜琳. 美国保守主义及其全球战略［M］. 北京：社会科学文献出版社，2008：216.

议。为了回应各种批评，1984年斯克拉顿推出了第二版，增加了一个哲学附录《自由主义与保守主义》，该书成为斯克拉顿在政治理论和政治思想方面的代表作，被公认为最集中地体现了英国新右派保守主义的思想，是当代传统保守主义者诠释、重申传统保守主义基本原则的力作。

(二)《保守主义的含义》主要思想观点

斯克拉顿的《保守主义的含义》一书试图构建一种保守主义的信仰体系，证明保守主义的态度以及维系这一态度的信条的系统性与合理性。

1. 自由与制度

斯克拉顿与保守主义创始人柏克都认同自由，他们都把自由与制度、秩序、权威等要素联系起来加以论证。斯克拉顿仍然以社会有机体论为依据论证这些关系。他说："保守主义以社会机体的存在为先决条件。保守主义政治关注这一机体的生命力能够历经病痛与康复、变革与衰落。"❶

斯克拉顿把自由置于国家权威和制度之下。他说："自由观念不可能在保守主义思想中占据中心位置，只有当自由从属于其他的某种东西，从属于一个组织或者界定了个人目标的安排时，才能把自由理解为一项社会目标。"那么，自由与什么相联呢？斯克拉顿认为，自由只有与制度相联系才能得到保障。他说："英国人尊重的个人自由是一种特殊的个人自由，是漫长社会进化过程的产物，是各种制度的遗产，一旦失去这些制度的保护，这种自由不可能持久。……脱离了制度的自由是盲目的自由。"❷

在斯克拉顿看来，"个人自由的价值并非绝对，而是从属于另一种更高层次的价值：既定政府的权威。历史表明，能在政治上令人民满意的并不是自由，而是合意的政府……对于遵从社会交往准则的每一个人而言，政府是第一需要，自由只是各种渴盼中的一种。……保守主义者正是凭借权威这一理想来体验政治世界"❸。

斯克拉顿批判了自由主义的"原子论"式的个人自由，他说："倘若自由意味着一个人说想说的话以及在任何时间、任何地点就任何一件事发表个人观点的毫无约束的权利，那么，任何健全的社会都不可能存在言论

---

❶ [英] 罗杰·斯克拉顿. 保守主义的含义 [M]. 王皖强，译. 北京：中央编译出版社，2005：11.

❷ 同上，5.

❸ 同上.

自由。无需多少法律知识就能认识到，英国不存在绝对的言论自由。同所有文明国度一样，英国有禁止制作、传播煽动性材料的法律。……这项法律不仅使操纵种族仇恨，还使煽动阶级仇恨成为刑事犯罪。"❶

2. 秩序与权威

斯克拉顿在阐述自由与制度，自由与权威的关系基础上，进一步论述了秩序与权威的关系。他说："保守主义直接起源于这样一种观念：个人从属于某种持续的、先在的社会秩序，这一事实在决定人们何去何从时是最重要的。我们谈到的'秩序'，可以是一个俱乐部、一个团体、一个阶级的秩序，也可以是共同体、教会、地区或国家的秩序……一旦个人感受到这种态度——感受自身所处社会环境的连续性——就投身到公共生活的潮流之中。"❷ "保守主义的立场要求维护一种公民秩序。""保守主义的政治学说完全起源于公民社会的观念。"有三个当代使用性的概念：权威、忠诚和传统。❸

关于个人与社会的关系，斯克拉顿从整体主义的视角看问题，强调个人服从社会秩序。他说："保守主义看待事物的基本观点是：个人应当到社会中寻求自身的完善，应当把自身看作高于自身的秩序的组成部分，这种秩序超然于自身意志所产生的任何事物。"❹ 也就是说，"一个国家必定有中心有边缘，倘若不以统治中心的力量和决心来治理边缘，国家就会分裂。"❺

在这个问题上，斯克拉顿批判了极端自由主义的观点。他说，在极端的自由主义者看来，个人按照自己认为合适的方式处置自己的东西，任何干预都不可能是正当的。"但是，如果认为一个商人拥有某种不可剥夺的权利，把属于他的谷物倒入大海，或是在发生饥荒时拒绝将谷物投放市场，那就太荒唐了。显然，所有人都会认为他的行为是不道德的。"❻

秩序的维护有赖于权威的确立和行使。权威指既定的或合法的权力，它既产生权力也来源于权力。意味着行使权力的权利，承认权威就是承认

---

❶ [英] 罗杰·斯克拉顿. 保守主义的含义 [M]. 王皖强，译. 北京：中央编译出版社，2005：3-4.
❷ 同上，7.
❸ 同上，13.
❹ 同上，50.
❺ 同上，51.
❻ 同上，57.

权力具有权利,国家一切权力的目标就是取得公民对国家的忠诚,自由主义的"个人"并不存在。

那么,国家权力和权威的关系怎样呢?斯克拉顿认为,"权力就是控制和强制那些不加以控制和强制便会进行改革或破坏的人……政治家谋求的权力必须是得到认可的权力。这种权力不仅应被人民视作权力,还被视作权威。"❶

重视国家权威的斯克拉顿对自由主义和社会民主主义倡导的平等和社会正义持一种怀疑态度,他说:"保守主义者以怀疑主义的眼光来看待平等和社会正义的神话;他厌恶地注视着普遍的政治骚动。"❷

3. 传统的力量

斯克拉顿与柏克一样,非常重视传统的力量。他认为:"传统具有双重力量。首先,它赋予历史以理性,从而把过去引入现在的目标。其次,传统并非仅仅是弄权的摆设而是发轫于每一个社会组织。……传统形成于俱乐部和社团,形成于地方生活、宗教、家庭习俗、教育,形成于所有使人们与同胞交往的制度。"❸

在斯克拉顿看来,"传统并非静止不变。它是连续性的积极成果;一旦时机成熟,便得以恢复、拯救和修正"❹。尊重传统可以使人们正视个人与社会的关系,认识到个人是社会有机体的一分子,家庭是社会的基本单位。"传统构成了个人的这样一种观念:个人把自身看成更为重要的社会机体的一个片段,作为社会机体的个体部分,自己本身就包含了整个社会机体。家庭制度已有不同的发展,为我们提供了明确的例证。一个人一旦参与到家庭制度之中,他的自我观念必定受到影响。他把自己看成父亲,就会发现自己面对一种社会纽带、一种责任的纽带。"❺

4. 宪法与国家

斯克拉顿批判了自由主义把国家当做实现个人自由的工具的观点,他说:"自由主义把国家当作实现个人自由目的的手段,势必断定公民社会

---

❶ [英]罗杰·斯克拉顿. 保守主义的含义[M]. 王皖强,译. 北京:中央编译出版社,2005:11-12.
❷ 同上,12.
❸ 同上,26.
❹ 同上,30.
❺ 同上,28.

与国家截然分离,要求后者只在实现自由目标所需的最低限度内干预社会生活。……自由主义者可能会把美国宪法的例子作为论据。这是一个蹩脚的例证。它忽略了美国人继承下来的东西,忽略了这份文献诞生的特定环境……它忽略了所有已经定型的语言和习俗,尤其是英国习惯法的传统,它忽略了制宪元勋独一无二的社会地位:他们都是有教养的绅士,在传播'新宪法'神话时,可以享受界定了他们社会目标的既定制度所带来的种种特权。"❶

在斯克拉顿看来,"国家不是一部机器,而是一个有机体,甚至是一个人。它的规律也不外是生死交替、推陈出新。它蕴含理性、意志和友情。它的公民并非全都处于同等的水平,一些人享有其他人不具备的特权"❷。

关于国家与公民的关系,斯克拉顿认为,国家与公民社会依靠宪法和法律相互关联。"社会机体同样依赖于各种合法权利。国家与公民社会彼此相互渗透;割裂两者即意味着双方的消亡。……正如理性渗透于人类生活,宪法也贯穿于社会的运行之中。"❸

"宪法存在于人们以之行使权力的法规和习俗之中,它指导、限制、认可权力,并因此首先通过法律,通过法律的'样式',通过法律界定的公民的地位显现出来。它据以进行变革和发展的是自身的内在逻辑:先例、惯例及抽象司法概念的逻辑。保守主义的天性并不是阻止变革……而是捍卫历经变革保留下来的本质,它使我们能够确信,不同的变革阶段就是整个国家或民族生命历程的各个阶段。而宪法本质会维护社会本质。这就是保守主义的政治目标。"❹

"保守主义以普遍的人性哲学为基础,因而持有广义的社会繁荣观……不承认任何无与伦比、强加于人、无视并吞没社会传统的宪法或法律实体。"❺

斯克拉顿分析了司法独立的相对性。他说:"司法独立是相对的,这

---

❶ [英]罗杰·斯克拉顿. 保守主义的含义 [M]. 王皖强,译. 北京:中央编译出版社,2005:31.
❷ 同上,35.
❸ 同上,36.
❹ 同上,37-38.
❺ 同上,51.

在英国有三个主要原因,首先,法律推理(legal reasoning)和法律程序自始至终是独立自主的。……其次,司法裁决不能被议会推翻,只能以适当的法律程序来撤销。……最后,我们的法律并未编纂成法典。它建立在一系列先例或习惯法的基础上,由成文法加以拓展、限制和修正。因而,法律的演进通常是出于司法而非政治上的考虑……这种司法解释直接应用于我们本土社会的实际生活……纳入到国家的法律之中。"❶

5. 民主的弊病

斯克拉顿分析了现代西方议会民主制的弊病。指出:"民主最显著的弊端在于:它把权利交给煽动家和只有个人意志的人。统治就是只能由当选领袖予以体现的个人意志,他的意志与国家的意志是完全一致的。"❷"民主原则的泛滥破坏了议会的平衡,形成了'职业'政治家。这些机会主义者希望在维系足以使这个职业值得从事的表面尊严和荣耀的制度中,尽可能地向上爬得又高又快。然而,真正的权力蕴藏于全体国民之中,这种权力对展示魅力的行为不感兴趣,毫不松懈地追求自身往往超出政府控制范围的目标。只要政治被视为一种职业,只要人们以推销员式的兢兢业业和目空一切争权夺位,下院就必定始终是个战场,它最大的特点就在于能够使议员们精疲力竭。"❸

斯克拉顿将民主视为一种"传染病"。他认为,"在当今世界上,民主并不比一种恶性疾病好多少。"❹

(三)斯克拉顿保守主义思想评价

斯克拉顿保守主义思想有一些合理成分。

第一,斯克拉顿阐明了自由与制度和秩序的关系,强调了三者之间的必然联系。批判了古典自由主义过分强调"原子论"式的个人自由,忽视集体、社会和国家利益的思想。对于人们认识极端个人主义和极端自由主义的弊病和危害有一定的启发意义。

第二,斯克拉顿批判了无视或否定传统的观点。论证了传统的力量和

---

❶ [英]罗杰·斯克拉顿. 保守主义的含义 [M]. 王皖强,译. 北京:中央编译出版社,2005:45–46.
❷ 同上,41.
❸ 同上,43.
❹ 同上,53.

尊重传统的重要性。这些思想对于挖掘和弘扬传统文化精华，继承优秀文化传统思想具有积极的意义。

第三，斯克拉顿批判了现代资本主义国家议会民主制的弊病，指出这种民主制破坏了议会的平衡，形成了代表资本集团利益的"职业"政治家，从而把权力交给煽动家和只有个人意志的人。这种批判一针见血，打中要害。

斯克拉顿保守主义思想也有一些缺陷与不足。

第一，斯克拉顿与帕雷托一样否定民主的功能与作用。他认为国家与社会的统一无需任何民主程序。他没有认识到现代议会民主制对于抑制君主专制、个人独裁和官员腐败具有极为重要的积极作用。

第二，斯克拉顿一方面强调国家与公民社会与宪法和法律相互关联；另一方面又否定传统的宪法或法律实体，陷入了认识上的片面性。实际上，传统与现代是不可分割的。现代国家的宪法和法律继承了一些传统法律的精华，现代国家的宪法和法律与议会民主制度相结合，与过去的封建时代相比，是一种巨大的历史进步。

二、丹尼尔·贝尔《资本主义文化矛盾》

20世纪60年代，美国新保守主义出现。"跟传统保守主义一样，美国的新保守主义不是一个逻辑严密的理论体系。它最初的出现是对20世纪60年代所谓自由主义的'过度'的反动；新保守主义者最初的大部分核心成员是19世纪与20世纪之交才移居美国的东欧犹太人子弟，在纽约长大，属于三四十年代一度站在左翼激进立场、战后转为自由主义阵营中坚力量的'纽约文人集团'。其最著名的代表人物大多是思想文化界的名流，如丹尼尔·贝尔、欧文·克里斯托、内森·格莱泽、西摩·马丁·李普赛特、塞缪尔·亨廷顿、丹尼尔·莫伊尼汉、马丁·戴蒙德等。""新保守主义者是一个内部有着极大差异的群体，也是一个历时而变的群体。有些人在社会问题上始终是自由派，支持政府对经济事务一定程度的干预，但另一些人则是不折不扣的社会和文化保守派，在外交政策上，新保守主义者之间的分歧也很大。有些人一直提倡进攻性的干预主义外交政策，但另一些人主张在使用美国的力量时应该更为谨慎，应认识到美国力量的局限，如贝尔。有些人如贝尔在20世纪70年代中期和莫伊尼汉在80年代先后退出了这一阵营；但同时，新保守主义阵营中也出现了一些新面孔。这些人或是第一代新保守主义者的学生子弟和追随者，或是新保守主义在20世纪80年代融入主流保守主义之后所吸引的新'同盟'。他们在20世纪90年代以来的美国外交政策思想舞台上颇为活跃，他们对'9·11'之后小布什政府的外交政策的较大影响也使得……新保守主义一跃而成全球世人关注的焦点。"❶

美国新保守主义包括经济—财政保守主义、社会—文化保守主义、外交防务保守主义三个派别。经济—财政保守主义也被称为经济上的新自由主义，其代表人物有萨伊"供应学派"、弗里德曼"货币主义学派"；社会—文化保守主义代表人物有老克里斯托、丹尼尔·贝尔、西摩·马丁·李普塞特、马丁·戴蒙德；外交—防务保守主义代表人物有小克里斯托、小卡根、斯特劳斯、沃尔福威茨。

其中，社会—文化保守主义代表人物丹尼尔·贝尔对当代资本主义社会的解剖和批判以及对资本主义文化矛盾的剖析颇具新意而发人深省，在这里做重点介绍与评论。

（一）丹尼尔·贝尔生平与时代

丹尼尔·贝尔1919年生于纽约一个东欧犹太人移民家庭，15岁加入社会主义青年团，学习马克思主义。20世纪40—50年代，贝尔任《新领袖》杂志的主编，《幸福》杂志的撰稿人。60—70年代，他在哥伦比亚大学、哈佛大学任教，并担任美国政府"社会指标委员会"的主席，美国文理科学院"2000年委员会"的主席。1976—1979年，任经济合作与发展组织政府间顾问委员会美方代表、美国总统"八十年代议程委员会"委员。1973年贝尔出版《后工业社会的来临》，1978年出版了《资本主义文化矛盾》。

（二）《资本主义文化矛盾》主要思想观点

1. 资本主义是一种经济—文化复合体

贝尔认为，资本主义并不是一种生产关系和经济结构，而是一种经济—文化复合体。资本主义经济建立在财产私有制和商品生产基础上，文化上也遵照交换法则进行买卖，致使文化商品化渗透到整个社会。资本主

---

❶ 吕磊. 美国的新保守主义[M]. 苏州：江苏人民出版社，2004：导言 2-3.

义议会民主制是一种社会政治体系，它的合法性源于被统治者同意下的政治管理。在贝尔看来，资本主义议会民主制给不同的政党、利益集团提供了政治竞争的舞台，而个人自由就是在这种政治竞争中得到了保障。"只要政治舞台上有不同团体的竞争，自由就有了根本保障。"但是，贝尔认为，当代资本主义社会的经济、政治和文化正在分离而各自独立，并且日益脱离资本主义的影响。"虽然资本主义和民主在历史上是同时发展起来的，并且一直受到哲学自由主义的同样辩护，但是在理论上和实践上，二者均无相互锁合的必要。现代社会中，政治日益变得独立自主，技术—经济体系的管理，民主政体的规划，或经济的经营，都在逐渐脱离资本主义的影响。"❶

2. 资本主义社会的文化危机

资本主义社会的主要矛盾是什么？贝尔的回答与马克思不同。他认为，"资本主义矛盾来源于经济领域所要求的组织形式同现代文化所标榜的自我实现规范之间的断裂"。这两大领域曾在历史上合力筑成的一种品格构造——即清教徒及其天职意识，但是现在这两大领域逐渐分离肢解。"经济与文化领域的不同原则正引导人们走向相反的方向。这些矛盾主要产生在美国和其他西方国家。"❷

资本主义国家经济领域和文化领域日益分离的根源何在？贝尔认为，这源于现代主义，即"原子论"式的自由主义。"现代主义精神像一根主线，从16世纪开始贯穿了整个西方文明。它的根本含义在于：社会的基本单位不再是群体、行会、部落或城邦，它们都逐渐让位给个人。这是西方人理想中的独立个人，他拥有自决权力，并将获得完全自由。随着这类'新人'的崛起，开始了对社会机构的批判（这是宗教改革的显著后果之一，它首次把个人良知遵奉为判断的源泉），对地理和社会新边疆的开拓，对欲望和能力的加倍要求以及对自然和自我进行掌握或重造的努力。过去变得无关紧要了，未来才是一切。"❸

在贝尔看来，资本主义"新人的发展体现在两个方面。首先，经济领域出现了资产阶级企业家。……个人的经济与社会的流动性是他的理想。

---

❶ [美] 丹尼尔·贝尔. 资本主义文化矛盾 [M]. 赵一凡，蒲隆，任晓晋，译. 北京：三联书店，1989：60.

❷ 同上，61.

❸ 同上.

自由贸易在其极端意义上就成为'猎獭的个人主义'"。在文化领域，则出现了独立艺术家的成长。独立艺术家"对独立的追求以及要求摆脱庇护人和一切束缚的意志，都反映到现代主义和它极端的有关无拘束自我的观念之中"❶。

贝尔认为，资本主义经济和文化是相互矛盾、相互断裂的。"资产阶级社会一面把激进个人主义引入它的经济，不惜打碎其中所有传统社会联系，一面却害怕文化领域中现代主义的激烈实验型个人主义。"❷资本主义企业强调效益、功能理性和生产组织（它强调秩序，把人当作物件），需要严格的管理和严谨的工作态度，资产阶级在企业管理和运作中受到制度的高度约束，成为道德与文化趣味方面的保守派。他们对于放浪形骸的现代主义很是抵触，而以个人主义为核心的现代主义流派却对资本主义功利价值观和物质主义进行愤怒攻击，认为"功利、理性和物质主义是枯燥无味的。资产阶级自身既缺精神生活又少放纵，现代企业的楼房里充满了'残忍的、无法调换的正规'生产气氛"。"这两种冲动力，从历史角度看，都起源于现代主义赖以形成的社会潮流。它们以猛烈的方式合力开拓了西方世界。然而违悖常理的是，这两股冲动力很快变得相互提防对方，害怕对方，并企图摧毁对方。资产阶级企业家在经济上积极进取，却不妨碍它成为道德与文化趣味方面的保守派，资产阶级的经济冲动力被导入高度拘束性的品格构造，它的精力都用于生产商品，并形成一种惧怕本能、自发和浪荡倾向的工作态度。……相反，文化冲动力……却同时展开了对资产阶级价值的愤怒攻击。"❸

贝尔继续分析到，今天，现代主义因精神空虚而只剩下一只"空碗"，现代主义创造的冲动力逐渐松懈下来。资本主义经济和文化之间的紧张似乎消失了。然而，资本主义经济冲动力又出现了道德方面的问题。因为资本家同时作为公民和资产者的双重身份引起了自身的矛盾和冲突。资本主义经济生产经营所要求的节俭、保守、高度约束等"新教伦理被资产阶级社会抛弃之后，剩下的便只是享乐主义了"。资本主义经济与文化矛盾体现在"资本主义的文化正当性已经由享乐主义取代，即以快乐为生活方

---

❶ [美] 丹尼尔·贝尔. 资本主义文化矛盾 [M]. 赵一凡, 蒲隆, 任晓晋, 译. 北京：三联书店, 1989：61-62.
❷ 同上, 64.
❸ 同上, 63.

式。在自由主义风气流行的今天，文化意象的楷模已同现代主义冲动合二为一，它的意识形态原理就是把冲动追求当成了行为规范。现代主义的双重羁绊也因此产生。"❶

由此，贝尔指出，资本主义社会与众不同的特征是："它所要满足的不是需要，而是欲求。欲求超过了生理本能，进入心理层次，它因而是无限的要求。现代社会里，欲求的推动力是增长的生活标准和导致生活丰富多彩的广泛产品种类。但这种炫耀习惯也造成不顾后果的浪费。""当资源非常丰富，人们把严重的不平等当作正常或公正的现象时，这种消费是能够维持的。可是当社会中所有人都一齐提出更多的要求，并认为这样做理所当然，同时又受到资源的限制，那么我们将面临政治要求和经济限度之间的紧张局势。"❷

所以，贝尔认为："资本主义的社会结构（技术—经济体系）同文化之间有着明显的断裂。前者受制于一种由效益、功能理性和生产组织（它强调秩序，把人当作物件）之类术语表达的经济原则。后者则趋于靡费和混杂，深受反理性和反智情绪影响，这种主宰性情绪将自我目为文化评价的试金石，并把自我感受当作是衡量经验的美学尺度。"❸

贝尔对以个人主义为核心的自由主义即现代主义进行了批判，他指出，现代主义以个人为中心，丧失了宗教信仰，造成了人心涣散和迷惑而失去前进的方向，直至陷入自我意识的危机。现代主义的自我意识危机造成资本主义社会结构即技术——经济体系同文化之间的断裂，这种断裂势必引起西方世界新的"社会革命"。

那么，西方世界新的"社会革命"方式是怎样的呢？贝尔说："新的革命已经以两种主要方式开始了。第一，文化自治。这在艺术上已获实现。目前它开始转入生活领域。……第二，文艺小社团曾经实践过的生活方式，目前已主宰了文化生活。……这两种变化的汇合加强了'文化'对'社会结构'进攻的力量。……安德烈·布雷东在三十年代提出超现实主义主张，要将巴黎圣母院尖塔换成巨大的玻璃祭瓶，一个瓶里装血，一个装精液，以便把巴黎圣母院变成处女的性教育学校。当时这一提议被看作

---

❶ [美] 丹尼尔·贝尔. 资本主义文化矛盾 [M]. 赵一凡, 蒲隆, 任晓晋, 译. 北京: 三联书店, 1989: 67-68.
❷ 同上, 68-69.
❸ 同上, 83.

是社会上享有特许权的'傻子'所开的过重的玩笑,竟一直流传下来。然而今天流行的幻觉摇滚文化的兴起明显地打击了维护社会结构的动机系统和心理反应系统。"❶ 贝尔认为,这种所谓的新"社会革命"使享乐主义、放荡不羁和游戏人生的道德观影响了人们。人们只知享受"自由",却不愿承担责任。个人主义演变成利己主义。正义感化成了自以为是。娱乐道德观代替了"行善道德观"。追求利润最大化的资本主义本质和市场体系助长了利己主义和享乐主义。公司的产品和广告助长了享乐、狂喜、放纵风气。人们白天"正派规矩",晚上却"放浪形骸"。

在这种社会状态中,宗教的作用下降了。讲究实惠的享乐主义代替了新教伦理观,心理学的幸福说代替了清教精神。人们赞美富足,鼓励挥霍,抵制节俭,不再向悭吝的大自然折腰。经济发展造成了环境的破坏和自然资源的滥用。享乐主义盛行摧毁了社会道德基础——新教伦理。现代主义文化是一种典型的"唯我独尊"的文化和"自我中心"的文化模式。它一味美化猎獗的个人主义,提倡"不受束缚的自我"。这种资本主义文化矛盾将作为关系到社会存亡的最重大问题长期存在下去。它将带来政权合法性危机以及政治制度的合法性问题,政府威信下降,政治体系受到挑战和攻击。"现代西方社会的发展方向,在经济上追求个人利益,满足个人贪欲;在文化上增进自我,扩展自我。在市场上去追逐个人经济利益的积累。"❷

3. 解决资本主义社会文化矛盾的思路

如何解决资本主义社会的文化矛盾?丹尼尔·贝尔开出了一个"药方",即建立"公众家庭"意识,信奉"大众哲学"。贝尔所说的"公众家庭"是一种以公众利益为宗旨的国家政府。"公众家庭"意识提供一种规范性的政治哲学,以完成两项任务:规定共同的利益;满足个人和群体各自提出的权益和要求。"建立公众家庭的宗旨就是要满足共同的需求,就是要提供一些个人无法用金钱为自己购买到的商品和服务,例如军事保护、道路、铁路,等等。"❸

"公众家庭"式的国家政府的任务是什么?贝尔提出了三项任务:第一项是制定规范性的经济政策;第二项是承担科学和技术发展的费用,制

---

❶ [美] 丹尼尔·贝尔. 资本主义文化矛盾 [M]. 赵一凡,浦隆,任晓晋,译. 北京:三联书店,1989:101.

❷ 同上,315.

❸ 同上,280-281.

定科学发展的政策和高等教育的政策；第三项是制定规范性的社会政策，包括公民权利、住房政策、环境政策、卫生保健以及收入辅助。"公众家庭的主要特征有：预算居于主导地位；政府的税收和支出保持平衡，作为再分配和补偿的手段。"❶

"公众家庭"所依据的规范性政治哲学是大众哲学，这种哲学旨在规定共同的利益，满足个人和群体各自提出的权益和要求。"现代民主政体的特殊力量在于：它可以容纳如此众多的利益。"而"社会上不可能有一种雄居于一切利益之上的利益，这种利益的要求也不可能总是处在优先地位——个人以及他的财产或权利不可能是这样一种利益；国家和多种群体也不可能是。相反，我们必须考虑到那些不顾任何差别而适用于所有人的规则、权利和情况；同时，我们还必须考虑到那些显示出群体之间的相应区别（在需求方面，在补偿的理由方面，在要承担的负担方面）的规则、权利和情况；并且根据这些情况进行分配"❷。

"公众家庭"和大众哲学怎样认识平等问题？贝尔回答道："平等有三个层次：条件的平等、手段的平等和后果的平等。大体说来，条件的平等指的是公共权力的平等，包括在法律面前的平等、在公共场合中行动的平等、一人一张选票的原则。"手段的平等意味着机会的平等。"这意味着消除某些作为特权基础而保留的公共职位（如军队中为贵族子弟保留的军官职位，通过行会的限制而继承下来的行业）；规定自由进出的经济市场；平等获得教育机会。"❸后果的平等是指："个人之间竞争的后果就是地位、收入和权威达到不能互相比拟的程度。这些不能互相比拟的后果已被证明是有道理的，因为它们是自由获得和通过努力赢得的。"贝尔阐述的大众哲学在承认地位、收入和权威等后果相对差异具有合理性的同时，提出"公众家庭"式的政府要减少后果悬殊过大的状况。"通过对消费的有选择的征税以及改进那些适用于一切人的必要社会公用事业，就可以达到我们共同预期的目标。"❹

---

❶ [美]丹尼尔·贝尔. 资本主义文化矛盾 [M]. 赵一凡，蒲隆，任晓晋，译. 北京：三联书店，1989：281-283.
❷ 同上，320.
❸ 同上，324.
❹ 同上，325，330.

（三）丹尼尔·贝尔保守主义思想评价

丹尼尔·贝尔的保守主义思想有一些合理成分。

第一，贝尔从资本主义经济—文化复合体的角度分析了当代资本主义国家的主要矛盾。指出资本主义国家社会结构（技术—经济体系）与文化的断裂，导致了以个人主义为核心的现代主义和利己主义的泛滥，造成资本主义社会的文化危机，这种文化危机导致了资本主义社会的政治问题和危机。贝尔对资本主义文化矛盾的分析一针见血，很有新意，也很有见地。

第二，贝尔批判了"原子论"式的自由主义，强调自由和节制并用，自由与强制并用。提出用"公众家庭"式的政府和"大众哲学"的原则解决资本主义文化矛盾。将个人利益与集体利益相结合，对于资本主义社会政治改革有一定的积极意义。

第三，贝尔阐述的平等三原则，界定了条件平等、手段平等和后果平等的内涵。在后果平等的分析中，他既承认个人之间竞争之后所出现的地位、收入、权威相对差别的合理性，又主张政府应防止后果悬殊过大的差别，并提出了一些解决问题的办法。贝尔提出的对高档消费品征收较高的消费税，完善公用事业等建议在西方国家社会改良中有所体现，有一定的现实意义。

丹尼尔·贝尔的保守主义思想也有一些缺陷与不足。

第一，贝尔仅从社会结构与文化的断裂认识资本主义的文化矛盾，没有认识到资本主义社会资产阶级剥削工人和劳动人民的实质。他提出的改革建议治标不治本，不能根本改善工人阶级和劳动人民被统治、被剥削的状况。

第二，贝尔提出了"公众家庭"和大众哲学等解决资本主义文化矛盾的方案，强调个人利益与集体利益相结合。但是，他把苏联"斯大林模式"视为社会主义制度的标杆，并以此来否定社会主义，忽视社会主义制度和实践的多样性，具有很大的片面性。

第三章　社会民主主义

社会民主主义（Social Democratism）是当代世界特别是西方国家的主要政治思潮之一。第二次世界大战以后，许多西方国家的社会民主党通过议会大选上台执政或成为议会大党，依据社会民主主义理论和纲领进行社会改良，取得了令人瞩目的成就。社会民主党成为与自由主义政党和保守主义政党三足鼎立的左翼政党，在西方国家政治格局中占据了重要位置。

第一节　社会民主主义的兴衰（1848—1939 年）

社会民主主义是由社会主义思潮发展而来的。社会主义一词比社会民主主义一词出现得要早一些，而空想社会主义思想在 1516 年莫尔的《乌托邦》一书中就出现了。

社会主义一词是随着近代资本主义的发展，最先在欧洲出现的。在英文中，社会主义 Socialism 一词是由"社会的"Social 加上后缀 ism 而成。"社会的"一词源于古拉丁文 Socialis，原意是"同志""同伙""善于社交"，等等。据欧洲人考证：最早是德国神学家、天主教本笃派教士安塞尔姆·德辛于 1753 年在与人论战时使用了"社会主义者"一词，当时主要的意思是指人的社会性而言，与后来的"社会主义"的含义有所不同。[1]

19 世纪 30 年代，社会主义一词作为与资本主义相对立的一种思潮和制度在欧洲使用。因为此时随着资本主义产业革命在英、法等国的相继实现，出现了贫富差距极其悬殊、工人农民异常贫困等一系列严重的社会问题。一些志士仁人开始思考如何解决这些社会问题。他们认为，要根本改

---

[1] 高放，黄达强主编. 社会主义思想史（上册）[M]. 北京：中国人民大学出版社，1987：1.

变资本主义私有制，建立一种社会化的新型社会制度，才能解决这些社会问题。1832年2月13日，圣西门派的法文《环球》杂志和1833年8月24日欧文派的英文《贫民卫报》，几乎不约而同地在刊登的文章中把"社会主义"作为未来理想社会的名称。❶

19世纪40年代，社会主义已成为西欧盛行的新思潮。有空想社会主义、封建社会主义、基督教社会主义、工场社会主义、农民社会主义、无政府社会主义、国家社会主义、费边社会主义、工团社会主义、议会社会主义、伦理社会主义，等等。"社会主义"一词在欧洲成了时髦的概念和话语。西欧各国的民间沙龙、咖啡馆论坛纷纷举办"社会主义研讨会"。一些有文化的贵妇、小姐也来凑热闹，积极充当"社会主义论坛"的主办人。

1848年，欧洲爆发了席卷各国的资产阶级革命，其中有工人起义，如法国工人"六月起义"。在1848年革命期间，法国民主共和党与社会主义党合并，建立了世界上第一个"社会民主党"。该党主张在法国建立共和国，实行民主的和带有社会主义色彩的改革。1863年德国建立了全德工人联合会。

19世纪中期，欧洲各国的无产阶级政党大都取名为"社会民主党""社会民主工党"或"社会党"。这些党的成员也自称为"社会民主主义者"。当时欧洲国家的社会民主党大体分为三类：一类是主张"资产阶级社会主义"的资产阶级激进民主派；一类是主张"乌托邦社会主义"的小资产阶级民主派；还有一类是主张"革命的社会主义"的无产阶级革命派。马克思、恩格斯毫不犹豫地站在无产阶级革命派一边，并参加了第一个无产阶级政党——共产主义者同盟的建设。马克思、恩格斯为共产主义者同盟起草的纲领——《共产党宣言》的发表，标志着科学社会主义的诞生。出于策略的考虑，马克思、恩格斯有时也自称为社会民主党人。当时，社会民主主义在一定程度上成了科学社会主义的同义语。

1864年9月28日，英国工人联合会在伦敦圣马丁堂召开大会，法国工人代表团，德国、意大利、波兰、爱尔兰的工人代表以及一些资产阶级民主人士出席大会。大会根据英法工人代表的提议，决定成立一个国际性

---

❶ 高放，黄达强主编. 社会主义思想史（上册）[M]. 北京：中国人民大学出版社，1987：1-3.

的工人阶级的协会，国际工人协会宣告成立，史称"第一国际"。马克思出席成立大会，并被选入临时委员会和总委员会。马克思在第一国际担任过总委员会委员、德国通讯书记、荷兰临时通讯书记、俄国通讯书记，实际上领导着协会总委员会的全部工作，是第一国际的真正领袖，每届总委员会的"灵魂"。总委员会所发表的文件几乎都出自马克思的手笔。恩格斯在1870年10月4日被选为总委员会委员，1871年1月担任代理西班牙通讯书记，4月任比利时通讯书记，8月改任意大利通讯书记，他还筹备领导了1871年伦敦代表会议和1872年匈牙利代表大会。马克思为国际工人协会起草了《国际工人协会成立宣言》和《协会临时章程》，1866年9月日内瓦代表大会讨论通过《国际工人协会章程》，1871年9月伦敦代表会议修改后称为《国际工人协会共同规章》，即第一国际的纲领，纲领阐明了无产阶级运动的目的：推翻资本主义，建立工人阶级政权；宣布了工人运动的基本原则："工人阶级的解放应该由工人阶级自己去争取。"国际工人协会的组织原则是民主集中制。协会的最高权力机关是全协会代表大会。代表大会闭会期间，由代表大会选出的总委员会执行大会的决议，总委员会设总书记和通讯书记。总委员会内下设常设委员会，由主席、总书记和各国通讯书记组成。协会的任何一级组织都必须遵守协会的纲领、章程和代表大会的决议，在此前提下，各个全国性的或地方性的联合会享有广泛的权利和行动的自由。

第一国际成立后，西欧各国工人阶级政党和社会民主党纷纷加入，其中最具代表性的是德国社会民主党，该党的前身是德国社会民主工党。1869年8月，德国工人领袖威廉·李卜克内西和倍倍尔在爱森纳赫城建立德国社会民主工党，也叫爱森纳赫派。许多学者把德国社会民主工党的建立作为社会民主主义产生的标志。1875年5月，德国社会民主工党与全德工人联合会（拉萨尔任主席）的代表在哥达城开会，通过了《哥达纲领》，合并为德国社会主义工人党。❶ 此后欧洲各国建立的社会主义工人政党通常也命名为社会民主党或社会民主工党。

第一国际主要由各国社会民主党构成，国际工人协会虽然有章程和纲领，但实际上各国社会民主党所尊奉的思想和主张并不一致。所以，在第一国际时期，马克思主义同蒲鲁东主义、巴枯宁主义、拉萨尔主义、工联

---

❶ 刘成，马约生. 欧洲社会民主主义的缘起与演进［M］. 重庆：重庆出版社，2006：19.

主义展开了斗争。当时，马克思、恩格斯提出无产阶级通过暴力革命，摧毁资产阶级国家，建立无产阶级专政，实行生产资料社会化。反对蒲鲁东主义、拉萨尔注意和工联主义所主张的改良主义，同时也反对巴枯宁的无政府主义。在激烈的斗争过程中，马克思、恩格斯逐渐地放弃了使用社会民主主义。恩格斯说："我处处不把自己称作社会民主主义者，而称作共产主义者。这是因为当时在各个国家里那种根本不把全部生产资料转归社会所有的口号写在自己旗帜上的人自称是社会民主主义者。"❶马克思主义在与资产阶级社会主义、小资产阶级社会主义的斗争中逐渐占据了第一国际的主导地位。1876年第一国际完成了自己的历史使命，在美国费城召开的代表会议上正式宣布解散。

1876年第一国际解散后，马克思主义在欧洲广泛传播，19世纪80年代末欧洲有16个国家建立了社会主义政党。与此同时，奉行改良主义的劳工组织也在欧洲兴盛。19世纪80年代，英国先后出现了社会民主联盟、费边社和独立工党等社会主义组织或团体，上述三个组织成为英国劳工代表权委员会的成员之一。该委员会在1906年改名为英国工党。❷

1883年3月14日马克思去世。恩格斯敦促法国和德国社会主义政党领导人组建第二国际。1889年7月14日，在巴黎召开了"国际社会主义者代表大会"。来自22个国家的393名代表参加了大会，李卜克内西、倍倍尔、瓦扬、拉法格等27人组成大会主席团。这次大会宣布成立第二国际。

恩格斯在第二国际初期起着主导作用，各国社会民主党主要以马克思的科学社会主义理论作为党的指导思想，此时的"社会民主主义"和"科学社会主义"仍然是同义语。1890年，德国社会主义工人党改称德国社会民主党。

1895年恩格斯逝世后，德国社会民主党内部发生了关于党的纲领的激烈争论，以伯恩施坦为代表的德国社会民主党内少部分人对党的根本目标提出了质疑。伯恩施坦在德国社会民主党理论刊物《新时代》上发表了一系列有关"社会主义问题"的文章，对马克思主义提出全面修正。伯恩施坦在《崩溃论和殖民政策》一文中指出，马克思和恩格斯在1848年时

---

❶ 马克思恩格斯全集（卷22）[M]．北京：人民出版社，1965：490．

❷ 刘成，马约生．欧洲社会民主主义的缘起与演进[M]．重庆：重庆出版社，2006：17．

"不可能预见全部发展",因此,人们应该研究实际情况与《共产党宣言》等文献中的假定之间的差距。社会主义已经在"一部分一部分的实现……一部好的工厂法可以比一整批工厂的国有化包含更多的社会主义"❶。

1899年1月,伯恩施坦在《社会主义的前提和社会民主党的任务》一书中指出,"在100年前需要进行流血革命才能实现的改革,我们今天只要通过投票、示威游行和类似的威逼手段就可以实现了"。资本主义可以和平长入社会主义,社会主义可以在资本主义制度内部实现。社会对经济生活的监督、基层民主自治的建立等都是向社会主义的发展。"伴随着这一发展,经济企业自然从私人管理转入公共管理",因此,对无产阶级政党有最大意义的不是取得政权,实现最终目标,而是进行改良。"我对于人们通常所理解的'社会主义的最终目的'非常缺乏爱好和兴趣。这个目的无论是什么,对我来说都是毫不足道的,运动就是一切。所谓运动,我所指的既是社会的总运动,即社会进步,也是为促成这一进步而进行的政治上和经济上的宣传和组织工作。"社会民主党"所应当做的,而且是今后长时期所应当做的,是在政治上把工人阶级组织起来和训练他们运用民主,为国内的一切适于提高工人阶级和在民主的方向上改造国家制度的改革而斗争……社会越富足,社会主义的实现就愈容易而且愈有把握"。"生产资料的社会化……不是目的而是手段。"❷

伯恩施坦的思想奠定了德国社会民主主义思想体系的理论基石。欧洲社会民主主义政党将伯恩斯坦视为社会民主主义的开山鼻祖,把伯恩斯坦《社会主义的前提和社会民主党的任务》一书的出版作为社会民主主义形成的标志。

伯恩施坦的思想在德国社会民主党内发挥了重要影响,该党开始走上了议会斗争的道路,力图通过议会大选进入政府。1890年1月,德国社会民主党领导德国工人同俾斯麦政府斗争,迫使国会否决了俾斯麦政府提出的"非常法"提案,并在同年2月的国会选举中获得140多万张选票,占全部选票的19.7%,成为参加选举的政党中获选票最多的党。同年9月,《反社会党人法》被废除。1898年,社会民主党在议会选举中获得议席56个,1903年增至81个。与此同时,德国的工会也获得了发展,1896年工

---

❶ 刘成,马约生. 欧洲社会民主主义的缘起与演进 [M]. 重庆:重庆出版社,2006:26-28.
❷ [德]伯恩施坦. 社会主义的历史和理论 [M]. 马元德等,译. 北京:东方出版社,1989:19.

会会员又33万人，1901年增加到67万人，1913年达至250万人。

19世纪末，第二国际的社会主义政党分化为左、中、右三派。右派尊奉伯恩施坦主义、费边主义、饶勒斯主义，其代表是德国社会民主党、英国工党、法国社会党，这一派别被视为社会民主主义。中派以考茨基为首，第一次世界大战后中派与右派合流。左派是列宁领导的俄国布尔什维克党及欧洲各国左派社会主义政党，如德国社会民主工党爱森纳赫派，左派领袖人物有罗莎·卢森堡、克拉拉·蔡特金、卡尔·李卜克内西等。当今的欧洲社会民主党就是由第二国际的右派发展而来的。

1917年俄国"十月革命"爆发后，俄国、德国的"革命左翼"政党纷纷抛弃了"社会民主党"的称号，改称"共产党"，以此表示与第二国际的改良主义的根本区别。1919年3月，各国共产党在莫斯科成立了共产国际即第三国际。

第二国际的"改良右翼"则保留了社会民主党的名称，以此强调自己同第二国际的连续性。"社会民主主义"这个概念也逐渐成为社会改良主义的代名词。1919年2月，第二国际的右派在瑞士的伯尔尼恢复了在一战中已经破产的第二国际，史称伯尔尼国际。第二国际的中派在奥地利维也纳组织了社会党国际工人联合会，史称第二半国际，也叫维也纳国际。1923年伯尔尼国际与维也纳国际合并成为"社会主义工人国际"。此后，以伯恩施坦的思想为主导的社会主义工人国际与以列宁为主导的共产国际展开了激烈的斗争。

社会主义工人国际认为，欧洲发达国家走向社会主义只能通过实现经济民主来完成。即变资本主义经济制度为社会主义经济制度的过程。他们把参加资产阶级政府视为实现社会主义的一种有效途径，否认在西欧地区有进行工人阶级暴力夺权的可能性。1924—1931年间，欧洲各国14个社会党领导人通过议会大选先后参加资产阶级政府，并且在一些国家实施了带有社会主义性质的改革政策。20世纪20年代魏玛共和国时期德国社会民主党曾短暂参政，奥地利社会党、英国社会民主党、工党相继执政或参政。20世纪30年代以后，瑞典社会民主党获议会议席均在40%以上。❶

---

❶ 向文华. 斯堪的纳维亚民主社会主义研究[M]. 北京：中央编译出版社，1998：1-2. 1889年，瑞典社会民主党成立。20世纪，瑞典社会民主党执政54年。

第二次世界大战爆发后,社会主义工人国际和各国社会民主党遭到法西斯统治当局的镇压,被迫转入地下,"二战"期间停止活动。他们与共产国际有过短暂的联合,但很快又互相对立斗争。

第二节 民主社会主义的兴衰(1951—1991年)

第二次世界大战后,欧洲各国社会民主党迅速恢复元气,并且联合起来重建了一个新的国际组织——社会党国际。1951年,社会党国际成立大会在德国法兰克福市召开,有34个社会民主党的代表出席大会。大会通过了《民主社会主义的目标与任务》即《法兰克福宣言》。

《法兰克福宣言》第一次把"民主社会主义"作为社会民主党的纲领性目标提出来。由此,社会民主主义改称民主社会主义,民主社会主义成为社会党国际的基本纲领、路线方针和思想体系。

民主社会主义的纲领、路线与社会民主主义基本雷同,但其改良色彩更为突出。民主社会主义将自己视为"资本主义社会病榻前的医生"。

"二战"后,欧洲一些发达资本主义国家的社会民主党通过议会选举上台执政。1956年瑞典社会民主党在议会大选中获得44.6%的选票,1968年升至50.1%。瑞典社会民主党、丹麦社会民主党、奥地利社会党曾连续执政,英国工党于1964年上台执政。德国社会民主党在1966—1982年期间上台执政,1998年再次执政。

欧洲国家的社会民主党执政期间大力推行"三高政策",即"高工资、高福利、高税收"政策。通过增加税收,实行超额累进税,建立社会保障制度,建设福利国家。社会民主党实施的这些政策使国民收入差距缩小,缩小了贫富悬殊,扩大了中产阶级的范围,在一定程度上缓和了社会矛盾。

20世纪70年代资本主义世界出现了经济危机。欧洲发达国家的社会民主党奉行的"三高政策"和凯恩斯主义政策遇到了困难。国有企业普遍出现严重亏损,成为国家和纳税人的沉重负担。日益庞大的福利开支造成了政府的巨额财政赤字。福利制度以高税收为基础,福利费用增加要求增加税收,税收增加要求增加工资,工资增长导致通货膨胀,形成了一种恶性循环。日益庞大的福利开支超出了资本主义经济的承受能力,超过了生产率的增长速度,使得消费和积累极不平衡,削弱了经济发展的物质基础。

从20世纪70年代末开始,欧洲发达资本主义国家的新保守主义政党和自由主义政党相继上台执政,新自由主义政策逐渐取代凯恩斯主义的政策成为西方国家经济政策的主流,其特征是放松国家控制,大力推进私有化,实行紧缩的财政和税收政策,限制工会权力,削减社会福利。

在新自由主义和新保守主义的进攻面前,社会民主党因缺乏有效对策而陷入被动境地。80年代以后,西方国家产业结构发生重大变化,制造业从业人数下降,服务业就业人数增长,政府雇员增长。传统产业工人(蓝领工人)数量减少,白领工人增多,社会民主党的阶级基础日益缩小。

20世纪80年代,英国工党理论家吉登斯提出了社会民主主义的新"第三条道路",成为社会民主主义的代表性思想。吉登斯的"第三条道路"主张在资本主义社会内部用和平的、渐进的、改良的方式实现社会主义。通过阶级合作、议会道路,和平长入社会主义,反对无产阶级革命和一切形式的暴力革命,反对无产阶级专政。一时间,新"第三条道路"成为欧洲社会民主党的一面旗帜。

1991年苏联解体、东欧剧变,欧洲各国的社会民主党受到了很大的冲击,民主社会主义的危机更加严重,各国社会民主党不仅党员人数和选民人数急剧减少,而且在理论上陷入迷惘,出现了对社会主义目标的认同危机。一些国家的社会民主党对"民主社会主义"这个概念开始产生怀疑,他们认为,苏联解体、东欧剧变使社会主义名誉扫地,社会民主党如果继续使用"民主社会主义"概念来描述自己的思想体系,将难以摆脱人们的误解。他们主张回到原先的思想体系——社会民主主义。德国社会民主党人托玛斯·迈尔在《民主社会主义——社会民主主义导论》一书中提出,社会主义不再意味着是一种替代资本主义制度的方案,社会民主主义只是改良资本主义社会。他主张"建立一个由团结互助共同工作和生活的,自由和平等的人们组成的社会"[1]。"德国社会民主党内爆发了关于继续使用'民主社会主义'概念,还是以'社会民主主义'来代替它的争论。虽然这场争论最终没有得出正式结论,但此后社会党国际及各国社会民主党很

---

[1] [德]托玛斯·迈尔. 社会民主主义的转型[M]. 殷叙彝,译. 北京:北京大学出版社, 2001:7.

少使用民主社会主义概念,而更多地使用社会民主主义这个概念。

20世纪90年代,社会民主主义的"革新"或"现代化"成为西欧社会民主党转型的主题词,在此过程中,社会民主主义从思想理论到纲领策略都发生了重大变化。这种转型很快为西欧社会民主党带来了回报。"90年代中后期,西欧各国社会民主党陆续走出政治低谷,进入了政治复苏期,一度出现社会党在欧盟15个成员国中的13个国家执政或参与执政的盛况,被称作社会民主主义的'神奇回归'。"❶

"荷兰工党在1994年5月的大选中获胜,组成了自1976年以来第一个由工党领导的联合政府。紧接着,瑞典、丹麦、芬兰、比利时的社会民主党人相继赢得本国大选,出面组阁。随后英国工党、法国社会党、德国社会民主党以及意大利的左翼民主党也相继上台执政。迄至1998年10月,欧盟15国中已有13个组成了中左政府,再加上工党执政的挪威和社会党长期执政的瑞士,欧洲政治版图呈现出一片耀眼的粉红色。"❷

然而,好景不长,20世纪末西欧国家一些社会党相继下台,仍旧执政的党面临着许多政治和经济难题,特别是如何改革社会福利国家的难题。在这种背景下,"以英国工党为代表提出的'第三条道路'(德国社会民主党的相应提法是'新中间'),使社会民主主义的'现代化'获得了一个新的载体。……'第三条道路'表明,社会民主主义转型的目标是要超越左右两分的传统政治思维框架,既不走老左派'僵化的国家干预主义'老路,也反对新右派完全自由放任的新自由主义政策,而是要在新的历史条件下将社会民主主义与自由主义重新结合起来,在继承社会民主主义自由、公正、互助等传统价值的基础上吸收自由主义市场原则的积极成分,找到一条既能实现社会公正,又让经济富有活力的新路。'第三条道路'是欧洲社会党对社会民主主义面临的转型压力作出理论回应的一个重要的尝试,它的成败得失还需要经过历史的检验,由各国社会党的实践来证实"❸。

1992年11月,欧洲18个国家和地区的28个社会民主党联合成立了欧洲社会党。到90年代末,欧洲社会党拥有一百多万党员和四千八百多万

---

❶ 王学东. 欧洲社会民主主义暨欧洲社会党译丛(总序)[M]//社会民主主义的困境. 重庆:重庆出版社,2008:3-4.

❷ 陶正付. 欧洲政党政治新变化研讨会综述[J]. 欧洲,1999(3).

❸ 王学东. 欧洲社会民主主义暨欧洲社会党译丛(总序)[M]//社会民主主义的困境. 重庆:重庆出版社,2008:4.

选民。在欧洲议会518个席位中拥有200个席位，成为欧洲议会中最大的政治组织。

社会党国际在苏东剧变之后也经历了曲折和发展。1992年社会党国际在柏林召开第十九次代表大会，通过了《代表大会决议》《关于世界经济的宣言》《关于环境与可持续发展的宣言》《关于少数人群和人权的宣言》《关于变化世界中社会民主的宣言》。提出把向中东欧发展组织成员作为其工作重点，并在成员党类别中增设了"观察员党"，使该国际成员总数达到111个。此后，社会党国际加快了向世界各地区扩展组织成员的步伐，到2003年10月，其成员党已达168个。其中正式成员党107个，咨询成员党32个，观察员党16个，兄弟组织3个，联系组织10个，遍布世界五大洲122个国家和地区。

1996年社会党国际在纽约召开第二十次代表大会，通过了《代表大会决议》《社会党国际：实现目标的旅程》《创造和平，维护和平》《世界经济宣言》《21世纪人权日程》。1999年社会党国际在巴黎召开第二十一次代表大会，通过了《代表大会决议》《社会党国际巴黎宣言》。2003年10月，社会党国际在巴西圣保罗召开第22次代表大会，通过了《代表大会决议》《社会党国际圣保罗宣言》《全球社会治理》。❶

第三节 民主社会主义的理论与实践

民主社会主义指的是1951年至1991年欧洲资本主义国家社会党、社会民主党、工党的思想体系和意识形态，体现在社会党国际的纲领和欧洲各国社会党纲领之中。

第二次世界大战结束之后，民主社会主义政党在欧洲一些国家曾经上台执政，在经济社会方面取得了引人注目的成就，其中最显著的成就是福利国家的建设。民主社会主义政党通过"高工资、高税收、高福利"的方式建立起"从摇篮到坟墓"的社会保障体系，缓解了社会矛盾，改善了下层劳动人民的生活，促进了社会公平。

---

❶ 中联部编译小组编. 社会党国际重要文件选编[C]. 北京：当代世界出版社，2005：前言，目录页1.

然而，民主社会主义政党建立的福利国家在20世纪90年代遇到了困境，一些实行高福利社会保障体系的国家财政赤字居高不下，出现了"养懒人"的现象，不少国家生产力发展缓慢，经济停滞下滑，民主社会主义遇到了严峻的挑战。20世纪末，欧洲国家的社会民主党纷纷下台，被自由主义政党或保守主义政党所取代。

本节主要研究1951年至20世纪90年代欧洲民主社会主义的理论与实践，包括民主社会主义的价值观和基本原则及其在欧洲发达国家的应用。民主社会主义的价值观和基本原则主要体现于社会党国际和各国社会党的纲领之中，所以，社会党国际的纲领和欧洲主要社会民主党的纲领是我们研究其价值观和基本原则的主要来源。

一、基本价值观

1959年德国社会民主党《哥德斯堡纲领》提出"自由、公正、团结"是社会主义的三项基本价值。这些基本价值观被社会党国际所接受，在社会党国际的纲领中表述为自由、公正、团结、和平。

1. 自由

《社会党国际原则宣言》指出，"自由是个人与合作努力两者的产物。人人都有权免受政治胁迫，有权得到追求个人目标和发挥个人潜力的最大机会。只有全体人类在争取成为历史的主人并为确保任何人、任何阶级、任何种姓、任何宗教和任何种族都不会成为他人的仆从而进行的长期斗争中取得胜利，这才有可能实现。"❶

在民主社会主义看来，"摆脱专制与独裁政府的自由至关重要。这是各国人民与各国社会创造一个新的更美好的和平与国际合作的世界——一个民主地决定政治、经济和社会命运的世界——的前提条件"❷。

西欧和北欧国家的社会民主党对自由的含义做出了具体的解释。德国社会民主党《哥德斯堡纲领》对自由的含义做出了具体的解释，指出"德国社民党的自由有三层含义：第一，自由必须符合人的尊严，反对任何专政和垄断；第二，个人自由的前提条件是他人的自由和全面的社会保障；

---

❶ 中联部编译小组编. 社会党国际重要文件选编［C］. 北京：当代世界出版社，2005：5.
❷ 同上，6-7.

第三，自由的实现不能违背另两个基本价值——公正和相助"。

瑞典社会民主党主张促进人类全面的自由，削减少数人的权力，在财产、收入、文化教育方面给大多数人以平等权，赞同个体主义而非个人主义。前者指独立思考和与他人携手并进，后者是无所顾忌地发展个人利益和侵犯他人生活。个人主义是少数人的自由，而个体主义的个人行动自由则是大多数人的自由。❶

英国工党竭力维护言论自由和出版自由等公民自由权利，坚决反对剥削别人的自由、为自身利润而降低工资、抬高物价的自由、剥夺使人生活美满、健康快乐的生活资料的自由。主张法律面前平等的权利以及诉诸法律程序的权利，保护所有公民免受国家、多国公司或任何一种私人机构或公共机构所施加的专横权力的危害，反对一切形式的歧视。

欧洲各国社会民主党贯彻自由原则，主张自由的市场经济，政治上赞成各政党自由竞选的议会制，在社会生活领域赞同女权主义和绿色和平主义的一些主张，如扩大妇女参政权利，保护环境，减少污染，发展新能源、可再生能源和循环经济等。

2. 公正

《社会党国际原则宣言》指出："公正意味着结束一切对个人的歧视以及平等的权利与机会。它要求对体力、智力与社会的不平等进行补偿，要求实现既免于依赖生产资料所有者，又免于依赖于持政治权柄者的自由。自由与平等并不矛盾。平等是个性发展的条件。平等与个人自由不可分。"

德国社民党强调，公正必须建立在所有人具有同等尊严的基础上。公正还意味着在收入、财产和权力分配方面，在教育、培训、和文化程度方面都应当机会平等。公平的分配社会财富，国家掌握第二次分配权力，实行"高税收，高福利，高消费"，缩小贫富差距，消除贫困，建设福利国家，平均分配社会财富。

英国工党主张财富和权利的平均分配，消除社会贫困。"二战"结束时，英国工党赢得议会大选，组成了以艾德礼为首的工党内阁，大力实行国有化政策，迅速恢复了被战争破坏的经济，如煤、气、电、水、铁路和

---

❶ 曹长盛主编. 民主社会主义模式比较研究［M］. 长春：东北师范大学出版社，1996：116.

空运等基础产业。工人和工会受益，英国国内的失业率降到了最低，各个工种的工人工资得到了增长，越来越多的妇女获得了就业机会，技术水平的提高和运作方式的革新也改善了工人的劳动条件和工作环境，工人的生活水平得到了提高。

法国社会党"二战"后多次执政或参政。1971年密特朗领导的共和制度大会党和老社会党及几个左翼组织合并，实现了社会党的重建。1981年至1995年密特朗连任两届总统，共14年。社会党内阁也曾于1981—1986年和1988—1993年两度执政。❶ 法国社会党倡导的公正主要含义是平等。平等就是使每一个人充分发展，包括人格平等、机会平等、分配平等、公民平等，反对一切歧视。在法国，居民住宅楼看门的门房（夫妻俩）年收入两三万欧元，与大公司经理年收入差不多，而且是终身制。❷

瑞典社会民主工党寻求一种公正的分配，它所理解的公正包含按照劳动的性质或要求取得有差别的工资。公正和平等相比，前者可以有差别，后者则要求减少差别，特别是要求减少由于性别不同或阶级地位不同带来的差别。为此，瑞典社民党还专门设计了一个"90年代争取公正的总体战略"，诸如充分就业和福利制度的有保障的投资，对劳动和资本实行均等纳税，男女工资和劳动条件平等化，地区之间平等地分配教育和就业机会，等等。❸

"二战"后，瑞典社会民主党连续执政20多年，大力推广"全民平等"理念。在瑞典，到处可以看到"全民"一词，如"全民就业""全民养老金""全民医疗保险""全民免费教育"，养老、医保、教育处处体现平等。例如，住院治病，不管你是首相、部长还是平民，一律按照"病情轻重"原则对待。重病者先住院，轻病号排在后边，同等病情按照"先来后到"的顺序住院，不分官职高低，财富多少。20世纪80年代，社会民主党下台，右翼政党联盟执政，实行医院私有化，医院不按病情轻重排队而按付钱多少排队，民怨沸腾，右翼政党下台，社民党重新上台后立即宣布停止医院私有化，又恢复了原来的医疗体制。瑞典政府副首相会见外国代表团不带随从和秘书，自己开车到场，外出开会自己拎包，记笔记、写

---

❶ 肖枫. 社会主义向何处去（下卷）[M]. 北京：当代世界出版社，1999：621.
❷ 车耳. 如此法国 [M]. 北京：科学出版社，2004：91，155-156.
❸ 曹长盛主编. 民主社会主义模式比较研究 [M]. 长春：东北师范大学出版社，1996：112-114.

报告。瑞典政府采取"政务公开,信息公开"的制度,法律规定,任何公民,无论官员还是平民,买房子一定要登广告,所有的房产信息都要在网上公开。官员的房产税交纳情况在网上都可以查到。为了防止房价飙升,政府制定政策控制房屋租金的最高价格。❶

3. 团结

《社会党国际原则宣言》指出:"团结一致的内容无所不包,是全球性的。它表达了共同的人性和对不公正的受害者的同情意识,团结一致得到了一切人道主义重要传统的正确的强调与弘扬。在个人之间与各国之间空前相互依存的现时代,由于团结一致为人类生存所迫切需要,其意义就更为重要。民主社会主义这对这些基本原则同等重视,这些原则相互依存,互为必要条件。与此相反,自由主义者和保守主义者主要强调个人自由,无视公正和团结一致;共产党人则声称实现了平等,而无视自由。"❷

欧洲发达国家的社会民主党大力倡导阶级合作与团结互助。1966—1969年,联邦德国社会民主党与基督教民主联盟——基督教社会联盟组成了联合政府。1969—1982年社会民主党又与自由民主党组成了联合政府。在这些年代,德国社会民主党领导人 W. 勃兰特和 H. 施密特曾任西德总理。20世纪70年代,勃兰特领导的社会民主党政府团结整合不同政见者,大批议会外的反对派加入了社会民主党。勃兰特的继任者施密特采取了与工会保持密切关系和加强领导层权力的策略,保证了社会民主党1966年以后的16年执政地位。❸ 当企业老板和工人在工资政策及企业福利等问题上发生利益冲突甚至激烈对抗时,西德社会民主党政府便组织雇主与雇员互相商量,协调他们的利益,强调双方的共同点,称他们是"社会伙伴",要求雇主和雇员对国家的稳定和发展负有义务。

瑞典社民党认为,"团结是指真正了解相互间的条件和要互相关心,互相帮助"。团结是弱小者争取正义的斗争武器,是每个人有权得到的安全的基础,是一个理想社会应该具有的社会观点。❹ 瑞典社民党第四任领

---

❶ 丁刚. 民主社会主义在瑞典. 南方周末, 2007-06-14. 丁刚. 瑞典见闻 [R] //全国社会主义论坛(发言). 2007 (5).

❷ 中联部编译小组. 社会党国际重要文件选编 [C]. 北京:当代世界出版社, 2005: 5-6.

❸ [英] 斯图亚特·汤普森. 社会民主主义的困境 [M]. 贺和风, 朱艳圣, 译. 重庆:重庆出版社, 2008: 126-127.

❹ 曹长盛. 民主社会主义模式比较研究 [M]. 长春:东北师范大学出版社, 1996: 116.

导人帕尔梅给团结下的定义是：共同负责、普遍互助与合作。❶

早在20世纪30年代瑞典社民党第一任主席布兰亭提出议会道路、阶级合作和政治妥协。第二任主席汉森指出，平等、福利与合作是"人民之家"的基本要素。1932年汉森执政，强调按照团结、合作的原则改变社会，为全体人民带来好处。用阶级合作、消除分歧、互相妥协的方式实现福利社会主义的目标，把瑞典建成"人民之家"。❷ 1932年，瑞典社会民主党在工会的大力推动下通过了工会与雇主协会签署的协议。达成全国性集体工资谈判的原则，一直执行至今。1933年，瑞典农民党（Agrarian Party）参加了社会民主工人党的政府。社民党还使工会联合会获得了合法的政治地位。❸

"二战"后执政的瑞典社民党更加注重与在野党协商、对话与合作；与工会合作；与各社会团体、利益集团协商合作。其中，与工会的合作是关键。所以，当瑞典社民党参加议会大选时，工会给他们提供竞选基金，帮助他们做宣传，拉选票。社民党上台后会吸收工会领导人参加内阁，社民党极力促成总工会与雇主联合会的集体谈判制度，尽可能把劳资冲突降低到最低限度。社民党极力促成总工会与雇主联合会签订各种劳资协议，设立劳工法庭，建立职工代表制，颁布工人参与企业管理条例等。1976年社民党政府颁布《劳动生活共决法》，废除了雇主联合会章程中第32条规定，即雇主有指挥与分配工作及随意招聘和解雇工人的管理特权。劳资双方共同决定生产条例、劳动条件，形成了社民党政府与工会掌握政治权力资源，私人资本家掌握经济资源的权力平衡，实现了双方的合作与妥协。20世纪30年代以前，瑞典工人罢工比较频繁。30年代社民党上台后，罢工次数和人数大大下降。1900—1976年瑞典罢工人数占工人总人数3.97%，1946—1976年占0.36%。❹

"二战"后，英国工党政府奉行民主社会主义的"团结"价值观，形成了与保守党的"共识政治"。"1946年保守党制定的《工业宪章》中，

---

❶ ［瑞典］帕尔梅. 向往未来［M］//潘培新. 瑞典模式初探. 153.
❷ 向文华. 斯堪的纳维亚民主社会主义研究［M］. 北京：中央编译出版社，1998：151.
❸ ［英］斯图亚特·汤普森. 社会民主主义的困境［M］. 贺和风，朱艳圣，译. 重庆：重庆出版社，2008：106-107.
❹ 向文华. 斯堪的纳维亚民主社会主义研究［M］. 北京：中央编译出版社，1998：32, 108-109，119-120.

第一次承认了国家干预和市场机制并存的原则,认同了凯恩斯主义以及国有化、福利国家和充分就业等原则。这一文件的出台不仅意味着保守主义进入新的发展阶段,也标志着英国两党"共识政治"时期的开始。保守党的丘吉尔政府(1951—1955年)、艾登政府(1955—1957年)、麦克米伦政府(1957—1963年)以及希思政府(1970—1974年)执政期间均接受和延续了工党的各项措施,除了钢铁和公路运输被重新私有化以外,工党政府实施的国有化政策基本未被触动;对医疗保健等政策方面则进行的微小调整并未改变工党奠定的福利国家结构。"共识政治"时期,工党和保守党都承诺充分就业,实行混合经济和福利制度;两党都努力构建一个自由民主的英国,都尝试用一种平稳过渡和中立的方式贯彻实国家政策。宽松温和的政治经济环境为英国总工会的发展提供了有利的条件。工会逐渐被纳入政治治理的层面,成为与资方代表一样合法的合作者,已然能够与资方平起平坐进行讨价还价并与其他竞争性利益集团相互协商妥协。

4. 和平

《社会党国际原则宣言》指出:"和平不只是没有战争。和平不能以恐惧或超级大国之间短暂的友好为基础。必须通过实现全球公正并建立新的和平解决世界各地冲突的制度来消除产生国际冲突的根本性经济与社会原因。建立国际经济与政治新秩序是对和平的至关重要的贡献。新秩序应包括尊重国家主权和民族自治权,通过谈判解决争端和中止向冲突各方供应武器。应当建立全球性和地区性的合作与和平解决世界各地冲突的体系。一国之内也同样需要和平。以暴力方式处理冲突,会破坏发展机会与人权。"❶

"二战"以后,社会党国际在国际社会一直奉行维护世界和平,反对核军备竞赛与核武器扩散,建立国际经济与政治新秩序的政策。在联合国等各种国际组织中发出自己的声音,发挥自己的作用。欧洲各国社会民主党在国内和国际社会也大力反对核武器扩散与核军备竞赛,为维护世界和平而努力。

二、多元化

多元化是民主社会主义奉行的基本原则之一,主要包括以下几个方面。

---

❶ 中联部编译小组编. 社会党国际重要文件选编[C]. 北京:当代世界出版社,2005:9.

1. 思想多元化

1951年社会党国际《法兰克福宣言》指出:"社会主义运动不以任何一种社会主义运动的哲学建设所认同。""不论社会党人把他们的信仰建立在马克思主义或其他分析社会的方法上,不论他们是受宗教原则,还是受人道主义原则的启示,他们都是为共同的目标,即为一个社会公正,生活美好,自由与世界和平的制度而奋斗。"

1959年德国社会民主党召开哥德斯堡代表大会,明确抛弃了马克思主义传统,强调民主社会主义的渊源是基督教伦理、古典哲学和人道主义传统。❶

社会党国际和欧洲各国社会民主党所认同的思想来源包括:基督教伦理学说,康德的伦理学说,法国启蒙学派的思想,法国大革命的人权宣言,黑格尔的辩证法,马克思的批判方法,伯恩施坦、考茨基改良主义。另外,社民党还吸收了西方经济理论、福利经济学、综合经济学、自由经济学的思想进行社会经济改革。

英国工党一向以包罗万象著称,其思想来源中有工联主义、费边主义、自由主义、基尔特主义、欧文主义、马克思主义、基督教教义等。所以,英国工党的实用主义色彩很浓厚。

2. 政治多元化

社会民主党普遍认同西方式的多党议会民主制。认为经济的多元化必然导致政治的多元化。国家属于包括各个阶级在内的全民族,国家政权也应当属于全体国民,而不应当只属于某一个阶级、某一个政党甚或某一个团体。由于现实社会还存在着不同的阶层以及各种各样的利益集团,社会上自然有不同的政党存在。不同政党平等竞争,选民通过选票表达自己的政治意愿,选择执政党,赢得多数选票的政党上台执政,这是天经地义的事。社会民主党承认多元化,包容各个阶层,是为了通过议会大选夺取政权,而政权的取得是改变社会的一个必要条件。所以,西方国家的社会民主党都承认多党制和多党政治的合理性,反对一党专政和独裁统治。主张在西方现代议会民主的多党制框架下,通过议会大选上台执政。

3. 经济多元化

社会党国际《法兰克福纲领》指出:"民主社会主义运动继续主张混

---

❶ [英]斯图亚特·汤普森. 社会民主主义的困境[M]. 贺和风,朱艳圣,译. 重庆:重庆出版社,2008:125-126.

合经济结构内的社会化和公有财产。对经济实行社会控制的目标,要因时因地制宜,通过范围广泛的各种经济手段才能实现。"主张实现混合经济结构内的社会化和公有财产;国家通过范围广泛的各种经济手段实现对经济的社会控制。

社会民主党认为,对于社会主义来说,公有制并不是目的,而是手段。不同的经济社会条件需要不同的所有制,凡是能带来经济发展的所有制,都有其存在的必要性与合理性。社会民主党主张保留私有制,并在以私有制为主的基础上建立包括公有制在内的多种所有制形式共存的混合所有制。

德国社会民主党1966年至1982年执政,在其执政的16年间进行了经济体制改革,倡导建立社会市场经济体制,采取各种国家干预手段调节经济,保护自由竞争,限制垄断资本的经济权力。1966年在大联合政府担任经济部长的卡尔·席勒(Karl Schiller)是社会民主党人,是年6月,社民党促使西德联邦议院通过了《促进经济稳定和增长法》,使联邦政府掌握了一系列卓有成效的"干预经济"手段,例如,在一定程度上使财政权集中在中央;由中央制定经济增长的计划;联邦银行可根据经济的需要停止支付联邦和各州的预算资金,限制联邦、各州和乡镇的贷款以及通过减税来影响私人投资和通过提高或降低所得税、企业税来影响消费者的需求等。联邦政府利用这些新手段,开创了经济高涨的新局面。❶

"二战"后,瑞典社民党理论家卡尔松创立了职能社会主义,力图用渐进式改革方式改造资本主义私有制,将私人所有权的职能进行社会化的改造,逐步变资本主义私有制为社会化的混合所有制。卡尔松在《职能社会主义》一书中描述了瑞典民主社会主义道路的四个特征:(1)对权力平衡的信念;(2)厌恶用暴力方式解决社会问题;(3)对自由市场与国家干预经济领域的对立问题采取实用主义的态度;(4)通过职能社会主义手段来实现基本信念。❷ 其主要内容是:所有权是一个包含着多种不同所有权职能的概念,可以轻而易举地分离开来。$E = a + b + c + \cdots\cdots + n$。这个公式的意思是说,不必对所有权实行完全的社会化,只要对所有权进行分割,将分割的所有权职能进行社会化,就可以实现社会主义。

---

❶ 丁建弘. 德国史 [M]. 上海:上海社会科学院出版社,2007:421.
❷ 张小劲、李天庆. 从职能社会主义到基金社会主义 [M]. 哈尔滨:黑龙江人民出版社,1989:6.

1975年瑞典社民党人鲁道夫·麦德内尔提出了"雇员投资基金",也称基金社会主义,1982年瑞典社民党向议会提交议案,1983年底议会通过了此议案。基金社会主义的主要内容是,所有股份公司、合作社、储蓄银行和财产保险公司按超额利润的20%交付利润分享税。超额利润的标准为超过工资总额6%以上的部分或超过50万瑞典克朗以上的部分。成立"雇员投资基金会"将利润分享税购买企业股票,购买股票所产生的投票权,一半属于基金组织,一半属于基层工会。

1978年瑞典国营企业在公用事业中占95%,在交通运输业中占60%,在采矿业中占56%,在制造业中占9%。20世纪80年代瑞典财政部统计:瑞典90%以上的生产资料归私人。各行业的私营成分比重如下:钢铁业86%,化学工业92%,森林工业89%,食品工业84%,汽车工业100%,零售商业89%,银行91%,土地及农业生产100%。私营企业雇用的劳动力占总数的84%。国家控制90%的铁路网,控制着电力生产的50%。❶ 由国家直接经营的企业投资额占瑞典国家总投资额的18%,其职工占全国职工总数的7%。国家对工资征收所得税税率50%;对工资以外收入征税的边际税率高达70%。有70%的国家预算用于转移支付,使低收入者获得更多的津贴和补助。国家对农民、渔民都给予补助,其方式是通过政府的高收购价格来实现。粮食由国家按高价收购,再按市场价卖给居民和零售商,牛奶由农民合作社收购,低价销售后的购销差价由国家补贴。国家每年对农产品的补贴相当于农业年产值的1/4。国家对农产品出口也实行补贴。

瑞典社民党执政期间有效地推行了职能社会主义和基金社会主义的改革,使瑞典的劳资矛盾得到了缓和,罢工示威较少,成为欧洲国家中社会治安比较好的一个国家。

三、民主

社会党国际认为:"社会党国际是一个寻求建立民主社会主义的政党和组织的联合会。"❷ "社会主义的最高形式就是民主主义。社会主义只有

---

❶ 余开祥. 西欧各国经济 [M]. 上海:复旦大学出版社,1987:320.

❷ 中联部编译小组编. 社会党国际重要文件选编 [C]. 北京:当代世界出版社,2005:23.

通过民主才能实现,而民主制也只有通过社会主义才能完全实现。"社会党国际纲领所倡导的民主包括政治民主、经济民主、社会民主、文化民主、国际民主等方面的内容。

1. 政治民主

民主社会主义所说的政治民主主要是指公民政治权利平等。多数人的合法统治,少数人群的基本权利得到保障。

社会党国际认为,民主在形式上可能不同。然而,只有人民在自由选举的基本结构中可以对不同的政治选择对象自由地进行选择,只有存在着人民根据其自由意志通过和平手段改换政府的可能性,只有个人和少数人的权利得到保证,只有存在着以公允地适用于全体公民的法治为基础的司法独立制度,才有可能谈得上民主。政治民主是社会主义社会必不可少的因素。民主社会主义是社会与经济民主化和不断提高社会公正的持续进程。❶

在承认多党议会民主制的前提下,社会党国际格外重视参与民主,认为:"民主不仅仅是立法或只有外在形式的程序。它也不仅仅是在多党选举中的投票仪式。真正的民主包括人民在各个级别上参与民主,使他们在讨论与决定对自己的管理时有发言权。民主必须不仅仅管理政治进程,它还应渗透到社会的方方面面,包括经济和社会生活。……民主应以人民在基层和其他层次上享有权力和参政的方式落实。这种方式要求在地方和国家两个层次上具有能答复人民要求的、负责的办事程序与机构。……民主是一种生活方式,无论在家,在工作单位,在社区内外都是如此。……民主与发展有着根本的联系。这是由于民主将发生使用暴力的内部冲突的危险减少到了最低程度,并以此为管理相互竞争的种族、宗教及文化利益提供了仅有的长期基础。"❷ 社会党国际认为:"虽然民主并不是实现改善政府管理的唯一手段,但却是唯一的可靠手段。民主通过更多人的参与,国家的发展目标更有可能反映广泛的社会愿望和需要优先解决的问题。民主通过提供用于政府更迭的适当机制与渠道,鼓励对国家的核心制度如公务员制、法律制度及民主程序本身的能力、可靠性和完整性进行保护。民主通过建立政府的政治合法性,增强了政府有效和高效地执行政策、进行运

---

❶ 中联部编译小组. 社会党国际重要文件选编 [C]. 北京:当代世界出版社,2005:6-7.
❷ 同上,176.

作的能力。民主通过使政府对其国民负责，使得各国政府更关心民众的要求，使决策更有透明度。"❶

法国社会党的组织结构和党的代表大会提案制度体现了参与民主的精神。该党的组织结构分为地方支部、省级联合会、大区联盟和全国理事会4个层级组织。党章规定："在各级党组织的选举中要最坚决地贯彻比例代表制原则。"比例代表制体现在根据党员人数按比例推举代表的制度。支部参加联合会会议和代表大会的人数要根据上年党员的数目，按一定比例来决定。联合会参加全国代表大会的代表由联合会代表大会选举产生，代表名额按以下方式计算：50~100名党员，产生1名代表；100~250名党员，产生2名代表。

法国社会党每次召开全国代表大会时，都要提出若干个提案。例如，2000年党的全国代表大会召开的第一阶段就是民主酝酿提案的阶段，称为"民主表达阶段"，允许每个党员在争论中提出自己的观点；第二阶段为提出提案的阶段，由全国理事会把各种意见综合成一些提案寄给党员。党员经过讨论之后，在本人所在支部进行秘密投票，再由社会党各联合会代表大会选举出来的参加全国代表大会的代表在大会上进行投票表决。2000年代表大会的主要提案是第一书记弗朗索瓦·奥朗德提交的，上面有若斯潘总理、许多部长和议员的签名。此外，还有亨利·埃马纽埃和阿蒂卡提出的两项提案。在2003年5月即将召开的社会党代表大会上，经过4个月的党内大讨论和所召开的6000次会议之后，全国理事会收到提交上来的18项提案，经过综合整理和重新组合，准备有5项提案提交代表大会表决；第三阶段为大会阶段，所提交的提案一同在大会上进行表决。2000年大会上奥朗德的提案以72.9%的票数获得通过。这表明第一书记的提案代表了党内绝大多数人的观点。在选举党的各级领导者时，根据2000年三个提案各自的得票比例，赞成第一书记奥朗德提案者可得到领导岗位的72.9%的比例，赞成另外两个提案者可得到领导岗位的27.1%的比例。这种比例代表制和提案制度就是为了让党员有参与党内决策的渠道。社会党认为，在代议制民主方面，社会党已经有了一套比较完备的选举系统，所有领导人都是秘密地直接选举产生。但是，社会党要想在大选中取胜，还必须发展

---

❶ 中联部编译小组编. 社会党国际重要文件选编[C]. 北京：当代世界出版社，2005：177.

参与民主，这是将来社会党能否能重新赢得大选的关键。❶

2. 经济民主

根据社会党国际纲领，经济民主包括：

民主的、参与性的非集中化的生产政策，对投资的公共监督，保护公共利益与社会利益，使经济变革的代价与得益社会化；

工人在公司与工作场所层次上的参与和共同决策，工会参与国民经济政策的决定；

由工人和农民实行自我管理的合作社；

在政府为实现其社会与经济的优先目标而设立的必要的公营企业中，采取民主的控制与决策形式；

世界金融与经济体系的制度民主化，使一切国家充分参与；

对跨国公司活动实行国际监督与控制，包括实行这些公司内的跨国工会权；

经济民主没有一成不变的模式，有各国进行大胆试验的余地。但作为其基础的原则是明确的，不是简单地实行国家在形式上和法律上的控制，而是实行工人本身及其团体对经济决策的实质性参与。❷

社会党国际纲领还指出："经济权力集中于少数私人之手的状况，必须由不同的秩序来取代，使作为公民、消费者或雇佣劳动者的每个人都有权利对生产的方向和分配、对决定生产资料的形态和对工作生活条件施加影响。这将通过使公民参与经济政策的制定，保证雇佣劳动者对工作场所实行影响，促成公开和有说明义务的国内和国际竞争以及加强消费者对付生产者的地位而得到实现。"❸

"二战"后瑞典成立了全国劳动力市场委员会，它是由政府、工会和资本家共同管理劳动力市场的机构。该委员会的领导机构由董事长 1 名，雇主联合会代表 3 名，工会代表 3 名，职员中央组织代表 2 名，职业协会联合会代表 1 名，妇女代表和农民代表各 1 名组成。该委员会主管劳动力计划、职业培训、就业服务、失业救济和长期经济计划等。❹ 这种制度使

---

❶ 陈露. 从法国社会党章程看其组织运作机制 [J]. 当代世界社会主义问题, 2003 (1)：47.

❷ 中联部编译小组编. 社会党国际重要文件选编 [C]. 北京：当代世界出版社，2005：14-15.

❸ 同上，15.

❹ 向文华. 斯堪的纳维亚民主社会主义研究 [M]. 北京：中央编译出版社，1999：158.

得工人和职工可以参与工厂或公司的决策。

英国工党强调工会在民主运行过程中的重要作用和民主的多元化。工党经常与全国工人联合会联合开展活动,制定了一些有益于工会参与公司企业管理决策的政策。

3. 社会民主

社会党国际所说的社会民主以自由与平等原则为基础。包括男女的平等权利、一切种族、少数民族群体、民族和宗教的平等权利等。❶

1971 年法国社会党重建后,密特朗强调社会党是一个"群众性的党"和"人民的党",也是一个"工人阶级的党",主张实行自由、民主、人道主义、人的解放和自治管理的社会主义。20 世纪 80 年代密特朗执政时,法国社会党主张实行宽容、公正、进步和团结的价值观,并以国有化、权力下放和自治管理作为三大理论支柱。90 年代,若斯潘实行了"左翼现实主义",并在其执政后期提出了以"调节资本主义"为纲的"现代社会主义",主张建立一个更加公正、人道和民主的社会。

4. 文化民主

社会党国际纲领倡导的文化民主是指承认多元文化,尊重不同民族的文化。"各国社会中不同的文化应有平等的权利和机会,每个人都应有继承本国的与全球的文化遗产的平等机会。"❷ "保持文化特性是一种人权。必须承认文化的差异。世界正在向多彩社会演变,共同的民族特性正在失去意义,越来越多的文化和社会群体正在共存。……国际社会必须接受所有社会都有多元文化这一现实。任何国家都不能将一种特定的文化、语言或信仰强加于本国民众。""不同文化有不同形式的民主,但它们应坚持相同的(民主)原则。"❸

在法国、德国、英国,有大量外来移民,承认文化多样性,尊重多元文化对解决移民问题有积极的意义。所以,欧洲发达国家的社会民主党左翼政府对外来移民及其文化采取了包容的态度。

5. 国际民主

社会党国际认为,"要应对全球化带来的后果,就必须实行全球民主治理。……不但要实行全球治理,而且要实行国家和地区治理。需要多层

---

❶ 中联部编译小组编. 社会党国际重要文件选编[C]. 北京:当代世界出版社,2005:159.
❷ 同上,8.
❸ 同上,281–282.

次的治理,将全球机构和全球战略同地区、国家、次地区和地方层面的机构和战略整合在一起。……全球社会民主已经出现了三个新的原则。它们是可持续发展、人权、民主。每一原则也包括三个方面:可持续发展包括良好的环境、经济进步和社会公正;人权包括个人安全、文化特性和社会一体化;民主包括良政、透明和参与。"❶ "国际关系中的民主为建立国家间的相互支持和尊重提供了唯一的基础。国际关系中没有真正的民主,就没有持久的和平,就不能保证有令人满意的发展速度。国际关系中的民主意味着双边磋商而不是相互威胁;它意味着在处理双方关心的问题时应当协商与合作;它意味着为发展而进行合作。"❷ "社会党国际的目标是将全球政治体系议会化——为全球提供可供选择的政治价值观、理论和规划的政党是它的代表。……有必要设想建立一个联合国议会大会。"❸

四、人权

社会党国际把人权与自由相提并论,认为:"人权和基本自由有着普遍的效力,是建立在自由和正义基础上的任何世界新秩序的基本成分。所有国家和人民都必须尊重权利和自由,无论权利和自由在何处受到阻挠和违反,都必须时刻保持警惕并予以谴责。通过自由公正的选举选择自己的政府是人民的权利。"❹

"人权包括经济与社会权利;组织工会与进行罢工的权利;一切人的社会保障与福利权利,包括对母亲和儿童的保护;接受教育、培训与享受闲暇的权利;在适于居住的环境中享有够水准的住宅权利和经济保障的权利。至关重要的是,在全面和有用的就业机会中得到充分报酬的工作权利。"❺ 就社会成员来说,人权包括公民权,少数人群权利,少数民族和土著人权利,移民、难民和无家可归者权利,老年人权利,儿童权利,妇女的人权,男、女同性恋和双性恋者的人权,残疾人的人权。社会党国际认为,为了保障人权,仅有国内法律和法庭是不够的,还应建立永久性国际

---

❶ 中联部编译小组编. 社会党国际重要文件选 [C]. 北京:当代世界出版社, 2005: 272.
❷ 同上, 177-178.
❸ 同上, 288.
❹ 同上, 38.
❺ 同上, 13-14.

人权法庭，使"个人可以直接上诉这种法庭。可以针对国际、国内武装冲突中的战争罪、反和平罪以及包括性虐待在内的反人道罪进行刑事制裁或民事赔偿。"❶

法国社会民主党支持并容忍工人罢工，认为这是工人维护自己权利的正当行为。法国社会党领导人密特朗执政时期（1981—1995 年），罢工是法国公民的一项权利，随时可以行使，罢工者只要提前几天提交罢工申请即可。罢工成了家常便饭。工人因要求加薪不成罢工，工厂裁员罢工，渔民因进口冻鱼抢了本国市场罢工，农民因欧盟拒绝补贴农产品也罢工。1993 年法国西部诺曼底的渔民发动了一次声势浩大的示威，成千上万的渔民涌到巴黎，捣毁了巴黎南部最大的渔货批发市场，把进口冻鱼扔了遍地。警察抓了几个打砸抢的头儿准备关几天，渔民不干，下午上千人包围了警察局，声称不放人渔民不走。僵持到晚上，警察放人，渔民班师回朝。他们毁了上千吨的进口冻鱼，却不受任何处罚。政府不愿事态扩大，总理府下令放人，息事宁人了事。法航计划 1994—1997 年三年间裁减 5 千人，要与 28 个工会谈判。1995 年 11 月底巴黎地铁、公共汽车工人大罢工造成几个大城市交通全面瘫痪。社会党下台后，法国工人罢工已成习惯。1996 年 11 月，法国卡车司机大罢工，为了最大限度地影响社会秩序，他们出动成千上万辆卡车封锁全国的交通要道，并在法国第二大城市里昂周围的炼油厂设置路障，使西南部城市得不到汽油供应。他们阻塞北部与德国的交通，并使南方邻国西班牙运往法国的水果烂在当地，使西班牙果农和果商损失 2 亿欧元。每当事情严重到这种程度，法国政府就像受气包一样软弱，部长中没人敢站出来公开谴责这种破坏公共秩序的行为。而且他们不讲痛定思痛，罢工潮过后，无人考虑如何在未来避免同类事情的发生。所以罢工重复发生，一年一大罢，小罢就不知多少次了。❷

在法国，教师不能体罚学生，法国人打孩子的现象比中国人要少得多。法国人惩罚孩子的名堂很多，不理他，关禁闭，睡前不给讲故事。法国两三岁的孩子从幼儿园回家就会对父母说：你们没有权利打孩子，小孩不能打大人，大人也不能打小孩，否则就告老师。❸

法国是欧洲国家中结婚率最低的。1972 年有 41 万对男女公证结婚，

---

❶ 中联部编译小组编.社会党国际重要文件选编 [C].北京：当代世界出版社，2005：193.
❷ 车耳.如此法国 [M].北京：科学出版社，2004：130 – 133.
❸ 同上，83 – 84.

1987年仅26万对，1993—1996年每年25万对。同居家庭直线上升，20世纪70年代30多万家，90年代170万家，1997年竟达220万家。2000年以来，法国35%的孩子为非婚生子女。结婚的年龄也越来越晚，妇女平均26岁，男子平均28岁。同居使得双方能比较自由地移情别恋，所以法国男女一生中都不止一个性伴侣。据1997年出版的《法国透视》一书提供的资料，法国男人一生平均有11个性伴侣，对其中4人产生过真正的爱情。女人平均3.4个性伴侣，至少3次恋爱经验。❶

在欧洲，绝大多数国家色情行业是合法的，妓女只要登记注册，做例行检查，按规定交税即可正常营业。但妓女的税是最难收上来的，因为都是现金交易。警察扫荡只是检查无照经营者和偷税漏税者。

法国的电视台时常组织辩论，偶尔有关于色情业的辩论，有人主张不能让妓女四处游荡在大街上，应该把她们集中管理，划定区域，成立妓院。妓女们坚决反对这种做法。在辩论会上，有的妓女挺身而出，毫不掩饰自己的职业，与行政官员、法律顾问同台辩论。她们认为自己属于一种服务行业，是男人的安慰者，同样有职业道德和个人尊严，国家没有必要也不应该对她们进行集中营式的管理，也不必对皮条客兴师动众，因为他们像中间商一样收取费用，妓女也愿意付。妓女向政府官员质问，国家向妓女征税，同样是从她们身上榨取血汗，国家才是最大的皮条客。官员和法律顾问们无可奈何，在场观众掌声四起。有些研究妓女的社会学家认为，由于有妓女，降低了社会上刑事案件中强奸案的比例。从这个意义上讲，妓女是社会压力的一种减压阀，可以减低犯罪的压力。❷

2012年12月，英国政府计划在2013年推出一个新法案，"让同性婚姻合法化，但禁止英格兰教会和威尔士教会为同性伴侣主持婚礼。此举引发英格兰教会和威尔士教会的强烈不满，两个教会当日谴责这个法案的部分条款'非常荒唐'。"❸

瑞典妇女很重视自己的非婚生子女的权利。瑞典是欧洲国家中仅次于法国的不喜欢结婚的民族。但是，瑞典妇女跟男人同居一旦怀孕，是不肯让男友逃之夭夭的。瑞典人喜欢去西班牙度假，西班牙属地加纳利群岛备

---

❶ 车耳. 如此法国 [M]. 北京：科学出版社，2004：146.

❷ 同上，67.

❸ 牟薇. 2012年12月欧洲大事记 [M]. 北京：中国社会科学院欧洲研究所网站//http：//ies.cass.cn/Article/dsj/dsj/dsj2012/201301/5858.asp.

受钟爱。不少瑞典妇女在度假的时候,顺便春风一夜,和当地海水浴场救生员、咖啡吧的侍者以及小酒店老板做几日露水夫妻。一些人怀了孕,露水丈夫却溜了,于是瑞典妇女联合起来与政府交涉,请瑞典政府帮她们打官司。1990年,瑞典妇女与西班牙情人打官司的就达900多人。瑞典驻西班牙的女领事把大部分地下父亲挖掘了出来,让他们依法支付了儿童抚养费。❶

五、福利国家

建设福利国家是社会民主党的主要任务。社会党国际认为,"福利国家"的主要任务是通过加强国家对社会经济活动的管理和监督,扩大社会福利,通过高额累进所得税限制私人资本,实现国民收入的公平分配。"政府在消除贫富间的差距及促进人类发展进程中扮演着重要角色。政府在国家和国际层次上扮演着有限的甚至起决定性的作用的角色,即:干预市场,建立更有效的公平的税收和调整机制,支持公共基础设施建设,促进人的发展,依靠良好和有效的国内管理来提高社会公平程度,通过增加财政和其他措施支持世界可持续的发展。""社会民主模式的定位就是,在国家和市场之间取得平衡。"❷

联邦德国《基本法》规定,联邦德国是一个实行民主和社会福利的联邦制国家。福利国家的原则是对传统的法治国家概念的一个现代化的补充。❸

瑞典社会民主党认为,社会主义的核心就是福利,福利就是社会主义的象征。20世纪瑞典社会民主党执政几十年,实行广泛的社会福利政策,逐步建立了"从摇篮到坟墓"的社会福利制度,譬如,"儿童基本生活保障包括儿童补贴、领养补贴、单亲生活补贴、残疾儿童护理补贴、儿童抚恤金、教育补贴等。所有儿童从出生便可领取每年3000瑞典克朗的补助,直到16岁为止。从小学到高中教育完全免费,学校提供一顿免费午餐。若顺利升入大学,国家为其提供一定数量的低息贷款补贴其生活费用支出,贷款在50岁前还清即可。……18岁以下的儿童,若父母双方或一方不幸

---

❶ 车耳. 如此法国 [M]. 北京:科学出版社,2004:146-148.
❷ 中联部编译小组编. 社会党国际重要文件选编 [C]. 北京:当代世界出版社,2005:210.
❸ 丁建弘. 德国史 [M]. 上海:上海社会科学院出版社,2007:425.

身亡,国家会提供儿童抚恤金及存活儿童补贴。……瑞典社会保障局为了减少有孩子家庭与无孩子家庭生活水平上的差异,出台实施了多种具有针对性的保险和补贴,包括父母保险、老年生活补贴和住房补贴。父母保险又包括父母补贴、临时性父母补贴、怀孕补贴。瑞典社会保障体系又将给予家庭及儿童的补助分成三类,将父母补贴、临时性父母补贴、怀孕补贴、儿童抚恤金归位保险类;将单亲生活补贴、残疾儿童护理补贴、住房补贴归位按需求而定的补贴类;将大家庭补贴、扩展型儿童补贴、领养补贴归位扩展型补贴。""老年生活补贴保证老年人生活至少维持在最低生活标准,补贴数额取决于被救助者的收入和住房费用。符合条件者从满65岁时就可以领取老年生活补贴。如果同时享有其他养老金福利的领取资格,比如收入型养老金、保证型养老金、住房补贴和特殊住房补贴,在获得老年生活补贴之前就必须先领取这些福利。……享受这种补贴的人也必须要经过收入状况调查,证明其暂时存在经济困难。"❶

瑞典的社会福利还包括各种年金、保险和补助。譬如,伤残年金。凡16岁以上失去大部分劳动能力的国民都可以享受该项年金,享受的比例视残障情况而定;寡妇年金。凡婚龄达到5年并失去丈夫超过3年的寡妇,享受寡妇年金直至65岁,金额与基本养老金相同,如果再嫁则取消该项待遇;儿童年金。凡18岁以下国民失去父母或其中一方的,有权享受儿童年金。与此同时,仍保留有享受其他津贴待遇的权利;工伤保险。国民遭遇工伤或职业病后3个月内,享受健康保险待遇,此后享受工伤保险待遇;工伤致残者享受终身残障年金,工伤死亡者除给予丧葬补助以外,其未成年子女可同时享受遗属补贴直至19岁;培训补助。凡参加职工培训的或者报名参加成人教育的雇员、雇工以及参加军训和民防训练的国民,都有权享受雇员培训补助、成人教育补助和军训补助;带薪假期。每个雇员、雇工每年都有2个星期的带薪休假,每周工作时间为40小时;免费教育。公立学校免交学杂费、书本费,住所距离学校较远的学生还可享受交通费补贴,学校免费供应午餐。1996年瑞典实行新的养老金制度。除了原来的基本养老金外,还有附加养老金,以一个人过去30年工资收入最高的15年计算。取消60岁半退休并领取部分养老金制度,可以61岁退休,也可以

---

❶ 粟芳,魏陆. 瑞典社会保障制度[M]. 上海:上海人民出版社,2010:224-225,242-243.

工作到 67 岁。❶ 1980 年瑞典家庭收入来源通过公共就业获得的收入占整个家庭收入的 22%，财产收入占 10%，社会保障给家庭带来的转移收入占 21%。❷

与高福利相伴生的是高税收，2006 年以来，瑞典税收收入占 GDP 的比重为 50.1%，居民个人所得税的最高边际税率接近 60%❸。20 世纪 90 年代，瑞典年薪最高的 100 多名企业家与工人的平均工资相比为 13∶1，经纳税和福利补贴调节后，他们的实际收入差距为 5∶1。瑞典的所得税为累进制，收入越高，纳税越多。产业工人平均交纳所得税 35%，职员 40%，收入很高的企业家、商人、明星、运动员等交纳所得税 80%。瑞典总工会的 220 万会员，22% 在城市有住房，在乡间还有别墅；85% 的会员有自己的小汽车，其中 14% 的人有两部以上小车。❹

20 世纪 50 年代至 70 年代，瑞典失业率长期稳定在 2% 左右，通货膨胀率在 3%～4% 之间，基本上实现了充分就业。70 年代初，人均国民生产总值跃居世界前 10 名。❺ 世界银行 1985 年 7 月公布材料：瑞典在世界十大工业国家中人均收入居第四位，为 12470 美元。2005 年，瑞典人均收入 3 万多美元。瑞典人每年有近 100 天的休息日，并且几乎 100% 的瑞典人都拥有夏季别墅。60 多年来，瑞典的生活质量综合指标一直名列世界前十位。

20 世纪 90 年代，"社会民主工人党保留了全民福利的政策，但对过去提出的目标做了大踏步地后退。社会民主工人党不再坚持充分就业的主张，取而代之的是减少失业或增加就业；不再坚持社会平等的主张，取而代之的是可以期望扩大收入和财富分配的平等；社会民主工人党主张，福利救济应保持合理的水平，税收应以支付能力为基础，但不再主张累进税率。社会民主工人党还接受了新右派的国家不能继续扩张的信条，认为，小企业和私营部门是恢复经济的动力，经济增长有利于提高福利或服务水

---

❶ 李宏，廖晓慧. 瑞典的社会福利制度及其危机与改革 [J]. 价格月刊，2005 (3)：34-35.
❷ 李宗主编. 西欧社会保障制度 [M]. 北京：中国社会科学出版社，1989：95.
❸ 粟芳，魏陆. 瑞典社会保障制度 [M]. 上海：上海人民出版社，2010：7.
❹ 李兴耕主编. 当代西欧社会党的理论与实践 [M]. 哈尔滨：黑龙江人民出版社，1989：290.
❺ 向文华. 斯堪的纳维亚民主社会主义研究 [M]. 北京：中央编译出版社，1998：111，130，148.

平"❶。瑞典社会民主工人党的一系列经济政策调整和社会福利调整制度改革,并未动摇其作为福利国家的根本性质,但取得的成效却较为明显,经济与社会福利制度的效率也有所好转。2001年瑞典的国际竞争力名列世界第9位。瑞典完善的社会福利制度给国民提供了较高的生活质量,使瑞典成为世界上最长寿的国家。

法国社会党在"二战"结束后的最初几年曾经参政执政,把具有民主社会主义色彩的纲领付诸实施,如在经济领域实行国有化和计划化,扩大支付投资,用税收和通胀手段减少财政赤字,创立社会保障制度等,取得了显著成绩。但在20世纪50年代和60年代,法国社会党因内部分裂力量衰减。

20世纪80年代法国社会党重新执政,进一步扩大社会福利,如实行每周36小时工作制,每年5周带薪休假制度,大幅度提高家庭住房、退休者和成人残疾的补助等。法国人从幼儿教育到上大学都有公费教育,如果学生能证明父母无收入并且吃救济,学校还管饭。法国的公立大学每学期只收学生的注册费,不收学费,学生还享受住房补贴,最高补贴达房租的三分之二,最少也在三分之一左右。城市有免费市立图书馆借书,快餐店给学生半价优惠。中小学教育不仅是全义务式的,连学生上学坐车,包括火车都免费。

法国居民工作六个月到八个月后如果失业,可领取一年至两年原工资的2/3左右的失业金。如从未工作或时间过长不能再领失业金,政府则发放最低收入保障金,约每月四百欧元左右,并提供住房补助,餐饮补助,等等,等于每月约七百或八百欧元。家庭补助金专门给予两个孩子以上的家庭,孩子越多,补助越多。幼儿补助金给收入在一定标准之下的怀孕四个月至孩子三岁期间的补助金。养老金是给予工作满37.5年的退休老年人,最低养老金是指专给老年人的最低标准养老金。还有成年残疾人补助金,但有收入条件限制,低收入的残疾人可以申请此补助金。❷

法国高速铁路每小时350公里,由国家铁路公司经营,采取股份制加国家补贴。法国铁路经常亏损,由国家财政补贴。火车票可提前购买,提前买票享受打折20%~30%的优惠,19~25岁的学生买火车票打折50%,

---

❶ [英] 斯图亚特·汤普森. 社会民主主义的困境[M]. 贺和风,朱艳圣,译. 重庆:重庆出版社,2008:112.

❷ 移民法国—法国面面观, http://www.chuguo.cn, 2006-08-22.

还有优惠年票等。❶

高福利建立在高税收的基础上，法国政府对于交税企业总是有意无意地加以保护。在法国，消费者维权的司法门槛较高，打官司费钱费时。虽然法国也有消费者协会之类的组织，但它们不属于官方组织，只有调解权没有判决和执行权，所以，消费者一旦吃了商家的亏，能忍就忍了。在这些或明或暗的特权保护下，法国的各个行业都出现了可以控制市场的巨无霸，比如，汽车基本上就是标致和雷诺；比如，奢侈品一般都是路易维登集团；再比如，零售业差不多都是家乐福集团在把持。这种场面下，竞争自然无从说起，于是导致人们实际生活质量的降低，比如，零售业就基本成了一个中间粗两头细的纺锤形，供货商以薄利生存，而消费者只能接受价高质低的商品。

欧洲发达国家社会民主党执政期间实行的"从摇篮到坟墓"的福利制度导致政府财政赤字，债台高筑，经济停滞。20世纪80年代末至90年代初，苏联解体、东欧剧变，给欧洲国家的社会民主党以猛烈冲击，欧洲民主社会主义也陷入了困境，不仅党员人数和选民人数急剧减少，而且在理论上陷入迷惘，许多国家的社会民主党在议会大选中惨败下台。

第四节　社会民主主义的复兴与"第三条道路"

20世纪90年代以后，面对欧洲各国的困境，社会党国际和欧洲各国社会党对民主社会主义理论和政策进行了调整和更新。

一、社会民主党的政策调整

苏东剧变后，德国社会民主党内发生了关于是继续使用"民主社会主义"概念，还是以"社会民主主义"来代替的争论。虽然这场争论没有得出正式的结论，但是此后各国社会党以及社会党国际很少使用"民主社会主义"概念，而更多地使用"社会民主主义"概念。

1989年，德国社会民主党发布了新的《基本纲要》，提出了一些与传

---

❶ 向文华. 斯堪的纳维亚民主社会主义研究[M]. 北京：中央编译出版社，1998：130.

统观念不同的主张，阐明了协调经济活动与社会保障的新的福利观，并对生态问题予以了特别的重视。将环境保护视为经济发展的一种重要资源，还注意到"后物质主义"在发达国家的影响。以施罗德为首的德国社会民主党选择了一条超然左右的务实的中间道路，即"新中间道路"。施罗德自称既非左亦非右，什么政策能产生最佳效果就用什么政策。

施罗德政府在经济领域里采取了供给导向经济政策。把供给政策与需求政策相结合，把微观经济的灵活与宏观经济的稳定相结合，重新评估了政府与市场的作用。提出，"灵活的市场必须同一个重新定义的积极的国家结合起来"，"国家不应划桨，而应掌舵"。即市场是导向，国家是保障；大力加强市场的作用，提高市场的弹性；国家对经济的干预是多元的，但不能代替经济，而应是其补充；政府的功能不应削弱，而必须加强，但应是"小政府，高效率"；国家应减少监督功能，增加挑战功能；要加强国家、市场和公民社会的协调。❶

20世纪90年代以后，欧洲发达国家社会民主党反思过去的政策，相继开始了革新或改革。社会民主主义的思想理论以及纲领政策都发生了重大变化。许多国家的社会民主党调整了经济政策。改变过去重视分配轻视生产，重视社会公正轻视经济效益的政策，寻求两者兼顾，确立新的经济发展战略。在所有制问题上，不再提改变私有制，建立公有制，而是强调注意发挥混合经济模式的最佳效益。关于市场的作用，强调市场力量在资源配置、直接产品生产和提供服务方面的有效性，认为市场机制和竞争机制对经济发展必不可少。政府的作用主要是纠正市场偏差，建立公正的税制，支持基础设施等。在社会福利政策方面，注重增加经济和社会的生产性投入，不再强调充分就业，而是强调通过增强培训、提高人的素质和减少工时来减少失业问题。在与工会和其他政党的关系方面，社会民主党积极建立与蓝领工人及中间阶层的联盟。增强自身的社会基础和政治实力，联合可以联合的一切力量同右翼势力抗衡。强调社会民主党对工会的独立性和自主性，党与工会不存在特殊关系。积极与共产党对话，促进东欧各国的共产党向社会民主党演变。加强组织建设与国际合作，促使社会民主主义在亚、非、拉发展中国家扩大其组织和影响。

---

❶ 禄德安. 民主社会主义的兴荣与困境[M]. 北京：知识产权出版社，2012：134-135.

二、英国新工党与"第三条道路"

1994年,托尼·布莱尔(Tony Blair)成为英国工党领袖,布莱尔把他领导的工党称为新工党,把他担任领袖之前的工党称为老工党。他摆脱了工党的一些传统思想,采取的第一个重大措施是修改工党党章的第四条。布莱尔宣称,党章第四条强调的是国有化,这样的政策新工党根本不会考虑,此项主张遭到党内左派的强烈反对。布莱尔把修改党章的意见提交党员讨论,还发起了一场"制定能够取得英国人民信任的中间偏左的政纲"的运动。布莱尔认为,这是一场老工党与新工党的斗争,他在全英进行巡回演讲,在工党会议上直接提出修改党章的呼吁。"1995年4月29日,在工党的特别代表大会上,党章第四条的新文本获得通过。这是一场赢得了2/3总票数的胜利,90%的选票支持了布莱尔的改革。"❶ 1997年,在托尼·布莱尔的领导下,英国工党赢得了议会绝大多数席位。

布莱尔的精神导师是社会民主党思想家吉登斯,吉登斯在《第三条道路——社会民主主义的复兴》一书中提出了社会民主党的第三条道路概念、纲领和改革方针。

吉登斯分析了苏联解体、东欧剧变之"社会主义衰落"的原因,他写道:"在马克思看来,社会主义的兴衰取决于它能否创造出这样一个社会的能力:与资本主义相比,这个社会能够生产出更多的物质财富,并且能够以更加公平的方式来分配这些财富。如果说社会主义现在衰落了,则正是由于这些主张落空了。"❷ "社会主义的计划经济理论从来都是很不完备的,这些理论低估了资本主义在创新适应以及不断提高生产力方面的能力。"❸ "尽管在选举中获得了胜利,但社会民主党至今仍未创造出一种新的、前后一贯的政治观点。"❹

如何振兴社会民主主义?吉登斯提出了第三条道路的概念。他认为:

---

❶ [英] 斯图亚特·汤普森. 社会民主主义的困境 [M]. 贺和风,朱艳圣,译. 重庆:重庆出版社,2008:142-144.
❷ [英] 安东尼·吉登斯. 第三条道路——社会民主主义的复兴 [M]. 郑戈,译. 北京:北京大学出版社,2000:4.
❸ 同上,5.
❹ 同上,25.

"这种'第三条道路'的意义在于：它试图超越老派的社会民主主义和新自由主义。"革新后的社会民主党必须站在"中左"一边。❶ 第三条道路政治的总目标，应当是帮助公民在我们这个时代的重大变革中找到自己的方向，这些变革是：全球化、个人生活的转变以及我们与自然的关系。第三条道路的价值是平等、对弱者的保护、作为自主的自由、无责任即无权利、无民主即无权威、世界性的多元化、哲学上的保守主义。

关于国家与公民社会的关系，吉登斯认为，新自由主义者想要缩小政府；民主社会主义者热衷于扩大政府，而第三条道路则认为有必要重构国家，既超越"把国家当敌人"的右派又不同于"认国家为答案"的左派。他主张，培育一个积极的公民社会是第三条道路政治的一个基本组成部分；国家和公民社会应当开展合作，每一方都应当同时充当另一方的协作者和监督者；在政府和公民社会之间并不存在永久的界限。

那么，政府在培养积极的公民社会方面应该发挥什么作用？吉登斯认为，政府应当帮助恢复贫穷阶层中的公共秩序；应当做好充分的准备，鼓励其他形式的、自下而上的决策和地方自主；社区复兴政策不能忽视公共领域；国家还应当保护个人免受公民社会中经常出现的利益冲突之害；公共领域可以通过"公民自由主义"而得以重建。

吉登斯提出了三个重建"公民自由主义"的建议：第一，制定适应大多数选民的环境友好政策；第二，帮助缺乏基本技能和资格的成年人获得它们，提高自信心；第三，传统的扶贫项目必须为以社区为中心的方式所取代。

关于福利社会，吉登斯分析了欧洲发达国家福利制度的问题。他认为，目前这些国家实行的自上而下的福利分配制度从根本上说是很不民主的。它的主要动机是保护和照顾穷人和弱势群体，但是它没有给个人自由留下足够的空间；某些类型的福利机构是官僚化的、脱离群众的、没有效率的；人们对福利系统产生了普遍的依赖而缺乏生产和创新的积极性。吉登斯指出，应当倡导一种积极的福利，公民个人和政府以外的其他机构也应当为这种福利做出贡献，而且，它还将有助于财富的创造。福利在本质上不是一个经济学的概念，而是一个心理学的概念，它关乎人的幸福。吉

---

❶ [英]安东尼、吉登斯. 第三条道路——社会民主主义的复兴 [M]. 郑戈, 译. 北京：北京大学出版社, 2000: 40-48.

登斯建议，在可能的情况下，政府和社会福利机构应当尽量在人力资本上投资，最好不要直接提供经济资助。应当用"社会投资国家"这个概念取代"福利国家"的概念。"社会投资国家"这一概念适用于一个推行积极福利政策的社会。福利政策也要根据各个国家的实际情况作出调整，有的国家可能处于转型阶段，还不宜推广积极福利的政策。

吉登斯提出的"第三条道路"思想和其中的一些政策为布莱尔的工党内阁所采纳，被称为新工党的"第三条道路"。英国工党与保守党的政策日趋接近。

"第三条道路"是社会民主党力图摆脱自身危机和困境的一种方案。其出发点是针对"二战"后尤其是20世纪80年代以来欧洲各国阶级结构和阶级关系的新变化以及大搞福利国家带来的政府财政赤字、债台高筑等问题。

"第三条道路"提出了超越传统的"左与右"的替代方案。"既不走老左派'僵化的国家干预主义'的老路，也对新右派完全自由放任的新自由主义政策，而是要在新的历史条件下将社会民主主义与自由主义重新结合起来，在继承社会民主主义自由、公正、互助等传统价值的基础上吸收自由主义市场原则的积极成分，找到一条既能实现社会公正，又让经济富有活力的新路。"❶

社会民主主义的"第三条道路"或"新中间道路"思想革新给欧洲发达国家的社会党带来了转机。20世纪末，欧盟15个成员国中有13个国家的社会党执政或参政。然而，好景不长，21世纪初，一些国家的社会党相继下台，继续执政的社会党面临各种挑战和难题，尤其是如何改革福利国家弊病的问题。执政的社会党与执政的右翼政党一样，很难对现有的福利制度进行改革，也很难解决政府财政赤字、债台高筑的问题。

"第三条道路"在欧洲引起了激烈的争议，保守党攻击社会民主党窃取了自己的思想，社会民主党内左派人士指责"第三条道路"是向新自由主义靠拢。不少欧洲社会民主党人士对"第三条道路"表示冷淡。随着英国工党、法国社会党、德国社会民主党的下野，"第三条道路"已经淡出人们的视野。

---

❶ [英]安德鲁·格林. 新自由主义时代的社会民主主义[M]. 刘庸安，马瑞，译. 重庆：重庆出版社，2010：4.

总之，20世纪90年代以后，欧洲社会民主党发生了一些重大变化，德国社会民主党提出将民主社会主义的称谓改为社会民主主义，英国工党提出了"第三条道路"，既区别于自由主义，又区别于传统的民主社会主义，走了一条折中的道路。欧洲社会民主党汲取新保守主义和新自由主义的一些思想主张，不断向中间方向靠拢。

第四章 绿色和平主义

绿色和平主义思潮发源于欧洲,20世纪50年代欧洲出现了注重生态、保护环境的思想,60—70年代欧美发达国家产生了绿色和平主义思想和理论,兴起了绿色政治思潮。绿色和平主义强调保护环境,尊重动植物生存价值,提倡建立生态社区、经济可持续发展、节能减耗、开发再生资源和无污染的新能源、发展循环经济、减少消费和浪费,主张用绿色 GDP 的指标发展绿色经济,反对建立核电站。在社会生活领域他们主张尊重人的多样性,保护弱者,发展劳动密集型产业,控制人口增长。在国际关系领域主张非暴力,建设一种和平与合作的文化,将其作为全球安全的基础。反对核武器和大规模杀伤性武器的制造。

绿色和平主义在思维方法、价值观念、关注对象以及政治、经济和社会改革方面与自由主义、保守主义和社会民主主义有诸多不同。它在西方世界独树一帜,向自由主义、保守主义、社会民主主义提出了尖锐的挑战。

绿色和平主义思潮虽然形成的时间较晚,却后来居上。20世纪最后30年,绿党在欧洲发达国家上升为全国性的参政党。在欧洲议会,绿党的整体实力已经超过共产党,成为仅次于欧洲社会党党团和欧洲人民党党团的第三大政治力量。如今,绿色和平主义已流行于全世界,其区域性的组织有欧洲绿党联盟,2001年,在澳大利亚堪培拉召开了"环球绿党联盟"成立大会,成立了全球性的绿党国际组织,通过了"环球绿党联盟"宪章。

第一节 绿色和平主义运动的兴起与发展

一、生态危机的出现

20世纪60年代,欧美发达资本主义国家大都实现了工业化和现代化。

现代化使西方人从传统宗教和专制政治下解放出来，物质生产空前增长，社会生活空前丰富便捷。但是，现代化也造成了社会关系的物化和人的异化，出现了"现代性危机"。譬如，一些人过度追求物质享受、感官刺激和奢华生活，以至道德沦丧，精神失落，丧失奋斗目标。"经济主义—消费主义—享乐主义"使一些人大肆挥霍，浪费资源和财富。

在实现工业化和现代化进程中，人类对地球自然资源进行了"竭泽而渔"式的掠夺和索取，人类排入地球的废弃物大大超过了自然环境的承受能力，出现了对生态环境巨大破坏的生态危机，导致了全球性的生态危机。

1. 酸雨问题

人类历史上第一次记载的酸雨于1872年发生在英国的曼彻斯特，这次酸雨严重地破坏了农业生产，使得大面积的蔬菜死亡。1955—1956年，欧洲160多座城市空气的酸性都上升了。20世纪50年代末，酸雨入侵了欧洲低地国家比利时、卢森堡、荷兰，60年代中期，酸雨降临德国的东西部、法国的北部地区和斯堪的纳维亚半岛。1984年，苏格兰下了一场味道跟柠檬差不多的大雪。全世界的湖泊都处在危机之中。

挪威拥有1679座湖泊。20世纪80年代，挪威111座湖中的鱼已绝迹，991座湖里的鱼十分罕见。瑞士10000座湖已经酸化，其中5000座湖水的pH低于5。加拿大已有140座湖鱼迹难寻，其他48000座湖中的鱼也面临生存的危险。美国东部的3000座湖已经失去了往日那对于污染物的巨大降解能力。奥地利8万多平方千米的国土，30%被森林覆盖着。那儿的主要树种针杉是极好的建筑材料，又名冷杉。据调查，20世纪90年代已有93%的森林遭到了不同程度的伤害，"凶手"就是从天而降的酸雨。在捷克和波兰边境，70万公顷的森林已经死亡。那儿土壤的pH为3.8。在欧洲大陆，土壤的酸性不断地上升，肥力不断地下降，导致植物和微生物生态系统的变化。特别是位于海拔600米以上的山区，森林面积明显地减少。[1]

2000年1月，欧洲第二大河流多瑙河中毒。鱼儿死了，河岸两旁的鸟儿、野猪、狐狸等陆地动物死了，植物也死了。原因在于罗马尼亚一座金矿储存的剧毒物质氰化物、重金属池子泄漏，污染了附近的水库和多瑙河

---

[1] 陈中原. 邻居的"馈赠"：跨国界污染 [M]. 苏州：江苏人民出版社，2008：24-25.

等许多河流。❶

2. 滥用化肥农药

滥用化肥和农药对土壤、大气也造成了危害。1970年前后，科学家认识到，农业生产中大量施用氮肥以及固氮植物的大面积种植，向大气排放了大量的氮氧化物。这些氮氧化物进入平流层，进而影响臭氧的生成量。有科学家预测，21世纪的前25年间，平流层中臭氧还将减少，其中20%是由于农业施用氮肥造成的。❷

3. 化工厂事故与核事故

化工厂的重大事故对大气造成了污染。1984年11月19日，墨西哥一座液化气供应站发生爆炸，54个储气罐爆炸起火，死亡1000多人，伤4000多人，毁房1400余幢，3万人无家可归。1984年12月印度博帕尔邦杀虫剂工厂发生毒气泄漏事故。美国联合碳化物公司农药厂剧毒物质异氰酸甲脂储藏罐外泄，死亡2000多人，20万人受害。1986年11月瑞士巴塞尔桑多兹化工公司一座仓库起火，有毒化学品随灭火水流入莱茵河，造成莱茵河污染事故。1987年9月，巴西一家癌症研究所把放射性同位素铯-137的铅储罐当废品卖给废品收购站。收购站职工将罐砸开，放射性物质外泄，3人死亡，20多人患放射病，200多人受害。1989年3月，美国9.5万吨的埃克森·瓦尔迪兹号油船在阿拉斯加州的威廉王子湾触礁，船体撕破，1000万加仑原油泄漏，厚厚的油膜覆盖着1600平方公里的海水。水上浮油蔓延4600平方公里，1万只海鸟和海鸭受害。1989年6月，苏联中乌拉尔地区油管发生爆炸事故，炸毁两辆旅客列车，400多人死亡，600多人受伤，周围环境遭受严重污染。1989年12月，伊朗超级油轮哈克5号在距摩洛哥卡萨布兰卡大约161公里的地方爆炸，7万吨原油流入摩洛哥附近海域，使摩洛哥的沙丁鱼和牡蛎等渔业生产受到严重危害。❸

核事故所造成的危险更大。1979年3月28日美国三哩岛核电站发生泄漏事故。一座反应堆大部分元件烧毁，一部分放射性物质外泄。1986年苏联切尔诺贝利核电站发生爆炸事故，从核电站蹿出来的放射性物质131碘和137铯等直冲天空，从欧洲中部跑到了欧洲北部。在核电站附近90公里的范围内，居民患癌症的概率上升，新生婴儿畸形率不断上升，缺胳

---

❶ 陈中原. 邻居的"馈赠"[M]. 苏州：江苏人民出版社，2008：37.

❷ 同上，21.

❸ 姜象鲤. 当代世界重大环境问题[M]. 北京：中国标准出版社，1991：8-9,39.

脖、短腿、缺耳、牛犊状、痴呆儿童比比皆是。瑞典拉布兰人生活区域的驯鹿、鱼儿、土地、蔬菜等全部中毒,白俄罗斯20%的土地被污染,乌克兰30多万平方公里的土地被污染。几百万人遭受着剧毒物质的危害。❶ 此前苏联发生过多起核泄漏事故。1957年乌拉尔山脉核武器基地发生爆炸事故,核燃料物质随风刮到了5千米以外的地方,污染了15000平方公里、27万人生活的地区,附近10700多人逃离家园。❷ 2011年3月11日日本东北近海发生里氏8.8级强烈地震和海啸,并引发了核电站爆炸,出现了严重的核泄漏事故。

自从1951年美国在加利福尼亚州海边希平港(Shipping Port)建成世界上第一座试验性核电站以来,有关部门统计,截至2011年,全世界共有500多座核电站,分布在40多个国家里。核能已为一些国家的重要能源。法国核发电量占全国总电量的70%以上;日本核发电量也占了全国总发电量的35%以上。核电站最多的是美国,共有110多座,发电量占全国总电量的20%左右。❸

核试验也是破坏臭氧层的主要因素之一。1949年苏联第一颗原子弹爆炸成功后,苏联接二连三地在哈萨克斯坦大平原进行了320多次原子弹和氢弹试验,这个大平原的土壤、草和空气都被污染了。在几十年间当地居民遭受了核放射性的严重污染,诱发了大量基因突变,死胎出现的概率翻了一番,怪胎、畸形儿遍地都是。❹ 1952年英国首次核试验成功。英国共进行了45次核试验,拥有约400枚核弹头。英国在澳大利亚维多利亚大沙漠区、在位于印度尼西亚首都雅加达南部大约660千米的澳属的圣诞岛上、在太平洋岛屿上进行了大规模的氢弹、原子弹试验,当地土著居民遭受了严重的核污染。❺

1954年以来美国进行了近1100次核试验。美国在太平洋中部比基尼岛以东海域进行了66次原子弹、氢弹核试验,严重污染了当地土著居民的家园,血癌、胰腺癌患者剧增,无数土著民死于辐射病。1960年法国首次核试验成功。从1966年开始,法国在南太平洋的波利尼西亚群岛进行了

---

❶ 陈中原. 邻居的"馈赠"[M]. 苏州:江苏人民出版社,2008:67-73.
❷ 同上,84.
❸ 同上,73-74.
❹ 同上,82.
❺ 同上,88.

150多次氢弹、原子弹试验。波利尼西亚人吃了附近海域的鱼,会感到恶心、腹泻,浑身痒痒数日乃至数年。吃鱼导致妇女流产,产出残缺婴儿。❶

1974年印度首次核试验成功,共进行6次核试验,大约产生40～50枚核弹头。1998年巴基斯坦首次核试验成功,共进行了5次核试验,大约产生30枚核弹头。据科学家测算,空气只要被加热达到2300K,就会产生大量一氧化氮。核爆炸产生的强大冲击波将把这些一氧化氮等氮氧化物送入平流层,形成的橘色蘑菇云就是由氮氧化物变成二氧化氮的结果。在1961—1962年西方核大国的核试验高峰时期,34000万吨当量的核爆炸把大约130万～170万吨氮氧化物注入平流层,使平流层中的臭氧减少了大约2%～4.5%。有人估计,如果进行100亿吨当量的核爆炸,北半球上空平流层中的臭氧量将减少30%～70%,南半球的将减少40%。❷

20世纪90年代,"世界上仅核弹头的储备就大约有4万～5万枚,总威力达12000兆吨级,爆炸当量相当于100万颗扔在日本广岛的原子弹。如果把它们换算成TNT炸药,那么全世界每人可平摊4吨炸药。这些核武器能杀死2000亿人口,即能毁灭全世界人口40次"❸。

4. 高新技术产品垃圾

高新技术产品垃圾对地球环境的污染也不可忽视。21世纪初,在地球上空飘浮着3000多颗人造卫星,10多个空间站。其中不少已被废弃,成为太空垃圾,对太空造成了严重污染。众多卫星聚集在赤道上空,对赤道附近的人们的生命构成一定威胁。目前,全世界计算机垃圾正在迅速地增长,如何处理计算机垃圾成为一个国际性的难题。手机、电视机、电冰箱、洗衣机、空调、汽车、飞机等报废的电子垃圾如何处理也成了国际性的难题。

5. 局部冲突与战争

冷战以后,一些国家发生的武力冲突和战争也造成了环境的污染。1990年8月2日,伊拉克侵入科威特。1991年1月,美国等多国部队对伊拉克宣战,海湾战争爆发。战争仅持续6周,伊拉克军队就被赶出科威特。多国部队对伊拉克投掷了成千上万颗炸弹,炸毁了伊拉克几座核反应堆、多座化学武器工厂。伊拉克军队在逃离科威特时,放了一把大火,烧毁了

---

❶ 陈中原. 邻居的"馈赠"[M]. 苏州:江苏人民出版社,2008:84-87.

❷ 同上,21-22.

❸ 姜象鲤. 当代世界重大环境问题[M]. 北京:中国标准出版社,1991:10.

科威特无数的油田、油罐和房屋、树林等。原油从363口井中喷射而出,几乎浸透了所有经过的土地,昼夜不停地流向波斯湾。黑色的死鱼、死虾、死鸟覆盖着整个海面,臭气熏天。波斯湾、阿拉伯湾海域的土壤、水体遭到了空前的石油污染。伊拉克、科威特境内燃烧的油井、炼油厂冒出的滚滚黑烟覆盖了北半球40%的天空。这是一次人类历史上空前的石油污染。❶

2003年3月20日,以美国和英国为主的多国联合部队正式宣布对伊拉克开战,第二次海湾战争爆发。联合部队由12万人的美军部队、4.5万人的英军部队、2千多人的澳大利亚军队和200人的波兰军队所组成,还有大约5万人的库尔德武装力量。他们通过驻扎在科威特的美军基地对伊拉克发动军事打击,动用了美国在海湾地区驻扎的大量空军和海军航空兵的支援。战争爆发大约三个星期之后,美军顺利进入巴格达市区,途中并没有遇到任何顽强抵抗。大批伊拉克军队向美军投降。

2001年10月7日,以美国为首的联军发起对阿富汗盖达组织和塔利班的一场战争。联军官方指这场战争的目的是逮捕本·拉登等盖达成员并惩罚塔利班对恐怖分子支援。2011年5月1日击毙了本·拉登。

2011年3月19日,美军实施"奥德赛黎明"(Operation Odyssey Dawn)行动,发射大量导弹猛烈轰炸利比亚,美军在这次行动共发射了110多枚战斧导弹。这次行动变成了法英美主导的北约多国部队与利比亚的战争,这场战争对北非和地中海地区造成了巨大的灾难和污染。

托夫勒在《第三次浪潮》一书中指出,"今天世界的许多变化,并不是孤立的,彼此不相关的,也不是偶然出现的。例如,小家庭的崩溃,全球性的能危机,迷信的到处蔓延……所有这些看来似乎是孤立的事件,恰恰是反过来看,才是正确的。所有这些和其他许多看上去不相干的事情和趋势,都相互有联系,是结合在一起的。实际上,它们是宏观世界中的组成部分。这意味着世界文明的末日,展示着一个新的文明正在兴起。"❷

"现代性危机"从社会文明的视角来看就是现代工业文明危机。人类文明已经经历了不同的形态:狩猎采集文明、农业文明、工业文明。其中,狩猎采集文明和农业文明从精神实质来说属于"神圣文明",工业文

---

❶ 陈中原. 邻居的"馈赠":跨国界污染[M]. 苏州:江苏人民出版社,2008:48-51.
❷ [美]阿尔温·托夫勒. 第三次浪潮[M]. 朱志焱,潘琪,张焱,译. 北京:新华出版社,1996:序言2-3.

明则是理性的世俗文明,是对神圣文明的否定。"现代性危机"表明:工业文明已经陷入不可自拔的危机中,已经完成它的使命,正在从兴盛走向衰亡,一种新的生态文明将逐渐取代工业文明,成为未来文明的主导形态。

世界各国现代化进程所造成的环境污染致使生物多样性锐减。据估计,"最近400年来,人类活动加快了物种灭绝的速率。以兽类为例,17世纪平均5年灭绝一种,到20世纪每2年就要灭绝一种。"❶

二、绿色和平主义运动的兴起

1. 生态学的产生与传播

早在1866年,德国生物学家恩斯特·海克尔就最先提出了生态学这个词,德语为Oecologie。他将希腊文中的Oikos(意为家或家园)和logos(希腊文,意为各种学科研究)拼合在一起,造出生态学(Ecology)这个词,从字面上解释就是对家园的研究。海克尔观察了各个物种与其生存环境或者称之为"家园"及其他物种之间是如何相互影响的。从此,揭开了生态学发展的序幕。在1935年英国的Tansley提出了生态系统的概念之后,美国的年轻学者Lindeman在对Mondota湖生态系统详细考察之后提出了生态金字塔能量转换的"十分之一定律"。由此,生态学成为一门有自己的研究对象、任务和方法的比较完整和独立的学科。❷

1962年美国海洋生物学家莱切尔·卡逊(Rachel Carson)撰写的《寂静的春天》(Silent Spring)一书出版,标志着生态学的产生。该书首次从污染生态学的角度阐述了人类同大气、海洋、河流、土壤、动植物之间的关系,揭示了环境污染对生态系统的影响。

生态学是研究生物体与其周围环境(包括非生物环境和生物环境)相互关系的科学。目前已经发展成为"研究生物与其环境之间的相互关系的科学"。它的研究方法是描述—实验—物质定量三个过程。系统论、控制论、信息论的概念和方法的引入,促进了生态学理论的发展。

1958年,卡逊把全部注意力转到了危害日益增长的杀虫剂使用问题上

---

❶ 姜象鲤. 当代世界重大环境问题 [M]. 北京:中国标准出版社,1991:53-54.
❷ [英]大卫·布林尼. 生态学 [M]. 李彦,译. 北京:生活·读书·新知三联书店,2003:6.

来,她花了四年的时间阅遍美国官方和民间关于杀虫剂使用和危害情况的报告。在详细调查研究的基础上,写成了《寂静的春天》一书。该书揭露了美国农业、商业为追逐利润而滥用农药的事实,对美国不分青红皂白地滥用杀虫剂而造成生物及人体受害的情况进行了抨击。主张禁用那些会给人类及生物带来长远性严重危害的杀虫剂,而对另外一些则必须有选择、有限制地细心使用。该书在美国出版后,立即引起很大注意,也引起了很大争论。卡逊曾亲自出庭参议院贸易委员会为杀虫剂问题作证;当时的肯尼迪总统在一份报告中支持了卡逊的见解。❶

在工业化、现代化国家环境污染日益严重的形势下,1968年4月,来自十个国家的科学家、教育家、经济学家、人类学家、实业家、国家的和国际的文职人员,约30人聚集在意大利的罗马山猫科学院。他们在一位有远见卓识的企业家、经济学家奥莱里欧·佩切依博士的召集下聚会,讨论"现在的和未来的人类困境"问题。罗马俱乐部就是在这次会议后产生的。

罗马俱乐部是一个非正式的国际协会,2000年其成员已增加到大约25个国籍的70人。它的成员没有一个人担任公职,这个团体也不局限于任何特定的意识形态、政治的或国家的观点,他们完全为一种压倒一切的信念——生态环保联合起来了。在丹尼斯·米都斯教授的指导下,罗马俱乐部成立了一个国际性的研究小组。这个小组考察了五个最终决定和限制地球增长的基本因素——人口、农业生产、自然资源、工业生产和污染。

早在1972年,罗马俱乐部就发表了《增长的极限》报告,该书第一章《指数增长的本质》揭示了几何级数增长的速度,在通常的情况下,指数增长可以产生惊人的结果——这种结果许多世纪以来都使人类迷惑不解。他们采用了一个古老的波斯传说来说明几何级数增长的速度。据这个传说故事说,有一个聪明的朝臣献给他的国王一个精美的棋盘,并请求国王给他在这棋盘的第一个方格上放一粒米,在第二个方格上放二粒,在第三个方格上放四粒,如此等等作为报答。国王立刻同意了,并下令从他的仓库里取米。这棋盘的第四个方格需要8粒,第十方格需要512粒,第十五方格需要16384粒,而第二十一个方格给这个朝臣的米超过100万粒。到第四十一个方格必须从仓库里取出1万亿粒米,远在达到第六十四个方

---

❶ [美]卡逊. 寂静的春天[M]. 吕瑞兰,译. 北京:科学出版社,1979:译者的话.

格以前国王储备的全部米粒都耗尽了。这个传说指出了指数增长的快速性，它由几个不起眼的数字开始，但很快就产生了巨大的数量。

《增长的极限》又用了一个法国儿童谜语说明了几何级数增长的速度：假定你有一个生长着一朵莲花的池塘，这种莲花的体积每天按 2 倍速度生长。如果允许它不受限制地生长，在 30 天之内莲花就会完全覆盖住这个池塘，闷死水中的其他生命。

《增长的极限》用"指数储量指标"给每一种资源提出可能有的寿命，并假定在消费量方面，现在的增长率会继续下去。❶ 该书还告诫人们海鱼中的汞，城市空气中的铅粒子，城市垃圾堆积成山，海滩上的油膜——这些都是人类进出口的各种资源的流量增加的结果。污染成为这个世界系统中另一个按指数增长的量。

为什么地球会遭受严重污染和生态危机？《增长的极限》认为，产业革命以来的经济增长模式所倡导的"人类征服自然"，其后果是使人与自然处于尖锐的矛盾之中，并不断地受到自然的报复，这条传统工业化的道路，已经导致全球性的人口激增、资源短缺、环境污染和生态破坏，使人类社会面临严重困境，实际上引导人类走上了一条不能持续发展的道路。目前人类的经济活动已经超出了一些重要的极限，这种过冲在未来的几十年将会大大强化。当人类需求的扩张超出地球资源所能维持的水平时，崩溃必然紧随而来。

这份报告问世后立即引起世界的震动。报告所提出的全球性问题，如人口问题、粮食问题、资源问题和环境污染问题（生态平衡问题）等，引起各国学者和专家的热烈讨论，也引起各国政府和民间组织的高度重视。

该报告向全世界发出寓意深刻的告诫，后来被引入《联合国环境方案》，即为了人类社会美好的未来，我们再也不能为所欲为地向自然界贪婪地索取，恣意地掠夺了。因为，"我们不只是继承了父辈的地球，而是借用了儿孙的地球"。

2. 绿色和平主义运动的兴起（20 世纪 70 年代）

20 世纪 60 年代，欧美发达国家越来越多的年轻人对他们父母的极端物质主义生活方式感到厌倦。美国和西欧国家与发展中国家之间的巨大鸿

---

❶ [美] 丹尼斯·米都斯，等. 增长的极限[M]. 李涛，王智勇，译. 北京：机械工业出版社，2013：前言 21，27，29.

沟让年轻的欧洲人感到厌恶。越来越多的欧美人认为西方政治制度已经堕落。他们开始寻求新的观念，有些人甚至提出重新认识社会主义。20世纪60—70年代欧美国家出现"新社会运动"。

西欧年轻人不满情绪爆发的一个著名事件就是1968年法国学生反叛社会的"五月风暴"，这次事件几乎影响了整个西方世界。此后，欧美国家产生了各种各样的团体和政党，许多团体自喻为马克思主义者、列宁主义者、毛泽东主义者、托洛茨基主义者。有些青年团体甚至发动针对资本主义的武装斗争，如西德的巴德尔·门霍夫团体（Baader Meinhof Group）。

1977年英国兴起"核裁军运动"。1980年"欧洲裁军运动"兴起，西欧国家爆发大规模的反核示威。1982年北欧国家发起"和平进程运动"。1983年10月"全欧行动日"，德国120万人上街示威，反对美国在德国军事基地部署导弹。

1971年，加拿大温哥华的一群年轻人在工程师戴维·麦克塔格特的组织下宣布开展一场绿色和平运动。他们提出的口号是反对核试验，并决定驾驶船只到海洋河流中去进行抗议活动，唤醒人们的良知，阻止一意孤行的环境破坏活动。最初，他们将一艘旧渔船改装后，命名为"绿色和平"号，意在把和平与环境联系在一起。随后，他们收购了一艘旧扫雷舰，取名为"绿色和平"2号。他们乘船来到华盛顿，抗议美国在阿留申岛的安奇特卡岛上的地下核试验。美国政府迫于舆论的压力，不得不取消了核试验。当绿色和平2号返回温哥华时，人们潮水般涌到码头，迎接这些凯旋的勇士们。于是，绿色和平运动走出了国界，逐渐成为一个国际性的激进的环境保护主义组织。❶

20世纪70年代，欧洲各国出现了"自然之友""峰峦俱乐部""绿色和平组织""世界卫士""布仑特兰委员会"等非政府组织，形成一种市民社会自发的"绿色政治运动"。

1992年，美国有1万多个非政府环境保护组织。"环境保护主义"成为一个广为接受的社会思潮。

1992年，克林顿在竞选总统时挑选的竞选伙伴是《濒临失衡的地球》的作者阿尔·戈尔，阿尔·戈尔的《濒临失衡的地球》成为美国的畅销书。克林顿当选美国总统后发表了一篇题为《地球日》的演说，表达了他

---

❶ 绿色和平：激进的环保主义组织 [J]. 环境教育, 2004 (10): 48-49.

对保护环境的支持。20世纪90年代美国环境保护运动进入高潮。

三、绿党及其国际组织

世界上第一个全国性的绿党是1972年5月创建的新西兰"价值党",该党发表《新西兰蓝图》,提出实现经济与人口的零增长,以保证生态环境稳定和人与自然和谐。1975年新西兰价值党制定的《明天以后》竞选纲领强调稳定人口和经济;建立一种新的工业关系和经济关系;考虑生态问题,发展以人为核心的技术;确定一种软能源系统;建立一个分散化的政府;强调男女平等和人民的权利等。这些思想不仅对未来学家是一种巨大的鼓舞,而且成了绿党思想的出发点。1990年5月,价值党和绿色组织合并,改成新西兰绿党。

1973年,欧洲国家出现第一个绿党——英国"人民党"(The People),后改为"生态党"(Zoology Party),之后又改为"绿党"(Green Party)。该党建党纲领《为生存而奋斗的行动》提出,人类生存战略应该最低限度地扰乱生态平衡,最大限度地保留物质和能源,人口实现零增长,建立一种个人满足于而不是受制于前面三个条件的社会制度。

20世纪80年代,欧洲发达国家相继出现了绿党。"绿色和平组织"的活动形式富于创意,擅长应付媒体,组织成员飞速增长。环保团体的数量发生了戏剧性的暴涨。[1]

德国绿党是全世界绿党参政议政的典范。1980年1月,德国绿党在卡尔斯鲁厄成立。1983年,德国绿党在全国大选中获胜,首次进入联邦议会,成为议会中的第四大党。1984年6月,德国绿党参加欧洲议会选举,首次进入欧洲议会。1993年,德国西部绿党与东部绿党正式合并为"联盟90/绿党",简称绿党。1998年,联邦议院大选,绿党与社会民主党组成红绿联盟联合执掌政权。2002年9月,德国绿党获得了联邦议院大选的8.6%的选票,成为德国第三大政党,与施罗德为首的德国社会民主党联合执政,再次成为执政党。德国绿党的重要人物约施卡·菲舍尔担任了德国联邦副总理兼外交部长,于尔根·特里廷担任了环境部长,雷纳特·屈

---

[1] [英]大卫·布林尼. 生态学[M]. 李彦,译. 北京:生活·读书·新知三联书店,2003:186–187.

纳斯特担任了农业部长。

1987年，意大利绿党第一次进入了全国议会，在"绿色名单"的名义下获得了13个下议院议席和2个参议院议席。

从1981年起，芬兰、比利时、联邦德国、奥地利、意大利、卢森堡和瑞士的绿党相继通过大选进入了本国议会。联邦德国的绿党在1983年的大选中获得了近100万张选票（5.6%）和联邦议会497个议席中的28席。❶第一次打破了议会中长期存在的三党格局，成为议会中的"第四大力量"。1984年，德国绿党的代表又进入了欧洲议会，并占有7个席位；在1987年的大选中，它吸引了许多原属于社会党的选民，得票数由1983年的5.6%上升到8.3%，联邦议院席位也相应由27个增加到46个。❷

1984年德、比、法、英、荷、意、奥、瑞典等国绿党和绿色组织在比利时的列日市成立了"欧洲绿党协调"（European Coordination of Green Parties），总部设在布鲁塞尔。

在1984年6月举行的欧洲议会选举中，比利时、法国、德国、卢森堡、英国、爱尔兰、荷兰7个国家的绿党参加竞选，首次进入欧洲议会。按照当时的欧洲议会规则，由至少3个国家的10名欧洲议员就可组成单独的欧洲议会党团。根据此规则，绿党已经具备了单独组团的资格。在德国绿党的坚持下，欧洲议会中的绿党议员与其他一些激进组织议员联合组成了欧洲议会彩虹党团。

1989年欧洲议会选举中，有7个国家的9个绿党进入了欧洲议会，绿党组成了单独的绿色党团，共有30个席位。1999年6月的欧洲议会选举中，绿党在欧洲议会的626个席位中占有了47席。绿党是仅次于社会党党团和人民党党团的第三大政治力量。

20世纪90年代末，欧洲绿党联盟（EFGP）成立，有43个成员党，2004年2月改称欧洲绿党（EGP）。

绿色和平主义对联合国也产生了重要影响。1972年6月5日在瑞典斯德哥尔摩召开的联合国人类环境会议（United Nations Conference on the Human Environment），通过了《斯德哥尔摩宣言》，标志着环境问题正式提上了国际社会的议事日程。这是国际社会就环境问题召开的第一次世界性会

---

❶ 郇庆治. 环境政治学：理论与实践［M］. 济南：山东大学出版社，2007：189.
❷ 奚广庆、王谨. 西方新社会运动初探［M］. 北京：中国人民大学出版社，1993：导言.

议，标志着全人类对环境问题的觉醒，是世界环境保护运动史上一个重要的里程碑。

受联合国人类环境会议秘书长莫里斯·斯特朗委托，经济学家芭芭拉·沃德、生物学家勒内·杜博斯在这次联合国人类环境会议上提交了一份《只有一个地球》非正式报告。该报告是在58个国家152位成员组成的通讯顾问委员会的协助下完成的。该报告指出，"人类生活的两个世界——他所继承的生物圈和他所创造的技术圈——也已失去了平衡，正处于潜在的深刻矛盾中。……这未来的危机，较之人类任何时期所曾遇到的都更具有全球性、突然性、不可避免性和困惑不可知性，而且这种危机就在我们孩子所生活的时代将会形成"。人类迄今尚未找到一种好的组织体系，能调节日益增长的要求和国家的野心，并使人类共居的地球保持团结的方法。[1] 该报告中的许多观点被会议采纳，并写入大会通过的《人类环境宣言》。

1973年联合国成立了环境规划署，气候问题正式进入联合国工作范围。在联合国的推动下，20世纪70—80年代关于气候问题的国际会议和国际协议大量出现。

1979年，联合国环境保护署臭氧层保护委员会成立，这是一个禁止使用氟化物的国际组织。经过北美地区和欧洲共同体的努力，1982年全世界氟化物的产量比其高峰年（1972）的产量减少了21%。然而，1982年和1983年连续两年全世界的氟化物产量又分别上升了7%，主要是东欧和印度大量生产的缘故。联合国环境保护署于1985年在奥地利的首都维也纳召开了臭氧层保护委员会成员国会议。与会的27个国家签署了"保护臭氧层维也纳宣言"。

1981年，科学家莱斯特·布朗出版了《建设一个可持续发展的社会》一书。他呼吁人类社会采取有效措施稳定全球人口规模，保护自然资源，开发和利用可再生资源，探索一条人与自然协调发展的新路，建设可持续发展的社会。

1987年9月16日，在加拿大蒙特利尔召开了一次仅有发达国家代表参加的减少空气污染的国际会议。27个国家签署了一份协议。协议规定，到20世纪末减少50%的氟利昂生产和使用量。在这份协议生效时，卫星

---

[1] [德]芭芭拉·沃德，[法]勒内·杜博斯. 只有一个地球[M]. 国外公害丛书编委会，校译. 长春：吉林人民出版社，1997：序16, 35.

图像再次显示，臭氧洞在北极也存在，甚至比南极的大，扩展到了挪威的绝大部分地区、瑞典、芬兰，大约占极地面积的 1/3。❶

1992 年 6 月，联合国在巴西的里约热内卢召开环境与发展大会。大会通过了《里约环境与发展宣言》《21 世纪议程》以及《关于森林问题的原则声明》等重要文件，并签署了联合国《气候变化框架公约》、联合国《生物多样性公约》。《21 世纪议程》将环境、经济和社会关注事项纳入一个单一政策框架，载有 2500 余项各种各样的行动建议，包括如何减少浪费和消费形态、扶贫、保护大气、海洋和生活多样化以及促进可持续农业的详细提议。在《21 世纪议程》中，各国政府提出了详细的行动蓝图，改变世界目前的非持续的经济增长模式，转向从事保护和更新经济增长和发展所依赖的环境资源的活动。《21 世纪议程》成为指导世界各国制定和实施可持续发展战略的纲领性文件，为新世纪人与自然的发展，人口、资源、环境以及经济和社会的协调发展指明了方向。这次大会通过的《联合国气候变化框架公约》，旨在限制全球二氧化碳等温室气体排放总量。议定的一项《森林原则声明》，用来指导如何以更加可持续的方式管理全世界的森林。1992 年中国加入了《联合国气候变化框架公约》。

1997 年 12 月，140 个国家的代表在日本京都开会，就《联合国气候变化框架公约》签署了《京都议定书》，我国也签署了该协议书。但按照议定书的规定，要有在 1990 年占造成温室效应气体排放量 55% 的国家批准，该议定书才能正式生效。这一责任自然落在发达国家身上。然而，当许多欧洲国家先后批准了该议定书后，却遇到美国的阻碍。美国在克林顿政府时期，曾签订了《京都议定书》，但布什政府上台后，却在 2001 年退出了该议定书。美国的行动拖延了《京都议定书》的生效。俄罗斯对该议定书曾一度迟疑，但在 2004 年 11 月批准了该议定书，2005 年 2 月 16 日《京都议定书》正式生效，标志着人类对环境的保护又迈进了一大步。❷ 到 2009 年已有 192 个国家批准了《联合国气候变化框架公约》。

1998 年，世界气象组织和联合国环境规划署联合设立了政府间气候变化专门委员会。

2002 年通过的《德里宣言》的一个基本观点是，在可持续发展的框架

---

❶ 陈中原. 邻居的"馈赠"[M]. 苏州：江苏人民出版社，2008：22-23.
❷ 何洪泽，邹德浩. 京都议定书 16 日正式生效 美国仍未加入. 人民网，2005-02-16.

下解决气候变化问题。它承认发展经济和消除贫困是发展中国家的首要任务，这就为发展中国家逐步参与减排进程争取了时间。根据规定，《京都议定书》第一承诺期到2012年结束，在此之前7年就应当启动第二承诺期减排目标的谈判。因此从2005年开始，国际社会就开始了议定书第二承诺期的谈判。然而这一谈判进程非常缓慢，时至今日，一些发达国家还在争论是否要废除《京都议定书》。

2007年巴厘岛谈判制定了"巴厘路线图"，启动了当前的"双轨制"谈判，分别是公约下的长期合作特设工作组和《京都议定书》特设工作组。随后召开了2008年的波兹南会议以及2009年在波恩、曼谷、巴塞罗那的五次会谈，最终来到了哥本哈根。❶

2009年12月7—18日，哥本哈根世界气候大会《联合国气候变化框架公约》第15次缔约方会议暨《京都议定书》第5次缔约方会议召开。来自192个国家的谈判代表召开峰会，商讨《京都议定书》一期承诺到期后的后续方案，即2012年至2020年的全球减排协议。会议达成不受法律约束力的《哥本哈根协议》。

2010年12月8日，墨西哥坎昆气候峰会召开。12月11日，坎昆会议最终达成两项决议，分别是《京都议定书》附件一缔约方进一步承诺特设工作组决议以及《联合国气候变化框架公约》长期合作行动特设工作组决议。两份决议坚持了公约、议定书和"巴厘路线图"，坚持了"共同但有区别的责任"原则，确保了明年的谈判继续按照"巴厘路线图"确定的双轨方式进行。不过，在各经济体减排温室气体、发达经济体为气候基金提供资金等问题上，《坎昆协议》尚未出台量化目标，这也使得2011年在南非德班举行的下一轮全球气候谈判的任务依旧艰巨。❷

第二节 绿色和平主义的理论与实践

绿色和平主义分为激进派（dark Green）和温和派（light Green），其激进派包括生态社会主义、生态马克思主义、生态无政府主义、生态女权

---

❶ 郧公弟. 气候谈判从未一帆风顺. 中国证券报－中证网, 2009 - 12 - 21.
❷ 高健. "坎昆答卷"发出积极信号 达成两项主要决议. 中国证券报, 2010 - 12 - 13.

主义。其温和派包括生态自治主义和生态现实主义，激进派和温和派的主要区别在于对资本主义制度的认识，激进派认为生态危机的根本原因是资本主义制度，只有改造或消灭资本主义制度，才能从根本上解决人类的生态危机。温和派认为，生态危机的根本原因是人类中心主义，人类以自己为中心，不尊重地球上的其他生物和存在物，过度消费、过度浪费、过度开发资源造成了生态危机。只有消除人类中心主义，树立生态中心主义或弱人类中心主义，人与自然和谐发展，才能解决生态危机。

虽然有派别之分，但是绿色和平主义在全球意识上的认识是一致的，认为人类生活于一个资源有限、危机丛生、相互依赖的全球系统之中，必须从以往以民族利益、阶级利益和意识形态为基础的世界秩序转变为以人类利益和全球安全为基础的新秩序上来。

一、生态自治主义

生态自治主义（Econommunalism）是绿色和平主义的主要派别之一，其思想理论建立在对自然价值的重新理解即生态中心主义的观点之上。多布森（A. Dobson）的《绿色政治思想》（Green Political Thoughts）是生态自治主义的经典之作，此书出版于1990年，该书试图把绿色和平主义作为一种不同于传统政治意识形态的独立的意识形态加以阐述。

（一）生态自治主义主要思想观点

1. 生态中心主义

生态自治主义所依据的理论基础是生态中心主义。生态中心主义是一种整体论的或总体主义的方法。主张用"生态中心主义"取代"人类中心主义"。生态中心主义者主张抛弃那种"太阳为人类而升起，星星为人类而闪耀，所有的东西都可以用来为人类提供服务"的"人类中心主义"的观点。他们质疑机械主义的科学和它的技术后果、拒绝相信世界是为人类创造的，追求的是人类本身的非中心化。力图建立一种新的伦理模式。"土地伦理学"和"深层生态学"是这种思想的最重要的代表。

生态中心主义用系统论和整体论的方法看待宇宙和地球，认为，宇宙是一个巨大的网络系统，没有一个金字塔式的等级结构和等级秩序在实行控制，宇宙是一个自然形成的有机整体，按生态法则组合和运转，系统和子系统之间、子系统之间，彼此依存、难分高低，处于平等和谐关系。如宇宙、银河系、太阳系、地球生物圈。大系统、中系统、小系统，圈中圈，园中园……宇宙和人类构成了一个相互作用的有机整体，人类在自然界这个大系统中只是小小的一个环节，人的生活也包含在"生态系统的生活循环"之中，他对自然的每一个放肆的动作，都有可能引起大系统的紊乱，造成全面性的生态灾难，并最终反过来作用于人类自身。人对自然切不可妄自尊大和为所欲为，而是应当采取非常谨慎的态度。❶

这就是说，地球物种之所以存在，主要原因在于它们自身在地球上具有不可剥夺的存在权利或者存在的理由，尊重其他物种的生存权利应该成为人类的道德准则。如江鱼的繁殖、非洲田螺的存在、水草的存在，森林、田野里植物和动物的生物圈。基于这样一种理念，生态中心主义者主张以彻底的平等和博爱态度对待整个外部环境，把土壤、水分、空气、岩石、荒野等万事万物都当作自己的生存伙伴。

生态学者玛休斯认为："宇宙时空是一个动力系统……它可以'自我维持'和'自我实现'。宇宙'自我维持'的本质是指它不需要任何外在的创造物。宇宙的'自我实现'的本质意味着它能主动将其内部分化为一个个特定的实体——许多实体也是'自我'。在这个星球上，我们的存在和福祉与其他有机体、物种和实体紧密地联系在一起。不管这些自我中的某些自我看起来是如何的低等。"❷

玛休斯批判了自由主义的原子论哲学基础，认为："原子论的问题在于它展现的是一种人类和非人类存在物不是包容相互联系的世界图景。在原子论的分析中，整体完全是由它各个部分的独立作用的总和所决定的，部分的特征因而可以与它们所构成的整体脱离开来，整体完全可以通过各个部分的简单相加而构成。它鼓励人们在某些重要的方面把自己看成与其周围自然界毫无关系，这会给自然界和人类本身带来灾难性后果。"❸ 玛休斯指出，绿色和平主义的整体主义理论认为："部分和整体在逻辑上是相互决定的。也就是说，一方面，整体决定部分的性质，不参照那个由它们所构成的整体，就无法对部分做出精确的描述。另一方面，整体所拥有的

---

❶ 刘东国. 绿党政治 [M]. 上海：上海社会科学院出版社，2002：217.
❷ [英] 布赖恩·巴克斯特. 生态主义导论 [M]. 曾建平，译. 重庆：重庆出版社，2007：20-21.
❸ 同上，16.

全部特征是由部分的性质所决定的,但是,这些部分的性质不能脱离整体而独立存在。因此,整体不等于一个个孤立部分的简单相加,整体的特征不能简简单单地分析为各个部分的独立作用的总和。整体主义的方法能够用来研究物质、生物和社会现象。作为整体主义的一种方法,系统论就是把实在当作系统来研究的。"❶ "原子论的个体主义故意对社会领域中存在的系统视而不见,并因而故意对这些系统导致的个体之间的因果影响视而不见。绿色和平主义坚持以系统方法为导向,最引人注目的就是一般的生态系统和特定的地球生物圈的存在。"❷ 自然界的每一种有机体——从最小的细菌到范围广泛的一系列动植物,再到人类——都是一种统一的整体,是一个生命系统;人体的各种组织和器官也都是生命系统。社会系统,例如,家庭和社团以及由各种各样有机体和互相影响的无生物构成的生态系统,也都显示出同样一些整体性特点。这些系统的特殊结构都是它们的组成部分的相互作用和相互依存产生的;当一个系统或则实际上,或则理论上被分割为孤立的组成成分时,这个系统的特性便遭到破坏。❸

彼得·拉塞尔在《觉醒的地球》一书中指出,人、社会、自然就如同一张复杂的网,由于人类的无知和任意妄为:"我们已经深深地陷入了人类历史中社会、政治、经济、生态和道德危机最复杂的蜘蛛网。"❹

英国科学家詹姆斯·拉伍洛克在1979年出版的《盖亚:一种对地球上的生命的新思考》一书中指出:"地球上的一切植物、动物、菌类和大气层、海洋、土壤等构成了一个相互影响的生态圈。在整个地球的生态系统中,人类只是复杂的整体系统的一个组成部分。这个系统的各个环节对于整体的平衡都具有同等的意义,人类在其中没有任何优越的权利。"

人类作为宇宙系统中一个与其他子系统相互依存的子系统,而不是宇宙的中心,永远无法摆脱生态法则的支配。我们既没有权利,也没有条件为所欲为,因为"只有一个地球",而地球上的资源不是无限的,失而不可复得:如果无视这一现实而过分膨胀,就必然要受其惩罚,重蹈恐龙等巨型生物灭绝的覆辙:为自身的生存着想,尤其为子孙后代考虑,人类应

---

❶ [英] 布赖恩·巴克斯特. 生态主义导论 [M]. 曾建平,译. 重庆:重庆出版社,2007:17.
❷ 同上,18.
❸ [美] 弗·卡普拉,查·斯普雷纳克. 绿色政治 [M]. 石音,译. 北京:东方出版社,1988:60-61.
❹ [英] 彼得·拉塞尔. 觉醒的地球 [M]. 王国政,等,译. 北京:东方出版社,1991:86.

该心甘情愿地当好宇宙在地球上的"管事"（sleward），尽力而为地保护多样化的生态环境。

自然界的一切存在和人类一样，都有其内在的价值和意义，因此，在自然界中人类同其他物种的生存权利是一样的和平等的，人类没有权利为了自己的生存而剥夺其他物种的生存权利，人类所自我赋予的对自然的支配权与统治权是一种生态帝国主义逻辑。物种和生命形式的多样性是自然界赖以持续的基础，人类除了满足自己的基本生活所需外，没有权力破坏这种多样性和相互间的和谐关系。现代人类对自然界的过度索取和干预是地球生态大遭破坏的主要原因，这样走下去，人类将会自我毁灭。所以，人类必须改变自己的思维方式和目前的生存模式，从追求经济增长和无节制消费转到注重生活质量的提高。而衡量生活质量的标准不是物质的消费，而是人与自然的和谐相处和人类自身数量的减少等。地球不过是无数行星中的一个，人类不过是许多生物物种中的一种，而我们的社会也不过是许多系统中比较复杂的一个。

塞尔特在《大自然的权利——环境伦理学史》一书中强调，大自然必须得到善待，这是为了大多数人最长远的最大利益。大自然本身具有权利，人类作为具有相对发达技术的一个物种，承担着代表大自然维护其权利的义务。

生态中心主义反对沙文主义式的人类中心主义，在批判以个人主义为核心的人类中心主义的基础上，倡导"人与自然和谐"的天人合一思想。安德鲁·多布森指出："自然世界应该成为人类世界的范本。……绿色和平主义的自然并不是鲜血淋漓的，而是和平的、宁静的、茂盛的和绿色的。"❶"人类应放下自我中心的架子，不要再把自然仅仅当作征服的对象，而是把它当作人类的伙伴，学会与自然和谐相处。""我们应该顺从而不是违逆自然世界来生存。"❷"绿色和平主义实际上主张人类之间和人类与其他物种之间的平等形式。"❸

2. 善待动物

英国学者彼得·辛格在《动物解放》一书中，从动物权利的角度来批

---

❶ [英]安德鲁·多布森. 绿色政治思想 [M]. 郇庆治，译. 济南：山东大学出版社，2012：28.

❷ 同上，33.

❸ 同上，35.

判人类中心主义，提出动物应当享有与人类完全平等的权利。安德鲁·多布森提出，应当尊重所有生存在星球上的生命。应当善待动物。动物能够感受痛苦，伤害动物在道德上是错误的。绿色和平主义反对活体动物解剖，反对纵狗斗牛、纵狗斗熊等。主张人们应把"所有的生物都包括进民主的范围中来"，人和动物组成共同政府，建立完美的民主制度。"绿色和平主义的一个核心旨趣是，人类与其他动物物种一样，将主要被理解为自然界的一个组成部分。"❶ "对我们来说，仅仅基于实践的、自我利益的理由保护动物是不够的；还应有一种植根于我们人类的，更深刻的道德理由。即尊重所有生存在星球上生命"。❷

在生态自治主义者看来，"地球生态圈中的物种和生态系统的多样性越丰富，这种生态圈就越具有活力和稳定性。生命形式和生态系统的丰富多样性增添了人类生命的多样性——增添了生活'情趣'的多样性。人们要培育某种重要的道德关怀，以最为广泛地、最大程度地保护自然的多样性"❸。如果所有的动物消失，我们也将死于严重的精神孤独，所有发生在动物身上的也将在我们身上发生。所有事物都是相互关联的，所有降临在地球身上的，也将降临到地球子孙身上。❹

生态自治主义强调人类与非人类存在物福祉的相互联系。"主张把道德关怀给予非人类存在物，但对不同生物的道德关怀程度各不相同；把最高程度的道德关怀给予人类，但要求人类必须把对非人类存在物纳入道德考量的范围；把人类的福祉作为关怀的重心，但要求从情景主义的角度来理解这种福祉。"为了实现这个目标，政治结构和其他社会实践，尤其是经济实践，需要做出广泛的修正。❺ 卡普拉、斯普雷纳克在《绿色政治——全球的希望》一书中指出，地球上的所有栖息者在生理上、精神上、道德上都是相互联系在一起的。"伦理共同体观念"不仅适用于那些

---

❶ [英] 布赖恩·巴克斯特. 生态主义导论 [M]. 曾建平, 译. 重庆：重庆出版社, 2007：34, 70.
❷ [英] 安德鲁·多布森. 绿色政治思想 [M]. 郇庆治, 译. 济南：山东大学出版社, 2012：70.
❸ [英] 布赖恩·巴克斯特. 生态主义导论 [M]. 曾建平, 译. 重庆：重庆出版社, 2007：32-33.
❹ [英] 安德鲁·多布森. 绿色政治思想 [M]. 郇庆治, 译. 济南：山东大学出版社, 2012：48.
❺ [英] 布赖恩·巴克斯特. 生态主义导论 [M]. 曾建平, 译. 重庆：重庆出版社, 2007：10-11.

生理结构与你相同的存在物，还适用于所有的存在物。

生态自治主义思想在西方国家的绿党纲领中多有体现。《德国绿党1983年宣言》写道，对自然栖息地的侵占和动植物种的灭绝正在破坏着自然及其作为我们自己生命基础的平衡，维持或重建一个生物完整的环境对于保证人类未来数代的生存是必要的。❶

《环球绿党联盟2001年宪章》指出："我们尊重这个自然世界所有组成部分的特殊价值，包括生命体的和非生命体的；人类的和其他所有生命形式的价值。必须确保生态系统的完整性，保护生物多样性（Biodiversity）和生命维持系统的复原能力。"所以，绿色和平组织反对滥砍滥伐森林，西班牙绿色和平组织呼吁取消斗牛，反对残酷屠宰牲畜，主张在屠宰前尽量减少动物的痛苦。欧洲的一些绿色和平主义者反对穿皮制衣服，有些绿色和平组织甚至反对用动物做药物实验，主张研发替代产品以取代实验动物。在绿色和平运动的推动下，西方各国实验动物学界制定了实验动物管理条例，要求从事实验动物工作的单位和个人爱护动物，尊重动物，不虐待动物，不虐杀动物。维护动物福利，保障生物安全，防止环境污染。

3. 生态理性

生态自治主义提出了生态理性的概念，其意是指"人类一切经济技术方案的合理性与可行性应服从于是否符合生态的要求"。主张用生态理性绿化现代经济，实现经济的可持续发展，世界各国应当以全人类的共同价值为重，按生态可承受能力重新调整各自发展目标。减少对资源和生态环境的压力。发达国家应承担更多的义务，降低经济增长速度，调整产业结构，为发展中国家树立一个经济与生态良性循环的发展模式。减少对发展中国家的资源掠夺和剥削，帮助发展中国家尽快摆脱贫困。

在否定物质增长优先原则的基础上，生态自治主义主张按生态理性重新规划经济发展方案。如根据环境容量对人类经济总体规模的限制，重新组织全球经济或区域经济布局，限制经济总量，防止垃圾和高污染工业向落后国家转移；按照生态原则调整产业结构，抑制和减少高耗能和高污染工业，发展清洁产业；转变为赚钱而生产的逻辑所造成的产品扭曲，开发再生性清洁能源，减少不可恢复性能源的消耗，调整城市发展规划，减少占用耕地，减少公路修建，按生态原则严格限制和调整旅游业，禁止随意

---

❶ 德国绿党1983年宣言［M］. 伦敦：赫里蒂克出版社，1983：29.

的旅游区开发，减少人类对野生动植物保护区的干扰和破坏等。

欧洲绿党吸收了生态理性思想，提出了生态优先原则，强调各国"生态发展的首要目标是通过使经济活动基于人们的基本需要和符合生态的方式，以保持自然生态的可持续性"❶。这种生态优先原则是用生态理性绿化现代经济，实现经济的可持续发展。也是对其他政党所主张的物质增长优先原则的否定。他们认为以物质增长作为社会进步的衡量尺度和以物质消费水平作为幸福程度的标准是一种本末倒置。

欧洲绿党还提出人类控制人口总量，改变以往单纯追求舒适的生活方式。人类要根据生态优先原则调整自己的生活方式，重新确立新的生活质量标准，淡化对物的追求和享受，注重社会的和谐的真、善、美，弘扬良好的道德风气。人人争做绿色消费者，如选择经久耐用商品，摒弃一次性消费品，以步代车，或以自行车代替小汽车，以公共交通工具代替私人汽车，选择天然食品，减少含农药、化肥、转基因成分食品的消费。生态优先原则还要求世界各国以全人类的共同价值为重，按生态可承受能力重新调整各自的发展目标。❷

生态理性思想对人们的影响也体现在生活领域。欧洲的绿色和平主义者反对使用一次性木筷，反对使用红木坐垫，反对食用转基因食品。欧洲最大的银行德意志银行建议它的主要投资人卖掉他们在转基因公司的股票，因为消费者不愿意购买它们的产品。❸

20世纪80年代后期，英国的一部分社区的超级市场连锁店极力地在它们的货架上摆放环保商品。绿色包装的产品销售得比其他任何颜色包装的产品都好。更多的瓶子和报纸被循环利用，人们更多地购买无铅汽油，更少的有害物质被冲进排水孔。商场提供可循环瓶子包装的外国香水与洗发液。❹

4. 生态政治观

1) 人权与社会公正

在人权问题上，生态自治主义除了关注一般性社会问题和人的权利如就业和社会保障权、集会和言论自由权等之外，还突出强调了妇女权利、

---

❶ 刘东国. 绿党政治 [M]. 上海：上海社会科学院出版社, 2002：223.

❷ 同上, 224 – 225.

❸ [英] 安德鲁·多布森. 绿色政治思想 [M]. 郇庆治, 译. 济南：山东大学出版社, 2012：174.

❹ 同上, 173 – 174.

少数民族和移民权利、同性恋者权利和毒品吸食者权利。这些思想在绿党的纲领和主张中有所体现。

北欧国家的绿党首次提出要在各类候选人名单安排上实行男女比例对半原则。大多数社会民主党为了应付绿党的挑战，也提出40%的相应比例。在妇女堕胎问题上，西欧不少国家都有法律严格禁止堕胎，只有绿党明确提出要废除这一条款，给妇女以堕胎自由选择权。关于移民问题，绿党主张给予移民以合法公民权，并加强对外来移民的社会保障措施。

另外，绿党把追求生活方式多样性、真实性和自然性的权利也纳入了人权概念。不少绿党议员参加议会的会议时着装奇特，有的女绿党议员边开会边给婴儿喂奶，在严肃的政治场合表现出很随便的样子。有人攻击他们稀奇古怪，而绿党则把这一行为看作是他们追求真实生活和自然性的基本人权。他们提出要淡化政治，使政治回归自然，使政治生活化，这样才能更好地保护个人的权利，为个人提供更多的自我选择。❶

《德国绿党1988年宣言》指出，在一般的人权和民主权利基础上，保护受到社会歧视的少数人的权利。如同性恋（给同性恋以合法地位）、吸毒者（将吸毒者按病人对待，而不是把他们看作犯罪分子）、妓女（制定新法律，改善妓女的法律处境）。欧洲绿党联盟甚至宣称，每个人都有权拒绝服兵役。❷

2）参与式民主

生态自治主义认为，政治权力越大，对自然和社会生态的破坏越严重。他们反对中央集权国家及其官僚机器的政治控制，把"贴近自然"的分权化当作绿色运动的指导原则。生态自治主义"赞成一致同意的政府民主原则。主张一个激进的社会参与形式，其中展开讨论并寻求与达成在尽可能宽泛政治与社会议题上的明确的一致同意。这种非集中化的政治往往与可持续社会相关联"。他们认为，等级制和集权制在茫茫宇宙之中没有存在的理由。人类社会也不例外。极端的集中化和互相依赖应该让位于更大程度的分散化、地方自治和地方文化。❸ 所以，他们将非集中化视为根本性的，主张建立一种每一个人都能充分自由和积极参与的民主政治。按

---

❶ 刘东国. 绿党政治［M］. 上海：上海社会科学院出版社，2002：228-230.
❷ 同上，278.
❸ 威廉·奥福尔斯. 重评生态学与稀缺政治学：美国梦的扩散［M］. W. H. 弗雷曼出版社，1992：285.

照分散化、小型化原则规划生产单位、生活社区和行政单位。建立公民自治单位。增加地方政府的自治权。使公民获得更广泛的民主权利。❶

一些绿色政治理论家甚至反对西方国家实行了几百年的议会民主，将其斥之为由少数人控制的，歪曲人民意愿的虚假民主。他们向往古希腊式的或者卢梭式的、面对面的直接民主，要求实行基层决策。他们认为，"民主越是被理解成为了人民，而不是由人民实现管治的政府，它就会变得越是与绿色思维的目标推动的特性相融"❷。

这些思想在绿党的组织结构方面有所体现。法国绿党按照基层民主原则建立组织，不设最高领导人和领导机构，只设全国办事机构和集体协调人或集体发言人。

联邦德国绿党的联盟纲领提出："1. 公民以民主方式实行自我管理，以取代日益强化的经济垄断和行政集权。2. 彻底的分权化和行政单位的简化。3. 各州、各地区进行自我管理和自决的权利，以及分享财政资源的权利，都应与日俱增。4. 公民的创制和结社有权得到各级议会和当局的充分了解，获取必要的信息，并且必须有权对政府的行政措施提出申诉，甚至跨州申诉……"。他们认为，居民对周围的环境最了解，也最关心。因此基层民主能够充分反映民众的生态利益，有利于发挥公民的参政热情，并且提高政治决策的质量。

20世纪90年代以来欧洲绿党逐渐走向务实，由基层民主转向接受代议制，由激进政策转向比较务实的政策。

5. 生态经济观：建立可持续发展经济

资源有限性决定经济增长有限性。生态自治主义认为，"经济增长的无休止追求已经将人类带到一个史无前例的灾难的边缘"❸。"经济增长之所以有着终极约束并非由于社会原因，而是由于地球本身具有有限的承载能力、生产能力和吸收消化能力。"❹ "能源是一种资源，而且，由于目前的全球能源政策主要依赖于不可更新的能源来源，因而它也是一种有限的资源。核能本身产生于一种有限的铀资源，因而看起来不可能解决资源稀

---

❶ 刘东国. 绿党政治［M］. 上海：上海社会科学院出版社，2002：233.
❷ ［英］安德鲁·多布森. 绿色政治思想［M］. 郇庆治，译. 济南：山东大学出版社，2012：163.
❸ 同上，74.
❹ 同上，20.

缺性带来的难题。与此同时，尽管实际上的资源消费水平是很高的，但可获得的不可更新能源的资源水平将会越来越低。"❶ 由于地球有限的资源和生产极限，持续不断增长的消费是不可能的。有限的地球空间限制着工业的增长。人类应当为实际需要而生产，减少不必要的浪费。生产要受人民需求所支配，而不受大资本的利益所支配。反对过度消费和过度浪费。

这些思想在绿党和绿色和平主义者的主张和实践中有明显的体现。《环球绿党联盟2001年宪章》指出："为了达成永续发展，为了在极其有限的地球资源条件下向当代及后世提供物质所需，对于全球消费、人口和分配不公的持续增长必须予以有效制止和谨慎对待。"

绿色和平主义者坚决反对流行于西方社会，并且正在蔓延到世界其他地区的消费至上的生活方式，大力提倡俭朴节约，注重精神生活和人际关系，追求生活的意义和质量以及享受更多的闲暇。

欧洲各国绿党提出了发展经济的主张：

为实际需要而生产，减少不必要的浪费。生产要受人民需求所支配，而不受大资本的利益所支配。

调整经济结构，改变产品性能。限制或取消军工、化工业。鼓励扩大节能工业、能源再生工业、循环使用工业、环保业。

采取严格的环保措施，废除核能，开发新的可再生性清洁能源，减少有害物排放。

建设弱物质主义社会。

生态自治主义者提倡低碳消费、低碳经济、低碳生活方式。一些"深绿色"的绿色和平主义者甚至信奉素食主义和自然主义生活方式。

在经济发展模式上，生态自治主义思想家严厉批判哈耶克、弗里德曼等鼓吹的市场竞争的"新自由主义"，认为他们主张的是一种自我拆台自掘坟墓的发展模式，他们也强烈批判工业资本主义单纯追求国民生产总值和物质收入的模式。他们认为，西方经济学流行的国民生产总值（GNP）和国内总产值（GDP），只包含"消耗—生产—消费"三阶段，事实上还应包括第四个阶段：废料阶段（depletion - production - consumption - waste）。他们提出了一个新的经济指标"校正的国民生产总值"（adjusted

---

❶ [英]安德鲁·多布森. 绿色政治思想[M]. 郇庆治, 译. 济南：山东大学出版社, 2012：114.

national product),即"可持续经济"。

他们认为,"可持续经济"(sustainable economy)或"可持续发展"(sustainable development),是一种新型的"绿色经济"。虽然实行"零增长"(zero growth),但并非停止发展,而是以保护自然生态环境为前提,改善经济结构,提高生活质量。在生产规模上,反对垄断企业、跨国公司等"恐龙式"现代生产体系,主张"以小为美",提倡贴近自然的、分散化的、以满足社区居民需要为根本宗旨的地方经济。

这些思想在欧洲发达国家绿党主张中有所体现,并通过绿党参政或与执政党联合执政的途径影响了一些国家的相关政策。

1998—2005年,德国社会民主党联合绿党上台执政。绿党领袖菲舍尔任外交部长,还有几位绿党重要人士担任了德国政府的环境部卫生部长、农业与消费者保护部长等职。社民党与绿党签署了执政协议《启航与革新——德国迈向21世纪之路》,在该协议中,社民党吸纳了绿党的一些政治主张:

(1)分三步走,最终放弃核能。

(2)对交通建设实行统一规划和管理,使运输向铁路和水路倾斜。减少公路和航空运输。城市内汽车限速。政府不再对汉堡—伯林高速悬浮列车铁路建设提供额外资金。

(3)提高汽油、燃料油、煤气和电的价格,增加生态税和能源税。用来降低工资附加费用(税费)。

(4)将现有的环境法规集成环境法典,使其更有效率和更接近公民。

(5)采取措施减少温室气体排放量,2005年比1990年减少1/4。

20世纪末,法国绿党与社会党协定中规定的几个引人瞩目的措施得以落实。通航能力巨大的莱茵运河项目被废止,快中子增殖反应堆核电站"超级凤凰"被关闭,而在大西洋岸卢瓦尔省的卡内修建核电站的计划被搁置。❶

自20世纪90年代起,一些西方发达国家提出了"循环经济"发展思路。美国、欧洲和日本的循环经济已成为经济的重要产业和民众生活的组成部分。德国、美国颁布了循环经济的立法。

---

❶ [德]斐迪南·穆勒—罗密尔. 欧洲执政绿党[M]. 郇庆治,译. 济南:山东大学出版社,2005:81

循环经济（Circular Economy）是英国环境经济学家 D. Pearce 和 R. K. Turner 在 20 世纪 90 年代出版的《自然资源和环境经济学》一书中首先提出的。循环经济是将环境这一因素由经济外部的制约性因素提升为经济内部的新的生产要素，它在发展模式上是一种革命性的变革。目前，它正作为一种全新的发展模式为世界各国政府所重视。❶

传统经济：资源消费→产品→废物排放

循环经济：资源消费→产品→再生资源→再生产品

循环经济提倡的是资源消耗的减量化、再利用和资源再生化，其核心是提高生态环境的利用效率，少投入、多产出、少污染或无污染。❷

丹麦的卡伦德伯格镇在 20 世纪最后 25 年间构建起一张工业食物网，既节省了钱财，又将污染控制在最小范围内。卡伦德伯格镇上有座释放硫黄的火力发电站，硫黄是烟气之中的一种有害污染物。从烟气中的硫黄被人们提取出来制成了一种有用的原材料石膏，而后，石膏被当地一家工厂用来制造石膏板，用来烘干石膏板的石油则来自附近一家炼油厂，如果没有用在此处，这些石油本该当作肥料烧光的。发电站发出的多余热量供给本地一家制药厂以及镇上人家取暖，制药厂排出的有机废物都被周围的农庄用来做肥料了。❸

美国沃尔玛百货有限公司是企业循环的一个很好例子。目前，回收废旧物资与循环再利用已经成为沃尔玛企业文化的一部分。为处理好全美范围内数量大的回收物资，沃尔玛公司总部设有回收及循环部，管理全美 4000 家商店、会员店、配送中心等废旧物资的回收循环工作，并由这个部门负责选择为公司运送垃圾、纸箱及塑料袋等回收物资的运输公司，这些运输公司还要负责在全美为沃尔玛运输循环后的再生材料。

德国从钢铁生产的酸浸液中回收有用的硫酸。钢铁工业不再把排放物放入河流，而是放入沉淀池，从而回收更多的东西。生产罐头的工厂也从废弃物中回收能供销售的醋。造纸工业将亚硫酸盐法改为硫酸盐法，在化学药品的再利用方面收到了很好的效果，并能减少造纸厂排出物的 90%。有一个公司研究成功一种将废弃的黑液转变为活性炭的方法，然后用活性

---

❶ 袁云峰，朱启贵. 浅析循环经济 [J]. 中国统计，2005（2）：19 - 20.

❷ 同上.

❸ [英] 大卫·布林尼. 生态学 [M]. 李彦，译. 北京：生活·读书·新知三联书店，2003：174 - 175.

炭将纸厂的排出液过滤后回收再利用。同样,经过精心管理,水体的热污染也能化害为利。冷却用过的热水排入大型水池,把这些水用于娱乐活动以及养殖某些习惯于温水生活的鱼类。

德国有一个回收处理包装废弃物非盈利社会中介组织 DSD,它是在1990 年由 95 家包装工业、消费、零售企业发起成立的,2003 年已有 1.6 万个公司加入,占包装企业的 90%。DSD 接受企业的委托,组织收运者对他们的包装废弃物进行回收和分类。然后送至相应的资源再利用厂家进行循环利用。能直接回用的包装废弃物则送返制造商。据德国联邦环保局的数据,2003 年德国包装材料回收达到了 600 万吨。"绿点系统"的有效实施,使德国包装材料的回收利用率也不断提高,已从 1990 年的 13.6% 增加到 2002 年的 80%。玻璃的再生利用率达到 90%,纸包装为 60%,而轻物质包装则是 50%。❶

6. 生态社会观

生态自治主义在社会领域主张尊重人的多样性,保护弱势群体,发展劳动密集型产业,实行新的充分就业政策,减少人口。这些思想在各国绿党和绿党国际组织的纲领政策中均有所体现。

德国绿党获得的巨大成功之一是建议改变 1913 年的国籍法。这个国籍法确立了德国国籍基于种族血统即"血统法"的原则,因而不同于其他国家实施的基于居住地授予国籍的原则。绿党主张长久居住在德国的外来居民应当允许在不放弃原始国籍的情况下获得德国国籍。1998 年德国红绿联盟执政后签署协议《启航与革新——德国迈向 21 世纪之路》规定,在德国生活 8 年以上的移民原则上享有加入德国国籍的权利。父母有一方在德国出生或在 14 岁之前移民德国,其子女在出生之日即可获得德国公民权,允许双重国籍。然而,"双重国籍"法规定遭到了德国各阶层的反对,后来政府不得不加以调整。❷

《环球绿党联盟宪章》制定了保护弱势群体的条文。如保护土著人在经济上和文化方面选择基本生存方式的权利,包括土地和自决的权利,承认他们对本土文化以及人类共同文明的贡献;保护少数民族不受歧视地发展他们的文化、宗教和语言的权利,认可他们在民主程序中法律性、社会

---

❶ 袁云峰,朱启贵. 浅析循环经济 [J]. 中国统计,2005 (2):20.
❷ [德] 斐迪南·穆勒—罗密尔. 欧洲执政绿党 [M]. 郇庆治,译. 济南:山东大学出版社,2005:96,111.

性和文化性充分参与的权利;认可和尊重性别少数的权利,保障在经济、政治和文化生活领域中的性别平权;尊重所有弱势群体的特殊需要。

《欧洲绿党联盟》1999年发布的欧洲议会竞选宣言指出,实行"一种新的充分就业模式",其特征如下:

按照有利于生态的原则重新调整产业结构,使生产结构向小型化、多元化、分散化方向发展。通过这一调整,会产生出比原先多得多的就业机会。

大幅度削减工时,实行工作机会分摊。实行各种形式的缩短工时或工作共享措施。

创建积极的劳动市场机制。将失业补助金的一半转向对用工企业的补助和再就业培训。增加生态税,降低劳动收入税,使劳动力变得更加便宜。❶

1998年德国社会民主党与绿党联合执政后,实行了"消费拉动"战略,通过国家税收提高劳动人民的生活水平和社会保障,增强民众购买力,带动市场经济,采取"大税收、大开支、大调节"政策。这些政策遭到企业界的强烈反对,社会民主党被迫调整政策,由"大税收、大开支、大调节"转向给企业减税的"供方拉动"战略。❷

1999年英格兰和威尔士绿党通过的《为了一个可持续社会的宣言》声称:"人口数量的增长很可能是在地方或全球水平上实现生态稳定性的最大的长期威胁。"❸ 人口控制与减少虽然是绝对必需的,但是,它是一个需要协商谈判的问题,而不是强制性的问题。2001年《环球绿党联盟宪章》提出:"通过保障所有人的经济安全以及提供最基本的教育和医疗保障以消除人口增长的诱因,保障男女都可以有自我控制生育的能力。"

在社会层面,一些绿党主张建立经过民主协议组成的数十万平方英里的"生态区域"或数万平方英里、数千平方英里的"生物区"(Bioregion)也叫"有机区"(Morphregions)。在这些生物区域内,人们将在社区中生活。生物区域共同体将会寻求使资源使用最小化,强调保护和循环利用,并且避免污染与废弃物。1993年起,"生态工业园区在奥地利、瑞典、爱尔兰、荷兰、法国、英国、意大利等国家也正在迅速发展。荷兰的鹿特丹

---

❶ 刘东国. 绿党政治 [M]. 上海:上海社会科学院出版社,2002:275.
❷ [德] 斐迪南·穆勒—罗密尔. 欧洲执政绿党 [M]. 郇庆治,译. 济南:山东大学出版社,2005:79-80.
❸ [英] 安德鲁·多布森. 绿色政治思想 [M]. 郇庆治,译. 济南:山东大学出版社,2012:106.

港是一个包括 85 家大中型企业的工业园，将建成以石油工业和石油化工工业及其支持行业为主的生态工业园区。英国的 Londonderry 生态工业园区建立在曼彻斯特机场旁边。美国总统可持续发展委员会专门组建了生态工业园区特别工作组，到 1997 年已经有 15 个左右的生态工业园区建设规划分布在全美各地。❶

7. 生态国际观

在国际观方面，生态自治主义主张非暴力，禁止和销毁核武器及生化武器，最大限度地减少军火交易等。这些思想在绿党的纲领和章程中有充分的体现。

1983 年《德国绿党纲领》指出："我们的目标是建立一个非暴力的社会，在这个社会中，人对人的压迫被废除。我们的首要原则是人道的目的不能通过非人道的途径来达到。非暴力应当毫无例外地适用于全人类之间，适用于各个社会集团内部和整个社会内部，适用于各居民集团之间和国家之间。这里明确表达了三方面的含义：一是绿党不主张通过暴力形式实现自己的绿色革命；二是反对国家以暴力手段解决国内的社会矛盾；三是反对一切战争，主张人类和平。"❷

德国社民党与绿党签署的《启航与革新——德国迈向 21 世纪之路》执政协议指出，德国在外交方面"将尽力敦促北约放弃首先使用核武器的立场。主张北约在缔约国之外的地方充当解决问题的工具，应得到联合国安理会的授权和欧洲安全与合作组织的同意。在对外交往中将人权问题提到重要位置"。

《环球绿党联盟2001 年宪章》指出，我们声明关于非暴力的承诺，为在国家之间、社会内部和人与人之间建设一种和平与合作的文化而努力，并将其作为全球安全的基础。世界安全不应倚重于军事力量，而应依存于相互合作、健全的经济和社会发展，环境安全以及对于人权的尊重和保障。这需要一个有能力防范、控制和解决冲突的全球性安全体系及和平运动；寻求全面裁军，制定国际条约确实全面彻底地禁止和销毁核武器、生物武器、化学武器、杀伤性地雷以及贫铀武器；加强联合国作为调解冲突与维护和平的国际性组织的权威作用；促使对践踏人权国家的武器禁运，

---

❶ [英]安德鲁·多布森. 绿色政治思想 [M]. 郇庆治, 译. 济南：山东大学出版社, 2012：106.

❷ 刘东国. 绿党政治 [M]. 上海：上海社会科学院出版社, 2002：236.

规范严苛的国际性军火销售的法律；解散所有的军事联盟，积极开展推动全面裁军的全球运动。为推动不发达国家在联合国享有更大的权利，将致力于废除联合国安理会否决权，取消常任理事国类别；增加安理会成员国数量；支持建立国际刑事法庭。在战时犯罪中，大规模的性暴力应同样被视为战争罪；力求削弱军事—工业—金融综合体的力量，最大程度地减少军火交易，同时确保武器制造的透明度，取缔有利于军工产业的秘密津贴。致力于削减国际军火交易和对其采取严格管制，以实现最终消除大规模杀伤性武器（包括核武器，生物武器，化学武器，贫铀武器以及杀伤性地雷）的交易，使军火交易限制在联合国（及其所支持的国际和平与裁军委员会）规定的范围内；将帮助增强现存的维和计划，并打造可以全方位建立和平文化的新计划。这些计划将研究包括家庭暴力在内的暴力根源；增进性别间的尊重；并支持全方位训练非暴力的冲突解决方法；寻求建立国际法庭，对武装冲突中造成破坏环境的犯罪行为施行制裁；力求修订国际军事规则，确保自然资源在冲突中得到充分的保护；将为反对美国国家导弹防御计划（the US National Missile Defence Project）而做出不懈斗争，同时致力于外太空的非军事化与非核武化；力求使所有国家都能参与联合国全球维和行动，以便切实保证国际安全。

（二）生态自治主义思想评价

生态自治主义的思想理论有一些积极的方面与合理成分。

生态自治主义所依据的生态中心主义，启发人们重新思考人类与非人类存在物的关系，提出摆脱"人类中心主义"的意识，尊重动物及一切非人类存在物的存在，人类与自然和谐共处，有非常积极的意义。

生态自治主义倡导绿色环保的可持续发展经济，对发达国家和发展中国家都有积极的意义。但是，它反对大企业，倡导小企业，反对工业机械化，产业化，主张发展手工劳动等劳动密集型产业。以偏概全，有走极端的倾向。

生态自治主义也有一些不切实际的不合理成分。

第一，生态自治主义所倡导的生态中心主义否认"以人为本"，主张人与动物完全平等，甚至倡导人类与动物共同组成民主政府。这些不切实际的想法是难以实现的。

第二，生态自治主义反对核电站，主张废除核能，限制或取消军工业和化工业在目前来看不切实际。当今世界,核能是一种新型的清洁能源,有许多优势,已经被许多国家采用。军工业虽然是生产杀人武器的行业,但是,在霸权主义、强权政治未消除的世界,各国为了自卫和自保,生产和发展高科技武器,是国防建设的需要。化工业更是建筑业、衣食住行等行业不可缺少的产业,生态自治主义主张限制消灭化工业是不符合人类生活需求的。

第三,深绿色生态自治主义者主张禁止人们吃肉,用人造肉代替动物肉。在实践中难以被人们普遍接受。也是难以实现的。

二、生态社会主义

生态社会主义是绿色和平主义的一个派别,被西方学界称为绿色和平主义的激进派。

(一) 生态社会主义的产生与发展

20世纪70年代,生态学马克思主义者的代表,民主德国共产党员鲁道夫·巴罗积极谋求"绿色"和平主义运动与"红色"共产主义运动政治力量的汇合,致力于建立一个由绿党、妇女运动、生态运动和一切进步的非暴力社会组织组成的广泛的群众联盟,因而被称为西方"社会主义生态运动的代言人"。波兰学者亚当·沙夫是共产党人中最早介入绿色和平主义运动的代表。20世纪80年代以后,生态社会主义风靡欧洲,呈现出"红""绿"交融的局面。

21世纪初,生态社会主义的核心地区在德国的汉堡,其成员大多来自过去的共产党组织。有自己的刊物《现代》。1984年,生态社会主义代表人物艾伯曼和特兰伯出版的《绿党的前途》一书,被公认为生态社会主义的纲领。

生态社会主义在北美的代表人物是美国学者威廉·莱易斯(William Leiss)和加拿大学者B. 阿格尔(Ben Agger)。莱易斯早年曾同法兰克福学派的成员一起从事过研究,后来摈弃了该学派偏重哲理和书本的倾向,致力于经验世界的研究。他在1972年出版的《自然的统治》和1976年出版的《满足的极限》著作中,从法兰克福学派对资本主义"异化"的分析出发,批判异化消费,提出了建立"稳态经济"的设想。

加拿大滑铁卢大学社会学教授阿格尔在1975年和1979年分别出版了《论幸福和被毁的生活》《西方马克思主义概论》两部著作,对生态社会主义思想进行了阐述。他运用马克思主义危机理论分析当代西方国家的社会问题,提出了当代资本主义的"生态危机论"。阿格尔认为,生态社会主义作为传统马克思主义危机理论模式的替代方案,在北美已进入了"经验"阶段。这个方案实际上始于马尔库塞的新技术观,马尔库塞的学生莱易斯在这个方向上迈出了关键的一步。他们的理论可视作"红绿交融"的体现,是马克思主义与绿色和平思想的结合,对生态社会主义的形成起了重要作用。

生态社会主义代表作主要有:德国绿党前领导人艾伯曼和特兰伯的《绿党的前途》(1984);美国学者莱易斯的《自然的统治》(1972)、《满足的极限》(1976);加拿大学者阿格尔的《论幸福和被毁的生活》(1975)、《西方马克思主义概论》;法国学者高兹的《作为政治学的生态学》《经济理性批判》(1988);英国学者佩珀的《生态社会主义:从深生态学到社会正义》,英国学者E. F. 舒马赫的《回到人的尺度》等。

(二) 生态社会主义主要思想观点

1. 生态危机的根源在于资本主义制度

生态社会主义认为,"资本主义是一个充满危机的制度"❶。资本主义社会的危机从本质上说是生态危机。那么,生态危机的根源何在?根源在于资本主义的生产方式,即以追求利润最大化为宗旨的生产方式。❷ 自由市场要为生态危机负很大的责任,特别是其根深蒂固自私自利原则,因为自私自利驱使企业和个人将环境成本外化。生态资本主义的规章是不能产生令人满意的效果的。首先,保护环境的措施要考虑成本,需要花钱,一些资本主义企业很少遵守这些规章。其次,即使完全遵守规章,实际结果也会低于它预期的效果。企业会争辩说,额外的成本将是一个无法承担的财务负担。或者说,由于技术原因不能使用。企业将努力拖延执行那些命令。一家大型德国公司的高级管理人员公开讲:"工业企业不可能为后代而

---

❶ [美] 詹姆斯·奥康纳. 自然的理由——生态学马克思主义研究 [M]. 唐正东,臧佩洪,译. 南京:南京大学出版社,2003:261.
❷ 陈学明. 论生态社会主义者对当代资本主义的新反思 [J]. 毛泽东邓小平理论研究,2006(1):81.

运转……我们现在必须为市场生产，才能赚钱。"❶

生态社会主义学者高兹在《作为政治学的生态学》一书中一针见血地指出，资本主义的利润动机必然破坏生态环境，资本主义的"生产逻辑"无法解决生态问题以及与这些生态问题紧密相联的全面的社会危机。每一个企业都是自然资源、生产工具和劳动力等要素的联合体。"在资本主义的生产条件下，把这些要素联合在一起就能生产出最大限度的利润"，"任何一个企业都对获取利润感兴趣。在这种情况下，资本家会最大限度地去控制自然资源，最大限度地增加投资，以使自己作为强者存在于世界市场上。追求利润这一动机同生态环境必然是相冲突的，利润动机必然驱使人们破坏生态环境。资本主义企业管理者首要关注的并不是如何通过实现生产与自然相平衡、生产与人的生活相协调，如何确保所生产的产品仅仅服务于公众为其自身所选择的目标，来使劳动变得更加愉快。它所关注的主要是花最少量的成本生产出最大限度的交换价值。把降低成本看得比保护生态环境更加重要，这就是资本主义的'生产逻辑'。"❷资本追求利润最大化的经济制度使从事劳动的人非人化"。一方面使人与人之间的关系变成金钱关系，另一方面使人与自然之间的关系变成工具关系，而核心的问题是使劳动者失去人性。

生态社会主义学者阿格尔在《论幸福和被毁的生活》一文中指出，当代资本主义社会的主要弊端是生态危机，而不是经济危机。生态危机是由资本主义制度造成的。以追逐利润为目的的"过度生产"使技术规模越来越大，能源需求越来越多，生产与人口越来越集中，职能越来越专业化。"过度消费"使整个社会的消费越来越膨胀，有可能超过自然界所能承受得起的限度。这样一来，不仅加剧了人的异化，而且污染了环境，加重了自然界的负担，使大自然生态系统失去平衡。

阿格尔指出，马克思所说的经济危机必然导致资本主义崩溃的预言迄今未能在西方实现的主要原因在于资本主义用高生产和高消费延缓了经济危机。当代资本主义操纵了人们的消费，产生了一种被强加的消费需要。这样的"过度生产"和"过度消费"起到了两方面的作用：一是刺激异化

---

❶ [印] 萨拉·萨卡. 生态社会主义还是生态资本主义 [J]. 明镜周刊, 1986-06-9: 182.

❷ 陈学明. 论生态社会主义者对当代资本主义的新反思 [J]. 毛泽东邓小平理论研究, 2006 (1): 81.

生产，使资本主义积累和再投资继续无限扩张下去；二是让人们在消费中把对异化的不满消除掉，麻痹人们的斗志，延长资本主义寿命。

阿格尔用"异化消费"这一概念解释了当代资本主义社会没有被经济危机打垮的原因。所谓"异化消费"，是指"人们为补偿自己的那种单调乏味的、非创造性的，且常常是报酬不足的劳动而致力于获得商品的一种现象"。具体表现在：（1）人们得到这些商品的过程不是出于真正的需要，而是在市场机制的强大作用下，如广告和商品装潢等在人们的需要与商品之间造成一种复杂的关系，诱使人们去购买，从而把追求消费当作真正的满足；（2）人们在劳动中依附于庞大的经济体系，从事一种缺乏自由的、令人讨厌的劳动，为进行逃避，他们把消费作为补偿其艰辛劳动，作为自我慰藉的唯一手段，从而形成一种为消费而消费的趋势；（3）这种消费的前提是异化劳动，而它反过来刺激异化劳动，有助于异化生产的发展。❶

2. 资本主义社会必将转向社会主义社会

生态社会主义认为，既然资本主义解决不了生态危机，那么，"我们应该期望一个社会主义社会。在很大程度上，这不是因为社会主义社会现在或过去能够比资本主义的效率高，而是因为社会主义的价值观比资本主义的更胜一筹"❷。"生产力具有两种维度。一是客观性的维度，因为它是由自然界所提供的（或通过劳动从自然界中获得的）生产资料和生产工具以及生产对象所构成的。二是主观性的维度，因为它除了包含有总体上的活劳动力之外，还包含着劳动力的不同组合或协作方式，而这些方式不仅受技术水平的影响，而且还受到文化实践活动的影响。生产关系也同样具有双重维度。它是客观的，因为它的发展是以价值规律、竞争规律、资本的集中与垄断规律以及资本主义的其他一些发展规律为基础的。……生产关系同时也是主观的，因为它所内含的财富范畴同时也具有文化的意蕴，并且它所具有的建构特定的剥削方式（强迫劳动以及剩余劳动的剥夺方式等）的方法是受制于具体的文化实践活动的。譬如，日本式的那种钟情于责任感的工作模式在美国公司中可能就像对牛弹琴一样，而美国式的以个

---

❶ [加] 阿格尔. 西方马克思主义概论 [M]. 慎之等，译. 北京：中国人民大学出版社，1991：494.

❷ [印] 萨拉·萨卡. 生态社会主义还是生态资本主义 [M]. 张淑兰，译. 济南：山东大学出版社，2008：174.

人主义为核心的工作热情的调动方式在日本公司中也许也会遭到同样的命运"❶。

"资本重构的第二种方式是通过由危机所导致的以下领域内的生产关系的调整来完成的：资本内部及资本之间、国家内部、国家与资本之间（其目的在于增强对生产、投资、市场等过程的控制，譬如，规划性更强的机构的设置）。……由危机所导致的生产关系方面的变化，暗含着或者说是以生产力方面的更多的社会化形式为前提的。生产关系方面的变化在今天的表现包括高科技资本之间的'战略性协定'、国家对金融市场的强力干预、通过接管和合并而形成的资本集中。"❷所以，资本主义"危机中本质上提供了一种可能性，它使我们关于资本主义向社会主义转型的图景显得更为清晰"❸。"由危机所导致的生产条件的再生产的社会关系方面的变化，预示着或者说是以作为生产力的生产条件的更为社会化的形式为前提。这种变化在今天的一个典型例子，是'有计划地'对付城市的烟雾，另一个例子是'美国回收利用局'的重建计划。"❹"政治协作的新形式所凸显的，只可能是社会主义的初始前提。"❺

"由危机所导致的生产条件方面的变化，都必然会带来更多的国家控制、大型资本集团内部的更多的计划性以及一个在管理或组织方面更具社会性和政治性的资本主义，即一个更少具有似自然性的资本主义。"❻

"在当代世界资本主义的范围内，生产条件的再生产的新的社会的和政治的形式几乎是数不胜数的。当今的世界性危机似乎会导致更多类型的社会形式，同时也需要许多附加的社会形式，这些社会形式不仅是生产力和生产关系维度上的，而且也是生产条件维度上的，在这里会出现许多种不同的、但又是殊途同归的通向社会主义的道路。"❼

"工人运动'推动'了资本主义转向更为社会化的生产力和生产关系形式，譬如，集体性的讨价还价等。……当今的女权主义、环境运动以及

---

❶ [美]詹姆斯·奥康纳. 自然的理由—生态学马克思主义研究[M]. 唐正东, 臧佩洪, 译. 南京：南京大学出版社, 2003：62.
❷ 同上, 262-263.
❸ 同上, 269.
❹ 同上, 270.
❺ 同上, 271.
❻ 同上, 274.
❼ 同上, 272.

其他的新社会运动，正在'推动'着资本和国家转向更为社会化的生产条件的再生产形式。"❶

"更为社会化的生产关系形式、生产力形式以及生产条件形式总合在一起，便内含着一种转向社会主义形态的可能性。"❷

生态社会主义者把资本主义基本矛盾提升到"资本主义生产与整个生态系统之间的基本矛盾"这一高度来认识，并认为生态恶化是资本主义固有的逻辑，解决问题的唯一出路就在于粉碎这种逻辑本身。取代资本主义的理想社会就是生态社会主义社会。

"在未来生态社会主义社会中，将形成一种全新的人与自然的关系。人按照理性的方式合理地、有计划地利用自然资源发展生产。这种新型的人与自然关系模式，不但与资本主义和社会主义工业化社会的人与自然关系模式是对立的，而且与生态中心主义者的主张也是有区别的。生态中心主义颠倒人与自然的关系，把自然看作主人，人则是自然的奴仆，把人与自然的关系神秘化。生态社会主义是一种人类中心主义，认为，人居于中心地位，自然是人的可亲的家园。"❸

3. "天人合一"的"人本主义"

生态社会主义者从马克思主义哲学中寻找思想资源，提出了"天人合一"的"人本主义"思想。马克思主义哲学有一个重要思想，就是认为人类主体和自然客体是相互统一，又相互作用的两个方面。在这种相互作用的辩证关系中，任何一方都不能绝对支配另一方。

在生态社会主义者看来："人与自然具有共同的自然本质和社会本质。一方面，自然界是先于人类的生物性存在，人类是自然界的一部分并依赖于自然界而存在，人类和自然的存在都具有生物性自然本质；而另一方面，自然也是社会的一部分，它没有独立于人的存在价值，只有在与人类共同存在以及相互转化中才具有意义，自然和人一样本质上是一个社会历史范畴。基于这种共同本质，人与自然建立和谐统一的关系是应当并且可能的。在人与自然的关系中，人具有特殊地位，人的特殊地位是以人对自

---

❶ [美]詹姆斯·奥康纳. 自然的理由—生态学马克思主义研究 [M]. 唐正东，臧佩洪，译. 南京：南京大学出版社，2003：272-273.

❷ 同上，275.

❸ 王小岩. 九十年代以来生态社会主义的新发展 [J]. 山西农业大学学报（社会科学版），2002卷1，(2)：106.

然的支配为标志。但人对自然的支配并不是统治、征服、破坏,而是对人类自身与自然关系的集体的有意识的控制,是人类对自然的'人道性'占有,即把自然塑造为符合人的本质的美的对象性世界。"❶

生态社会主义者倡导"天人合一"的"人本主义"。他们提出,把反对人剥削人与反对人剥削自然的斗争相结合。生产的目的首先是满足社会需要,而不是追求最大限度的利润。"必须把人放在物之上",使每一个人都得到充分发展的权利;尊重个人选择不同生活方式的权利,使生活丰富多彩;使劳动成为"人自身发展的手段",发挥"人性的实际和潜在的良知"的作用,反对把劳动仅仅当作生存手段。倡导把劳动当作生活的需要。❷

4. 建设"稳态"社会主义经济模式

生态社会主义认为,经济活动是整个生态系统和社会系统的一个分支系统,它的发展本身取决于人们是否正确对待和处理人类与大自然的关系。经济的增长和发展都必须置于可控的条件之下和范围之内,否则就会破坏生态平衡,并毁坏经济自身。因此,在评价一种经济制度和活动是否有效和合理时,不仅要看它是否为大多数公众服务以及它所带来的直接经济效益,而且更重要的在于要考虑它所引起的社会效果和环境成本。

为此,生态社会主义提出了绿色经济(green economics)的概念,认为,绿色经济的主要目标在于全面改造掠夺性、剥削性的工业资本主义经济制度,从根本上改变人类的经济行为,实现 C – C(消耗—保存,Consumption – Conservation)战略。

生态社会主义思想家莱易斯在《满足的极限》一书中提出了摆脱生态危机的根本出路——建设"稳态"的社会主义经济模式。他提出了一个"守成社会"(the conserver society)的概念。在这种社会中,社会政策的目标是削弱商品作为满足手段的重要性,把人均物质消耗降低到极限。不过,他并不认为"守成社会"本身就是进步的。他认为,如果不能克服即使在最发达工业化国家也存在的贫困问题,"守成社会"对于社会下层来说,只不过是"贫困"的另一种形式。"守成社会"是相对于"发展"而言的,它要表达的两个基本点是:第一,它本身并不是目的,而是改变社

---

❶ 刘梅. 生态社会主义的社会发展观 [J]. 社会主义研究, 2004 (6): 11.

❷ 周穗明. 关于生态社会主义的一些情况 [J]. 国外理论动态, 1994 (33): 258.

会政策，使其放弃满足观上的数量标准，而采用质量标准的一种构架，因而它仅是社会再组织的一个有力的动态阶段；第二，它究竟要求 GNP 是增长、稳定还是下降，这一点并不重要，这种具体要求是根据环境和需要的变化而变化，最迫切的是重新配置资源和改变社会政策，使需要的满足不再被看作是纯粹消费活动的功能。这种"稳态"的社会主义经济模式，实际上就是要创造一种使每人能在其中既可满足自己的需要又不损害生态系统，即可同自然和谐一致又彼此平等交往的领域，既能逐步拆散庞大规模的工业经济体系，尽可能减少个人对这一体系的依附性，又能向人们提供非异化的、创造性的劳动，使人们从不必要的、有害于生态系统的消费心理中摆脱出来，从而使人们的消费真正植根于人与自然的完全和谐一致之中。生态社会主义者奥康纳认为，"环境的破坏是与特定的政治制度联系在一起的，在现行的资本主义政治体制下，经济危机必然导致生态危机。"

为此，生态社会主义者主张废除"大技术"和大工业，发展一种"小"的、充满"人性"的新技术，以此来消除人与自然的结构性分裂。❶生态社会主义主张发展劳动密集型企业。因为它能够提供工作，劳动密集型技术能够减少资源的消耗。如食品、服装（量体裁衣，手工生产）、住房、教育、卫生、邮政之类的服务行业以及对生态友好的技术，如修理、再循环、再使用、人力除草代替杀虫剂等。收缩经济和低水平的稳态经济都不可能产生如此多的剩余财富，从而使社会能够养活大量不工作的人。一个没有工作要求的、有保障的基本最低收入，也不是值得推崇的。只有通过个人努力获得的财产才是正当的，这样的财产在所有者死后将转给社会或国家。❷

加拿大学者阿格尔在《论幸福和被毁的生活》一书中提出实行小规模的技术生产。因为"过度生产"的体系是建立在资本密集、资源密集以及劳动破碎分工的技术基础之上的，它在本质上是暴力的、破坏生态的而且会剥夺人的创造性劳动。而小规模的技术介于先进与传统之间，它的设备和规模较小，不仅易于分散，消耗资源较少，对环境危害较轻，而且有利于调动人的聪明大脑和灵巧双手。另外，资本主义生产的等级制使大部分

---

❶ 陈学明.论生态社会主义者对当代资本主义的新反思[J].毛泽东邓小平理论研究，2006（1）：87.

❷ [印]萨拉·萨卡.生态社会主义还是生态资本主义[M].张淑兰，译.济南：山东大学出版社，2008：255-256，264.

人不能参与决策,只能听命于专家和老板,因此在采用这种技术时,还要解决工人参加管理的问题。

"稳态"的社会主义经济模式被西方国家的一些地方企业所实践。"这方面的一个例子是英国的斯科特——巴德共同体(Scott-Bader Commonwealth)。它是一个20世纪50年代形成的合作社网络,拒绝从事任何意义上的武器生产。另一方面,也包括一些非资本主义的企业。它们通常基于共同所有制,生产不是为了利润,而且规模通常也很小。这两种情况中的劳动类型是多样化的,包括合作社、自雇、自愿或者自愿低工资劳动。"

西班牙北部巴斯克(Basque)地区的莫得拉根(Mondragon)合作社开始于20世纪50年代,建立在英国合作社运动的奠基者罗伯特·欧文(Robert Owen)的基本原则和灵感基础之上。今天,它们已经拥有3万工人所有者和16万名工人,2003年的销售额为96亿欧元。……它们还采取各种措施支持自己的二级合作社和三级合作社;为初级合作社提供社区银行、教育和培训,并向三级合作社提供独立的基础设施(社会保障、保健和住房)。现在,它已经拥有一个相互联系的合作社的全球网络,在这里,企业为了共同体的目的捐献它们的部分剩余物品,二者的关系是一种互利关系,通过一个民主控制的区域经济委员会提出了一系列指向环境可持续发展的倡议。第二经济模式下的企业明确表示放弃利润最大化,认为过度谋取暴利是许多环境和社会病态的根源。❶

生态社会主义者戴维·佩珀认为,这些新型的经济组织既不是纯资本主义的,也不同于国家社会主义的。国家可以对它们发挥一种重要的扶持作用。这些经济组织形式将向生态社会主义社会(绿色社会主义社会)的经济组织形式演变。

(三) 生态社会主义思想评价

生态社会主义思想有一些合理成分。

第一,生态社会主义提出的"天人合一"的"以人为本"思想,比"生态中心主义"更有现实意义。生态社会主义从中国古代老子的《道德

---

❶ [英] 戴维·佩珀. 论当代生态社会主义 [M] //郇庆治. 环境政治学: 理论与实践. 济南: 山东大学出版社, 2007: 107-108.

经》中汲取了一些思想，倡导将"以人为本"与"人与自然和谐"相融合。既批判了不切实际的"人与动物完全平等"的观点，又批评了无视自然环境的人类中心主义。

第二，生态社会主义对资本主义制度的弊病进行了批判，将生态危机的根源归咎于资本主义制度及资本主义企业自私自利的本质。指出，资本主义社会的根本缺陷是动力机制（剥削）和价值观（个人主义），由此而导致消费主义、享乐主义的过度消费，浪费资源，竭泽而渔。所以，资本主义的利润动机和"生产逻辑"无法解决生态问题。在社会领域，生态社会主义主义反对工业资本主义对人类关系的破坏作用，尤其是两极分化和暴力侵犯，主张用绿色社会关系代替资本主义社会的剥削压迫关系。在绿色的理想王国里，尊重社会的多元化，维护社会的生态平衡，即平等与团结和睦。消除人剥削人、人压迫人的现象。这些思想对于深入认识当今资本主义社会根本弊病及未来发展方向具有启发意义。

第三，生态社会主义倡导建设"稳态"的社会主义经济模式，创造一种使每个人既可满足自己的需要又不损害生态系统，同自然和谐一致的经济领域。

生态社会主义把马克思的异化理论同生态危机理论相结合，提出了一条吸引发达资本主义国家广大人民参加的生态激进主义的革命道路。这一革命道路分三步走：首先，用马克思的异化理论和生态危机理论去发动人们批判资本主义那种集中化、官僚化、掠夺性、违反自然和人性的倾向；其次，在适当时候创造条件解决所有制的问题。他们既不主张像欧洲社会民主党那样搞国有化，认为这种国有化与私有制所追求的并没有什么不同，也不赞同像苏联那样搞集权式的所有制，认为这对发达资本主义国家的人民来说是极权主义的另一种形式。最后，他们主张在完成以上两步的基础上，把生产过程的非集中化、非官僚化与工人管理三者结合起来，建设"稳态"的社会主义经济模式。这些思想对于改造资本主义社会经济制度具有启发意义。

第四，生态社会主义主张将目前以民族利益和国家安全为着眼点的政治思想转变为以人类利益和全球安全为着眼点的新政治思维。从全球生态平衡的高度看待和解决南北关系问题，从根本上铲除国际关系不平等的根源,建立正常的国际经济政治新秩序,建立"保护自然的世界政府"。❶ 这些思想对于冲破"国家利己主义"藩篱、站在全人类利益的高度认识世界和平与安全问题有一定的积极意义。

生态社会主义思想也有一些不切实际的空想与缺陷。

第一,生态社会主义反对官僚主义组织形式,主张在国家层面取消官僚体制,实行直接民主制,是不切实际的。当代世界,尽管官僚组织形式有许多问题和弊病,但是,无论是国家治理还是地方管理,官僚科层体制还是国家治理中必不可少的组织体系,具有不可替代的功能。在国家层面实行直接民主制,对于人口少的国家也许可行,但是,对于人口众多的大国和超级大国来说则很难操作。

第二,生态社会主义提出国家权力分散化、民主化和工人自治三位一体的目标,具有一定的空想性。国家是历史的传承物,权力集中是国家治理社会必不可少的环节。中央与地方合理划分管理权限是必要的,但是,没有中央政府权力集中,实行国家权力的分散化会使国家陷入混乱,社会秩序难以维持。

第三,生态社会主义主张把生产过程的非集中化、非官僚化与工人管理三者结合起来。然而,在资本主义所有制的私人企业及垄断企业,企业的生产过程不可能实现工人管理。所以,生态社会主义提出的"工人管理生产过程"在资本主义社会是一种空想。

第四,生态社会主义主张用"生物社区"(按照生物圈原理来界定的人类生存环境)来取代民族国家,实行以"生物区"划分的区域自治,用生物区取代国家,这些主张在当今世界是不可操作的,也是不可能实现的。

第五,生态社会主义的理想社会是一个绿色的、公平的社会。这种理想社会是"一个建立在共同所有制和民主控制基础上的社会、生产完全是为了使用而不是为了销售和获利,旨在提供一个人类在其中能以生态可接受的方式满足他们需要的社会"❷。为此,生态社会主义主张的零增长"生态经济",这种主张没有考虑到世界各国具体的国情,尤其是没有考虑到一些发展中国家的经济落后状况,具有一定的片面性。当今世界只要市场

---

❶ 周穗明. 关于生态社会主义的一些情况 [J]. 国外理论动态, 1994 (33).

❷ [英] 戴维·佩珀. 生态社会主义:从深生态学到社会正义 [M]. 刘颖,译. 济南:山东大学出版社, 2004:336-337.

经济不消失，人类就不能做到生产完全是为了使用而不是为了销售和获利。不同的国家，国情不同，发展生产的需求也不相同。生态社会主义既想建立一个合理的、能充分保障人权和民主权利的社会主义社会，又不想摧毁现存制度结构，并企图用绿色社会关系代替资本主义社会的剥削压迫关系，显然带有空想色彩。

后 记

《西方主流政治思潮研究》一书终于完成了！我长长地呼了一口气。

这本书不是鸿篇巨制，却花了我多年的时间来完成。2005年，我在清华大学开设了本科生的《当代西方政治思潮》课，开设此课，一是学校的教学需要，二是自己对西方主流意识形态与核心价值观非常感兴趣，想通过此课的教学研究弄清楚西方核心价值观如自由、民主、人权的具体含义是什么，它们起源于何时，如何发展演变，在西方社会生活、经济生活和政治生活中发挥了什么样的作用。

在本课教学过程中，我阅读了大量西方自由主义、保守主义、社会民主主义和绿色和平主义的代表作。了解到，西方思想家对于自由、民主、人权具体含义的理解并不相同，不仅是不同流派思想家的理解不一样，即便是同一思想流派的思想家在不同历史时期的理解也不一致。自由、民主、人权概念的形成的确是有空间和时间过程的，也是有历史根源和现实基础的，它们深深扎根于近现代西方社会的生产方式，伴随着市场经济和议会制度的形成而广泛传播，体现于西方国家的经济生活、政治生活和社会生活之中，这些价值观也深深地打上了阶级的烙印。自由、民主、人权价值观在调节西方国家的社会关系和人际关系，缓解阶级矛盾方面起到了无法估量的作用。但是，它们也成为西方大国强国干涉小国弱国内政的旗帜和借口。

当代世界，自由、民主、人权价值观已经被各国人民所接受，作为抽象意义上的自由、民主、人权概念已经得到了人们的广泛认同。但是，由于历史、文化、国情的差别，不同国家的人们对这些价值观的具体内涵的理解各不相同，尤其是在制度、法律、政策层面如何贯彻实施自由、民主、人权价值观，各国更是千差万别。我们应当从本国实际出发认识这些价值观的具体内涵，建立符合人类社会发展趋势并适应本国国情的社会制度和政治制度。学习了解西方政治思潮，可以使我们"去粗取精，去伪存真"地汲取西方文化思想精华，结合马克思主义思想和中国传统文化精华，创立新型的中国社会主义核心价值观，走在时代的前列。

西方主流政治思潮四大流派的政治思想体现在其代表性的政治哲学著作之中。政治哲学的研究不像科学实证研究那样采用大量案例和数据进行分析论证，政治哲学理论研究方法主要是提出基本假设和一系列概念，运用抽象、归纳、演绎、推理的方法对每一个概念以及相互关系进行逻辑论证，在论证过程中所采用的论据大多是常识性的自然现象、社会现象或历史事实。

西方政治哲学著作大多非常抽象且艰涩难懂，每读一本书都耗神费力。在讲述第一章自由主义和第二章保守主义时，我阅读了大量自由主义和保守主义代表作，对每一本著作的主要思想观点进行提炼和归纳，并进行评价。对我来说，这是一项浩大的工程。

在艰苦的阅读、咀嚼和思考中我逐渐了解了思想家们的理论观点和思维逻辑，结合现实分析其合理成分和不足缺陷，总结启示与借鉴。这项研究工作虽然艰难，但也锻炼了我的抽象思维和逻辑归纳能力，拓展了我的理论视野，增强了分析问题的能力，深感受益匪浅。

本书既是一部研究西方四大主流政治思潮思想理论的学术专著，也是一本可供中国高校《西方政治思潮》和《西方政治思想史》等课程使用的教学用书。

非常感谢知识产权出版社的贺小霞编辑，她的鼓励和支持坚定了我克服困难完成此书的信心，她和校对人员精益求精的工作使本书的文字和注释更加严谨规范。感谢曾经选修过我主讲的《当代西方政治思潮》课程的清华大学的同学，他们在课程学习讨论过程中给了我许多启发。

在这里，我还要感谢我的丈夫王钜，他一贯支持我的教学研究工作。退休之后，他承担起了大部分家务，使我有充分的时间和精力撰写书稿，完成教研任务。我在学业上的每一个进步，都有他的相随、相伴和相助。

尽管本人尽力认真撰写此书，书中仍有许多不足之处，错漏不当之处请读者批评指正。

张利华
2018年3月于清华园